我的无重力人生

MA VIE SANS GRAVITÉ

[法]托马·佩斯凯 著

丁虹惠 译

上海科学技术出版社

献给安妮，她是真正的星辰，引领我迈向无限遥远的彼岸。

"托马,在太空任务中,只有两个时间点是确定的:
一是起飞的日期,但只有在发射之后才能确定;
二是返回的日期,同样也得等降落之后才能确定!"
——奥列格·诺维茨基,宇航员

出发前(拜科努尔,2016年11月)
美国国家航空航天局 / 比尔·英格尔斯 供图

目 录

2016 年 11 月 17 日　011
首次　037
仰望天空的双眼　063
8 400 和一些细枝末节　089
恶作剧　121
七年（最佳情况）　151
出发　177
在轨　217
普罗克西玛（第一幕）　233
普罗克西玛（第二幕）　267
回家　307
之后的生活　329
卡纳维拉尔角　359
阿尔法　385
2022 年 11 月 16 日　427
致谢　439

2016年11月17日
17 novembre 2016

选择模拟器考试科目（星城，2015年8月）欧洲航天局 供图

2016年11月17日

终于！就在今晚，在一个名叫拜科努尔航天发射场的地方，一块迷失于哈萨克斯坦西部的平坦大地上，我的任务即将开始。任务名为普罗克西玛（Proxima，比邻星）。普罗克西玛是一颗位于半人马座的恒星，也是距离太阳系最近的恒星之一。此刻，我异常平静……恐惧会在何时降临？要知道，接下来的经历将是如此非同寻常。经过多年的准备，此刻的我是放松的。我将会离开地球6个月，前往国际空间站，跟随它在距离地球400公里的轨道上绕行。现在，仅有一个想法在我脑海里盘旋：今夜的2:20（发射时间），自此之后，无论我爱的人们发生何事，我都不能在他们身边……当然，我们还是会交流，会通信，但在这半年结束之前，没有任何理由允许我提前回来。为了应对舱内的紧急情况，我们接受了一系列急救培训，如缝合伤口、插管，甚至拔牙。但是，有一种极端情况，如果有人急需手术，我们就必须在24小时内乘坐"联盟号"宇宙飞船的密封舱返回地球，而我无法想象有人能在如此危急的状态下完成这样的旅程……

此刻实在不适合再考虑这些，而我又生性乐观：在我们这个行业，必须学会相信他人，相信自己的幸运之星，最重要的是坚持不懈地努力。因此，我宁愿欣然接受，并期待着七年的培训和磨炼能在今夜达到巅峰，助我实现一个近乎疯狂的梦想。

我们一行三人，已经接触数月。美国宇航员佩吉·惠特森（56 岁），执行过两次任务，已经在太空度过了 376 天，是当前美国国家航空航天局里经验最丰富的女宇航员。俄罗斯宇航员奥列格·诺维茨基（45 岁）将驾驶飞船带领我们飞往国际空间站（而我将担任他的副驾驶）。2012 年至 2013 年间，他已经在空间站度过了五个月。可以说，38 岁的我既是新手，也是最年轻的一个。我们还将在空间站与另外三名宇航员汇合，他们自 10 月 19 日起就已经在那了。他们分别是俄罗斯宇航员谢尔盖·雷日科夫、安德烈·鲍里森科和美国宇航员谢恩·金布罗。

像在这里度过的每个清晨一样，昨天我很早就和佩吉一起去晨跑。当旭日初升时，她对我说了一句话，在我心中久久回荡："等到下一次天亮，你将飞向太阳……"

我们的"联盟号"飞船需要飞行两天才能到达空间站。一旦到达，我将进行数十项科学实验，涉及领域包括医学、材料学、流体力学，甚至生理学等各方面。我们想利用失重状态进行一些在地球上无法完成的实验。至于我本人，也将定期接受检查，以研究长期停留太空对人体产生的影响。这些研究的目标是希望延长人类在太空飞行的时长并探索去往其他星球的可能性，例如火星。除此之外，我还要负责日常的运营和维护任务，以及太空行走。总之，任务真不少。

我们已经在拜科努尔发射基地逗留了两周。这个发射场是 20 世纪 50 年代中期设计的，具有典型的苏联建筑风格。在哈萨克语中,拜科努尔的意思是"覆盖着草原的肥沃土地"。然而,事实上,这里除了一望无际的大草原,几乎看不到其他植被。这里的气候是极端的大陆性气候:夏天可高达40℃,冬天则低至-40℃,真的称不上度假胜地。往远处看,偶尔会看到骆驼和驰骋的野马群。我有点好奇它们是怎么来到这里的,但我承认这并不是我目前最关心的事……一望无际的大地上布满了漫长的铁轨,废弃的发射台和褪色的灰色建筑零星散布其中。随处可见破碎的窗户和杂乱的电线团。不,这里不是一个宜居的地方……一座完全被遗弃的摩天轮矗立在那儿,粉红色的舱体已经褪色。整个场地从东到西横跨75公里,从北到南纵深90公里。尽管看起来有些过时,但不可否认拜科努尔仍然活跃着:每年这里约有十次发射任务,包括载人和非载人任务(军事或科研卫星,以及给空间站运送补给的货运飞船);这儿也是一座真正的城市,配备学校和医院,容纳着近40 000名居民。总之,它带给我一种怪异的感觉,犹如身处后世界末日的绿洲之中。

1961年,第一个进入太空的人类——尤里·加加林正是从这里搭乘"东方1号"宇宙飞船升空,抢了美国人的先机。从那时起,他在俄罗斯不仅仅是一位英雄,更是一位令人崇敬的传奇人物。我们在此逗留期间,数不清的仪式贯穿其中,总体理念是让我们尽量像加加林一样去做每一件事……例如,一周前,我按照传统在离开前种下了一棵树,就像1961年的加加林那样。在宇航员宾馆(我们被隔离在此)的花园里,有一条"英雄大道",我们的树就栽种在大道两边,大道整齐地往外延伸大约50米,然后分成两条岔路。每棵树下都有一个牌子,上面用西里尔字母写着从拜科努尔启程的太空旅行者的名字。我有点怀疑俄罗斯人是不是会随意换掉这些小牌子,又或者因为有些灌木在冬天不能存活，致使我难以找到所有人的牌子。我曾寻觅我的同事卢卡·帕米塔诺[1]的那棵树：有一次我在林荫道的左侧尽头找到了它，然后在右侧尽头又找到了一次！

围场内有两栋建筑：宇航员宾馆，这是一座历史悠久的建筑，包括厨房、健身房、礼堂等设施，除了宇航员之外的所有人都住在这里；还有就是我们的酒店，名为"七套房"，顾名思义，有七个房间分布在这个二层小楼里。这个地方颇为高档，只是不知道为什么，床垫却是我睡过的里面最硬的。除了机组人员，我们的后备人员（意外情况下可以替代我们，同时也会协助我们的宇航员）和一名医生也被安置在这里。

我们被隔离，以防病菌侵入。这个区域被围栏围住，四处布满了警示标志：

"隔离区！授权后方能进入。"

虽然沉闷，但我们的日程很紧张，当然在规定区域内散步或跑步的时间还是有的。我们的重要任务是在搭载我们的"联盟号"飞船被组装到发射器上之前，对它进行两次测试（此前，我们一直在模拟器上进行训练）。这差不多就是我们的全部活动。

隔离还意味着很少的社交互动。这些天，我们仅与有限的几十个人一起工作生活，绝对不会超过这个数字：医生、翻译、餐饮团队和星城[2]的员工。因此，这段逗留期算得上严峻。只有前天是个例外，机组人员被允许与亲人共进晚餐，我们的后备人员也在场……

那天，我的伴侣安妮、我的父母和我的哥哥巴蒂斯特参加了

1　卢卡·帕米塔诺，意大利宇航员、欧洲航天局的成员，曾参与多个国际空间站任务。
2　星城，指俄罗斯的一个宇航员培训中心，官方名称为"尤里·加加林宇航员培训中心"。它位于莫斯科以东约25公里处，是俄罗斯宇航员培训的主要地点之一。

晚宴。我最亲密的家人们身穿蓝色 Polo 衫,并佩戴着 Proxima 和欧洲航天局的徽章。等待我们的是一场真正的且饱含俄罗斯传统的盛宴,人们在这里畅饮狂欢(后来我才明白为什么这顿晚餐从不安排在发射的前一天!)。我请父亲带来了一瓶家乡附近某个农场酿制的诺曼底风味苹果烧酒。奥列格的亲友们对此很感兴趣,他们很快就举杯不歇。结果,这瓶酒在 20 分钟内就见底了。我父亲忍不住吹起口哨并惊讶地说:

"在家像这样的一瓶酒,我得喝上两年……"

欢迎来到拜科努尔!

晚宴一开始我就注意到母亲有多么紧张:让她的儿子上太空……加上这趟仿佛穿越世界尽头的旅程,11 月刺骨的寒冷,以及那些并不总是友好的俄罗斯军人……我父亲可能同样感到焦虑,但他不算情感外露的人(我知道我们兄弟俩从哪里继承了这种性格)。

安妮微笑着为大家做翻译,她比以往任何时候都更加坚定。她从一开始就负责帮我沟通各项事宜,包括与欧洲航天局的联系,她独自承担着周围所有的压力。我不知道她是如何坚持的。

或许是苹果白兰地发挥了作用,现场气氛似乎比之前更加热烈。当大家第五或第六次碰杯时,佩吉突然对我父母说:

"你们的儿子对我来说很重要。"

短暂的沉默之后,她又说:

"我的责任是照顾好他。"

我从来不擅长处理像这样情感充沛的场景,一些眼泪涌了上来,我赶紧化解尴尬:

"这么愉快的时刻,我们不应该流眼泪!"

佩吉笑着点头,大家纷纷效仿。

母亲仍然难掩担忧,她向我挥手示意。于是我和桌上其他人说起话,给她一点时间恢复。我说起一次参观星城的回忆。在向我的父母介绍"联盟号"飞船时,工作人员解释说奥列格的座位离一些按钮太远,以至于他无法自己操作。于是母亲转向我,心疼而焦急地问道:"那么……这意味着将由你来负责这些指令吗?"我回答说:"当然,这是作为副驾驶员的职责;他们之前招募我就是为了这个目的,而且我已经为此训练了好几年。"奇怪的是,这似乎一点都没有让她振奋!

母亲微笑着听我说话。即使在成年后,即使在我做了这么多事之后,她依然难以想象我已经成长为一个能够承担重任的大男孩。没办法,这就是母亲。

这时,佩吉找到了恰当的措辞,她说:

"在我们被指定一起执行这次任务之前,我就对托马说过:不要问自己何时飞,而要问和谁一起飞。"

然后她微笑着总结说:

"我们如此幸运。"

我至今仍然无法想象,她的话是多么正确。

发射的日子到了。我们起得很晚(此时离发射还有十几个小时)。俄罗斯医生用冲洗肠道为我开启这一天。多么迷人啊……等待我们的是超过 50 个小时的飞行,尽管太空舱配备了卫生间,但"联盟号"飞船的狭小空间使事情变得有些复杂。当然,我们会在航天服下穿着专门的纸尿裤,但最好的情况是除了小解之外无需其他操作。

我默默地接受了一系列医疗操作,在沐浴之后又用消毒液消毒身体。然后,我穿上一套紧身衣和一条长裤,稍后我还会穿上

2016年11月17日

宇航服。现在，我先穿上我那身佩有徽章的蓝色飞行服。今天，我佩戴的是 Proxima 和欧洲航天局的徽章，当然还有我的名字，上面冠有两只翅膀，我的左肩上还佩戴着法国国旗。我已准备就绪。

我全身只带了一件个人物品：挂有一颗银色星星的项链。我用胶带把它贴在胸前，以防在失重时挠到我的脸。这件首饰是我买给安妮的。6个月后，当我回到地球，我打算把这颗从星星那边带回来的星星送给她……我也希望我自己可以想出这个浪漫的举动，但事实上这个创意来自《生活大爆炸》——而且也是安妮提示我的灵感。

一顿迟到但丰盛的午餐之后，漫长的仪式开始了。俄罗斯人非常重视传统（并且非常"迷信"）。可以说，我们今天将面对的一系列仪式也是为了让我们忙碌起来，以防我们像笼中的狮子一样焦躁不安。我们被带到宇航员宾馆的一楼，更确切地说，是加加林的房间。当然，我们无法确定这是否真的是他的房间，这点我们暂且不论。显然，房间不大，没有足够的空间来同时容纳3名宇航员和他们各自的伴侣、3名后备人员，以及欧洲航天局探索计划负责人大卫·帕克、美国国家航空航天局局长、前航天飞机任务指令长查尔斯·博尔登、星城主管瓦列里·科尔祖涅和俄罗斯国家航天集团公司总经理伊戈尔·科马罗夫。不管喜不喜欢，我们站在一起，喝着一种绝不会让任何人记忆深刻的温和的起泡酒，我猜可能是阿塞拜疆产的香槟。我注意到佩吉小心翼翼地不敢在她的上司面前动酒杯；奥列格和我也只是轻轻抿了一口，毕竟我们还有一长段路要走。每个人都必须致辞。这是一项全民运动：俄罗斯人从不错过任何祝酒的机会，无论身份关系是否清晰。这往往是一场引人注目的表演：有人变身搞笑担当，有人成为演讲达人，还特意引用伟大作家的名言作为点睛之笔……在过去的几天里，我们已经举杯数十次，我的灵感也已经耗尽，对此我也不加掩饰。我选择向已经在国际空间站的同事致敬，最后引用了俄罗斯的一句常用的感叹："敬海上的人们！"[3] 换句话说，为那些即使远离故土，在艰难条件下亦能勇敢地履行自己职责的人们致敬。这样的人在俄罗斯数量相当多，毕竟他们的领土大到就像一整个大陆。安妮用俄语喊道："敬最好的机组人员！"每次致辞结束，按照传统，会有人高声欢呼："为刚才说的话干杯！三，四！"而在场的人们则会热烈地回应："乌拉！乌拉！乌拉！"当然，这些都是用俄语说的。听到这些有伏特加加持的、典型的俄罗斯宴会上的欢呼声，不知道在门后等待我们的团队会想到什么……在发射前几个小时，这似乎看起来有些奇怪，但从1957年起，拜科努尔就一直如此，而且不得不说他们做得相当成功。

　　俄罗斯的传统还包括，在启程前，人们要坐下来默默冥想片刻。最初这是为了让自己核对是否有遗漏的事项；现在则更倾向于是一种文化传统，但我很欣赏这短暂的内省时刻。于是，每个人都按自己的喜好，要么坐在地上，要么靠在椅子扶手上，一言不发。15秒后，房间里就空无一人了。

　　时间过得飞快，很快就到了19:30。我们用毡尖笔在酒店一扇明亮的木门上签上名字：加加林在启程前也曾这么做，于是这必然也成了行程中的一个仪式。闪光灯频频闪烁。我微笑着站好，竖起大拇指。我的两个同事接着签字。这是我在启程前最后一次握住安妮的手，我悄悄地拥抱了她。

3 俄语 за тех, кто в море，通常用来表示对在海上工作或在海上面临风险的人们的祝福或致敬。——译者注

2016年11月17日

欣然接受俄罗斯仪式的我们是时候到一楼去了。我们三个和往常一样排列：奥列格站在中间，佩吉站在他右边，而我则站在他左边，在飞船里我们也将以这个顺序安排座位。我们的后备人员紧随其后，事实上这是他们今天唯一的任务。他们是意大利宇航员保罗·内斯波利，他将在6个月后执行飞行任务、美国宇航员杰克·费舍尔和俄罗斯宇航员费奥多尔·尤尔琴金。对他们来说，现在几乎没有什么压力，因为他们很清楚自己不会在此刻出发。在发射前的几个小时，要考虑的参数太多；如果我们中有任何一个人出现问题，发射都可能会被推迟，而不是由他们来代替。所以，他们的在场更多的是一种礼节，但总归人越多越热闹。

在大厅里，我们碰到了拜科努尔的东正教牧首，我早就听说过他：他身着一袭被镶金刺绣点缀的黑色法衣，负责为我们……祝福（我想这能增加我们的成功概率）。我们三个像唱诗班的孩子一样乖巧地站在他面前。他将一个硕大的十字架靠近我们的额头，同时用一把白色的羽毛扇将圣水有力地洒在我们的脸上，就像一阵短暂而密集的季风！奥列格看起来很冷静；佩吉微笑着；而我，勉强克制住笑意。我没想到会带着一头湿发起飞，这会让我妈妈担心，她认为这样会有感冒的风险。

在那里，我只有大约四秒钟的时间可以真实地与安妮告别。此后，我只能隔着玻璃望向她。

穿上一件朴素的藏青色派克大衣（这是一个重要的服装细节，因为接下来的事情将一点也不朴素），我们终于走出了酒店。两辆紫色的、点缀着略显俗气的星星装饰的巴士停在大约五十米外的地方：一辆为机组人员准备，另一辆则是为后备人员准备；它们将带领我们前往254号建筑，在那里我们将穿上宇航服完成最后的准备工作。我们的家人和朋友鼓掌欢呼（我们每个人能邀请15个人。我邀请了我的家人、我的女朋友，以及我的挚友们）。所有的官员、在我们隔离期间陪伴我们的团队，以及拜科努尔的工作人员也都在场……几条标识带将这群人围绕起来。外面播放着一首20世纪80年代的俄罗斯摇滚乐《窗外的地球》，这里的每个人都能把歌词倒背如流。然后我们走起来，整个队伍尾随着。我在Supaéro[4]的朋友们演奏着他们的班卓琴、萨克斯管和小号，小乐队由安托尼指挥，他是一位出色的音乐家，也是不可或缺的朋友。我不能靠近他们，因为他们没有像我的家人那样完成医学检查。

与所有人保持着适当的距离，我们一次又一次与他们示意告别。我试图与我的亲人一一对视。对我个人来说，晚5分钟也没关系，因为我已经为这次出发做了七年的准备。但我们有着严格的时间表，所有的程序都飞快地进行着。当我们登上巴士后，客人们可以走近并透过车窗与我们首次告别（之后还有一系列的告别）。这里似乎有一个主题：安妮被举到人群上方，我的哥哥扶着她，我用手比画了一个爱心送给她。巴士再次启动，我略感局促。

巴士前往254号建筑大约需要30分钟，我们的亲人将再次在那里等候。此时，我有时间静下来思考，随着一次又一次的告别，每一次分离似乎都变得更加困难。

布里吉特，我的医生，递给我一块平板电脑：欧洲航天局剪

---

4 Supaéro，法国国立高等航空航天学院，通常缩写为"ISAE-SUPAERO"，是法国专注于航空航天工程和科学的顶级高等院校，为航空航天领域培养一流专业人才。——译者注

2016年11月17日

辑了一些视频来鼓励我,视频中有我的朋友们,还有我曾经遇到的且心怀敬仰的一些名人,比如托尼·帕克[5]、蒂埃里·马尔克斯[6]和泰迪·里纳[7]。我微笑着感受这份关心,同时全神贯注于即将开始的发射任务上……我们已经重复了几十次,反复演练所有程序,为所有可能性做好准备,但是,我们接下来使用的交通工具并非普通飞机,我们不是坐昨天飞过的一班飞机起飞;尽管"联盟号"系统已经十分成熟可靠,但是正式发射时每个发射器都是崭新的,升高和加速的过程将是突然而迅速的,燃料的能量又是巨大的,谁知道会发生什么?

此时在254号楼:漫长的仪式还未完结,而正事已经开始。更衣室的储物柜里放着我们的飞行服。在卫生间,我穿上了符合太空标准的纸尿裤,上面标注着首字母缩写:MAG,意为最大吸收层!随后,我们被带到一个没有窗户的房间:天花板上是冷冰冰的荧光灯,地板上铺着一层黑白色地毯,让人联想到西班牙艺术家米罗的画作。这就是俄罗斯,到处都有地毯,即便在这里也是如此。医生们最后一次为我们记录医疗数据:一切正常。是时候穿上我们的太空服,并戴上一顶黑色头盔。这个头盔就像一种带有宽大耳罩和两个麦克风的网状物,这让我们看起来……不太聪明。可以看出在苏联时期,美学并不是人们考虑的首要因素。我们进入大厅,那里聚集着我们的亲人、官员和获准进入的记者。一块巨大的玻璃将大厅分成两半,因为这里有隔离的要求。背墙

---

5 法国篮球历史上最成功的球员之一。——译者注
6 法国知名的厨师,在法国和国际上享有盛誉,曾在多家米其林星级餐厅工作,并且是烹饪电视节目的常客。——译者注
7 法国柔道运动员,被认为是法国柔道历史上最成功的运动员之一。——译者注

上贴满了照片，内容一样，都是从拜科努尔起飞的机组人员：几十年来，大家的姿势都一样，指令长总是站在中间（俄罗斯飞船的规定），微笑深深地印在照片上（然而对于俄罗斯人来说，他们认为这种矫揉是完全多余的），只有旗帜在照片间不停变换。至于发型，也只有在极端情况下才会改变。在玻璃的这一侧，一幅黑白海报挂在墙上，你一定能想到，这是为了纪念1961年4月12日，尤里·加加林搭乘的"东方1号"宇宙飞船从这里发射。

  地毯上有一把我们将在飞船中使用的座椅的复制品。我们面对着大家依次就座，或者更确切地说，我们仰面朝天倒在座椅上。飞船的太空舱中空间有限，我们不得不长时间蜷缩着让腿贴紧胸膛。这样很不舒服，然而身体的灵活性并不被列为宇航员选拔的标准之一（对我来说幸好如此）。穿着淡蓝色工作服的技术人员在我们周围忙碌着。他们都戴着一顶看起来像贝雷帽的发罩，脸上蒙着口罩，当然这些都比不上我们不得不穿的灰色塑料拖鞋更引人注目。他们正在测试压力调节器，以便在失压时氧气或空气也能通到我们的"铠甲"下，同时检查密封性，以及无线电通信是否正常。与我们在舱外活动时穿的宇航服不同，这款宇航服是不具备自主供氧功能的：因此，一旦坐在座位上，我们就需要将它连接到飞船上。此时，我们得携带一个与之通过管道相连的蓝色小手提箱，它充当空调的功能。这个小箱子看起来有点像野餐盒，但事实上用处完全不同，相似之处恐怕仅限于等待我们的太空罐头食品。

  一旦完成测试，我们在巨大的玻璃后面坐下，与家人们再次话别（按照拜科努尔的传统，我们不能说"最后一次"）。粗略数一数，我们昨天告别过，今天在木门上签字之后又告别过，在神父的祷告后告别了，又在酒店门口告别……我没有俄罗斯人那么

2016年11月17日

"迷信",但是,我开始怀疑所有这些深情告别最终会不会给我们带来厄运,仿佛这是最后的别离!麦克风为身处玻璃两边的人建立起联系,但每个人都在同时说话,且夹杂着三种不同的语言,现场顿时一片混乱。由于我们正在被拍摄,我们只好这样逢场作戏:

"你好吗?"母亲问道。

"是的,很好。"

"你的宇航服是完全密封的吗?"

"你说什么?"

"我说:你的宇航服是完全密封的吗?"

"很好。"

多么令人激动。

仪式继续!官员们站到前排来祝愿我们一切顺利。

最后,安妮和我,我们分别站在玻璃的两边最后一次道别,更确切地说:我们读着对方的唇语。

离开254号楼之前,我们突然面临一个难题:为了抵御外面的严寒,穿完宇航服,我们是否需要再穿上保暖套装,然后再走到停在仅几米远处的巴士上?不便大声反对,但我不想这样做。一方面我觉得,在我们熟知的一系列步骤中增加一个哪怕很微不足道的陌生环节也不是很合适,因为我们对此环节不甚熟悉,而我们所熟知的每个细节都尤为重要。另一方面必须承认,穿上这些套装,我们就会彻底变成动画片里的天线宝宝:这真的是我们想在冲向无限宇宙之前展现给世人的形象吗?我怀抱着一丝希望:外面是$-22\,^\circ\!C$,我们在$-25\,^\circ\!C$以下才需要穿上这种套装……俄罗斯猎鹰航天服已经足够暖和了(况且它不太透气)。作为一名优秀的指挥官，奥列格果断做出决定：

"穿上它。"

我小声说：

"确定吗？"

"托马，穿上它。"

现在不是讨论的时候。

我们就像米其林人一样走出大楼……由于宇航服被设计成一旦穿上就近似于胎儿的姿势，所以我们无法站直。想象一下三个外表颓废且身体前倾的天线宝宝，还拎着蓝色的行李箱。总之，气势不怎么恢弘。我们微笑着，尽量挺直身体，装作一切正常：毕竟此刻我们有比形象更重要的事要考虑。

我们以尽可能优雅的方式站在两位大人物面前的地面标记上：他们分别是俄罗斯能源火箭公司的首席工程师和俄罗斯国家航天集团的总监。按照惯例，奥列格庄重地宣布机组已经准备就绪。现在是 23:20。四面八方传来"加油，托马！"的呼声。我的朋友和家人在刺骨的寒风中挥舞着法国国旗和贺词横幅静候，忍受着不言而喻的艰辛。我们向人群再次致以第 N 次的问候，已经放弃计数，然后朝巴士走去。

这一次是真的要出发了，大家都迫不及待地冲向车队的一侧。这让我想到了那些被人群冲散的孩子们……有一瞬间我担心会发生意外，尤其是当司机们启动车子时并没有太在意挤在车边的人们。幸运的是，一切顺利。

我们的家人们会被引导到一个户外观测点观看发射，我希望他们记得带上装有热茶的保温壶。至于我们，一切都好，我们要前往几公里外的 1 号发射台，它有着一个有趣的名字，"加加林起点"。

2016年11月17日

然而，在黑暗中飞驰的两辆巴士突然停在了这无垠的空地上。我们的后备人员谨慎地拉上了他们车上的窗帘。最后一个仪式：现在需要在巴士右后轮上撒尿，就像加加林一样（当然，女性可以免做这个仪式，我代她们致谢了）。但是，穿着双层防护服（和尿布）的我们该怎么办呢？我们才仔细检查完装备的密封性，按照传统，我们现在要重新打开吗？这实在荒谬，但在车灯的映照下，我们还是照做了。摆出一些难以想象的姿势，我费力地打开连体服，然后是宇航服。被困在米其林外套中的我几乎看不清自己在做什么。我考虑要不要假装，但是面对即将出发的压力，我似乎也被"迷信"蛊惑了。我费力地完成了这项任务，并成功地没有弄脏我的装备……重新上车后，一名戴着口罩和软帽的俄罗斯技术员过来帮我重新密封一切。我们得以继续前进。

一群航空航天专业技术人员在发射台附近等待我们，他们身穿厚厚的羽绒服：有来自俄罗斯国家航天集团、俄罗斯能源火箭公司，以及拜科努尔航天发射场的负责人，有负责科学研究的法国国务秘书蒂埃里·曼东和法国国家空间研究中心主席让-伊夫·勒·加尔。合影之后，两个家伙分别搀扶着我们的胳膊往前走。对此，我并不知道原因，就如同我们也不知道为什么在婚礼上要如此搀扶新娘，不是吗？新娘知道路，我想我们也知道，那就是直走。他们护送我们走向火箭。根据俄罗斯的传统，直到此时，我们还没有被允许看到这枚火箭。这一习俗与婚礼的相似再次引起了我的注意。

两天前的早上 6:40，我们的家人和一群好奇而克制的观众站在栅栏后面，见证了火箭的推出仪式，当然我们当时不在场。机库的沉重大门慢慢滑开，露出已经组装好的平躺在那里的火箭。

首先露出的是围绕主体的排列成捆的 4 个助推器的喷管,由总共 20 多个大小各异的红色圆柱形发动机构成。太阳升起,在军人的护卫下,一辆牵引车慢慢拉着火箭横穿过枯黄的平原。这是无比庄严的一刻,我有幸在还是后备人员时亲眼见过。一旦到达目的地,火箭就会在发射台上被垂直组装起来。当然,神父会前来正式地为火箭祝福。

午夜时分,我发现自己被围困在一片钢铁网中,巨大的灰色管道上缠绕着橙色的环状物。这枚火箭高达 53 米(相当于一座 18 层楼高的建筑),主体部分直径约 3 米,重约 310 吨。它矗立在一个深达 45 米的巨大混凝土坑中,这个坑将引导并排出火箭点火时产生的巨大火焰和气体。宛若一条机械之龙,储罐一旦充满,它就会喷出浓烟,仿佛活物。

火箭由两个部分组成:顶部是"联盟号"宇宙飞船,底部是推动我们前行的"联盟号"火箭。其前身是"东方 1 号",众所周知,它曾在 1961 年把加加林送入了太空。[8] 助推器分为 3 个部分,称为"级"。随着各"级"任务的完成,它们逐渐脱落,也就是说它们燃烧燃料为我们提供速度和高度,直至宇宙飞船进入预定轨道。现在,我们的飞船顶部覆盖着一个白色的金属罩(上面有一座逃逸塔,是发生事故时用来弹射我们的装置),在穿越大气层期间,它将保护我们,最后它也会被弹出、脱落。我们的"联盟号"宇宙飞船本身分为 3 个部分。最前面的是轨道舱(太空舱),约 6 立方米大,我们可以在其中睡觉、进餐、如厕。最后面的是

---

8 1961 年,加加林乘坐"东方 1 号"成功执行了绕地球轨道的宇宙飞行,成为第一位进入太空的宇航员。加加林乘坐的"东方 1 号"宇宙飞船实际上是基于 R-7 导弹的改进版本。R-7 导弹最初是一种洲际导弹,但后来被改造成用于载人航天的宇宙飞船,而"东方 1 号"宇宙飞船可以看作是 R-7 导弹在宇宙探索的应用。

2016年11月17日

相当于汽车引擎舱的服务舱,由于不加压,因此不对机组人员开放。它包含导航系统、电池、发动机、燃料和氧气储罐,太阳能电池板也固定在上面。最中间的部分是返回舱,我们需身穿航天服坐在其中。这个模块内设有我们的驾驶舱,最多可搭载3名宇航员:约3.5立方米的可用空间,相当于一辆菲亚特500(微型车)的一半大小。

如果一切按计划进行,4个助推器和核心级将进行初始推进,将我们带出大气层。在此过程中,发射器会执行所谓的"俯仰机动",以定向到目标轨道。这个阶段,加速是均匀平稳的,加速度产生的力在短短几秒钟内达到约3.5 g的峰值[9],那感觉好像一头牛懒洋洋地躺到你的身上(再精确一点计算的话,是一头小牛)。发射后的45秒,我们的速度将会达到每小时1 640公里,并获得11公里的高度。这是火箭经历最大空气动力压力(简称"最大动压",Max-Q)的时刻。然后,"联盟号"火箭的不同部分将逐步分离或脱落:逃逸塔、4个助推器和保护宇宙飞船的整流罩将依次弹出。它们将在数百公里之外、人迹罕至的地区落回地面。[10]与此同时,火箭将水平定向并继续加速。大约5分钟后,第二级也会分离,第三级接力继续推进。飞船一旦进入轨道并与第三级分离,我们将进入一个关键阶段:飞船的太阳能电池板和通信天线必须在太平洋上空、离海平面200公里的位置自动展开。

---

9 我们的身体受到地球引力的影响。在正常情况下,这个力相当于1 g。在加速的情况下,它会增加:例如,2 g表示我们受到相当于我们体重两倍的引力作用。这就是在飞机起飞或游乐园的游乐设施中感到的那种被挤压的感觉。
10 一些卡扎赫人经常在卡车上等待飞行轨迹附近的发射任务,他们无视安全规定,回收返回地球的火箭级,以期在二手市场上卖出一个好价格。通常,他们会比官方力量到得更早,而后者往往只能确认损失了多少。

这是理想的状况，但过去也曾发生过意外……1975 年，"联盟 18 号"飞船的二、三级火箭分离失败。失去平衡的火箭偏离轨道，飞船不得不紧急逃逸。两名宇航员与太空舱一起被弹出，在短暂的失重之后，它突然返回大气层，逃逸的宇航员也因此被迫承受了惊人的 21.3 g 的超高过载。想象一下，这次是一群牛躺在你身上的感觉。太空舱降落在西伯利亚山区，一个既不平坦也不宜居的地方。机组人员幸存，但不得不在严寒中等待两天后才得到救援。另一次不幸发生在 1983 年，距离"联盟 T-10-1 号"发射前 90 秒，燃料泄漏引燃了火箭底部。控制中心在千钧一发之际启动了逃逸系统，宇宙飞船被弹射到空中飞行了 5 秒钟，宇航员也在此期间承受了大约 14 到 17 个 g 的超强加速度。而地面上，火箭爆炸并摧毁了发射台。在升至离地 650 米的高度后，宇宙飞船展开降落伞，并在起火的发射台外四公里处着陆。机组人员在这次事故中平安无事。更值得一提的是，两位宇航员最终都再次顺利地启程，一个是在事故几个月后，另一个则是在几年之后。

现在真的是考虑这些的时候吗？我也没有时间思考了。站上通往太空舱的电梯，我们最后一次向人群挥手致意。此时美国人会说："愿上帝保佑！"而俄罗斯人选择什么都不说。

电梯在烟雾和铁皮的夹缝中缓缓上升到火箭的顶部。路途无穷无尽，透过电梯的铁栅栏只能看到一片金属森林。有那么四五次，我以为已经到了，然而电梯还在继续上升。火箭很高，感觉有 18 层楼那么高，特别是当这 18 层是火箭的时候，感觉更高。

一名俄罗斯技术员微笑着站在顶部平台等候我们。我们脱下身上的天线宝宝装，并解开蓝色的箱子。我是第一个进入太空舱的人。舱盖上有一扇小门,就像是一个直径80厘米的地面井。臃肿的太空服使得这个动作变得非常困难。我滑入这种钟形结构,心想现在不是犯幽闭症的时候……我提醒自己,这是3.5立方米的可居住空间。但当你身处其中时,感觉好像狭窄得多。我们的"小笼子"被装得满满的,每个间隙都被优化用来容纳各种形状奇怪的容器。用于应急的服装被卷得紧紧的,在各处被绑住(包括一些聚酯羽绒服,仿佛是20世纪60年代加加林时代的风格);别忘了在我们头顶隔间里放着笨重但不可或缺的降落伞,在六个月后会用到它(希望如此)。奥列格和佩吉依次就座。虽然费劲,但我还是成功地将我的宇航服连接上了飞船的氧气和通风系统。随后,我完成了一套手法相当复杂的绑带操作,把自己从肩膀到膝盖都捆起来。感谢之前在模拟器中反复的练习,否则这会是不可能完成的任务。实际上,我把自己捆上以后就无法转身看到奥列格的脸;至于佩吉,我也只能看到她的脚。我们就这样被固定在274吨即将爆燃的燃料之上,换句话说,我们把自己绑在了一颗炸弹上。

在火箭顶部候着我们的家伙朝我们喊道:

"加油,伙计们!半年后见!"

然后他从外面关闭了舱盖。我永远不会忘记那声沉闷又带有金属特有质感的"咚"声,就像是保险箱门或潜艇舱盖锁上的声音。要知道,考虑到进出的便利,我们在模拟器中进行训练时,总有一侧是开放的,就像敞篷车一样。所以对我来说,这种被封闭的感觉相当新奇。我在想,要是突然发生事故,我们怎样才能从这里逃脱呢?我觉得这是无法实现的。从这个被锁死的、像摩天大楼般高的导弹头中脱身太过复杂了……只能选择弹射整个舱体。看,一切都在考虑之中!

在与地面控制中心建立通信后，我们必须等待火箭发射要使用的煤油和液氧加注完成。也就是说，我们要被困在座位上长达两个小时，且始终保持双腿紧贴胸膛这个姿势。此时幸福感变得遥不可及。20 分钟后，我已经感到十分难受。汗水流过我的太阳穴，膝盖隐隐作痛。我试着做些微小的动作来缓解疼痛。幸运的是，我预先吞下了止疼药。除了忍受和等待之外，别无他法。

在这期间，我们接到指令再次检查所有系统，这也可能是为了让我们分散注意力（控制中心可能已经通过遥测接收到所有数据），但我承认，在这个时候专注于除了等待发射和膝盖疼痛以外的其他事情或许是对的。在我们面前是布满黑白数字的屏幕。奥列格挥舞着一个机械遥控器，因为仪表盘离他很远，这让他有了更多的腿部空间，对此我非常羡慕。当然，遥控器不是魔杖。一开始我们什么都无法掌控，火箭会自动控制发射的所有阶段，直到进入轨道我们才接手。作为一个好徒弟，我用俄语向星城的教练戈查汇报所有读数，他从培训之初就一直伴随我们。熟悉的长篇叙述之后，我们逐渐适应了新的环境，我开始忘记我的膝盖，重新找回了我的活力。我跟自己说："我们做到了！"

时间过得还算快：距离发射仅剩 25 分钟，我们有些无所事事。佩吉、奥列格和我都不是健谈的人，在闲聊方面我们都明显缺乏灵感。更何况，控制中心能听到一切，这更让我们意兴阑珊。此前，我们每个人都曾被要求提供十首歌来填补这种习以为常的空白。戈查启动了播放列表，我们选择的歌曲被轮流播放。奥列格选择了俄罗斯传统曲目，吉他弹唱的歌手吟唱道："大自然是美丽的""俄罗斯女人让我们的心摇摆""哦，我的国家，哦，我的祖国"……佩吉选择了美国 20 世纪八九十年代的流行歌曲：U2，Sheryl Crow……至于我，选择了法国更具现代感的音乐，从 M83

2016年11月17日

到我喜欢的一位 DJ Yuksek。总之,这是一个最不协调的音乐播放列表。而我们的教练居然是用他的手机直接对着麦克风来播放这一切的,我觉得太不可思议了,于是忍不住一个人笑了起来。

"6分钟。"

休息时间结束,飞船切换到自主供电模式,我们合上面罩。

佩吉和我各自把一只手放在奥列格的手上,我们向彼此说了几句话,表示我们很高兴能在一起,祝我们自己好运。

然后,是的:心脏开始跳动……相当有力。

4分钟。

加压的油箱在我们座椅下方振动。

3分钟。

我们感受到,50米高的"联盟号"在风中摇摆。

2分钟。

理论上,我们再过8分48秒就能进入轨道。

1分钟。

我想象着将要推动我们的火球大约是2 600万匹马力。

"预启动命令发出。"戈查提示我们。

几秒钟后,我的家人将只能看到一颗明亮的星星逐渐被冰冷的夜晚吞噬。

"主启动命令发出。"

2:20。
−25℃。
天晴月满。

此刻,无线电静默。
拜科努尔停止了倒计时。

"点火!"

突然间,空气中只剩下震耳欲聋的轰隆声。

(下一页)
做后备人员时的合影(拜科努尔,2016年7月)
美国国家航空航天局 / 亚历山大·维索茨基 供图

首次
Le premier

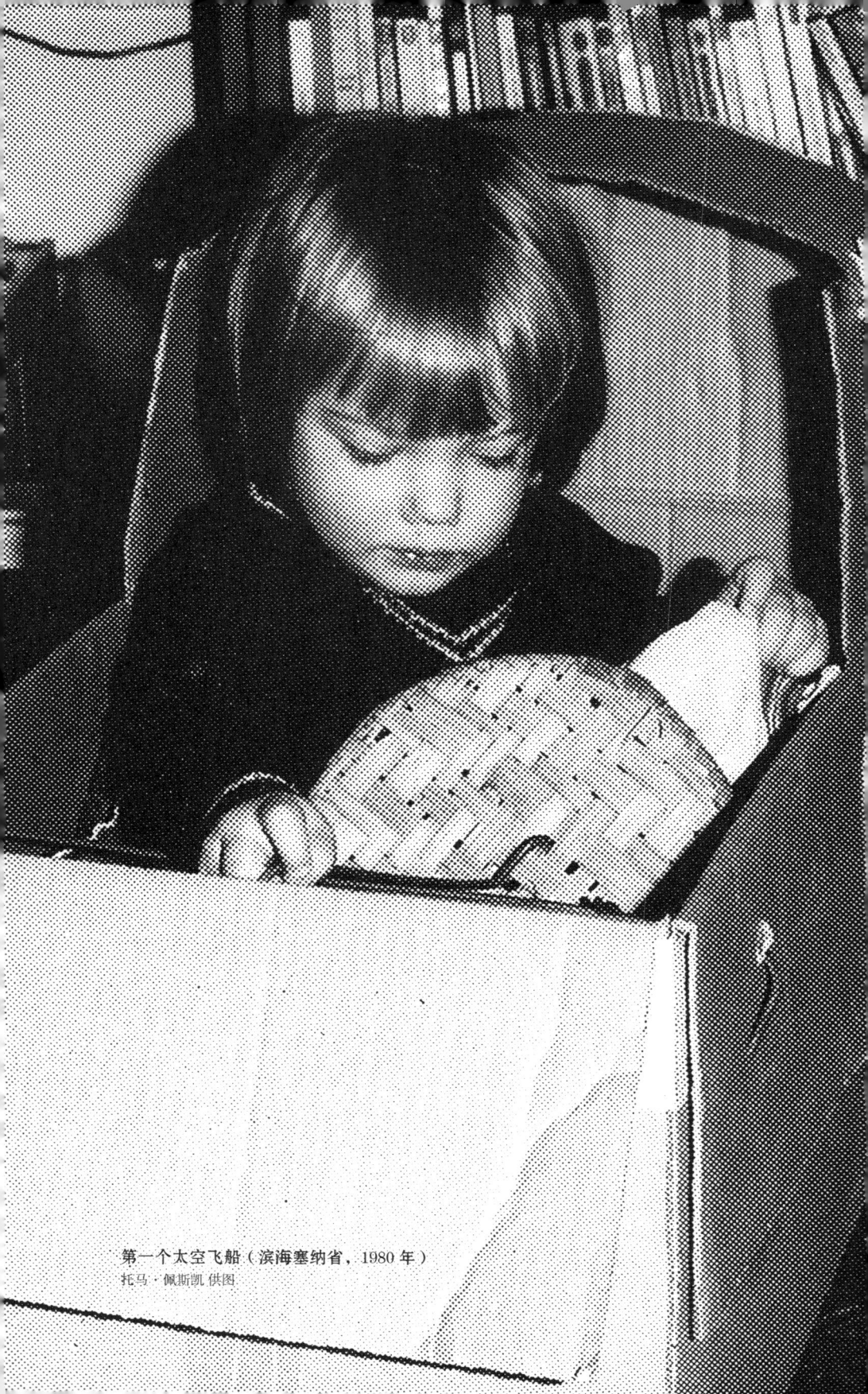

第一个太空飞船(滨海塞纳省,1980年)
托马·佩斯凯 供图

首　次

一切始于一张黑白照片：我坐在父亲亲手制作的一个配有仪表盘和铺着软垫的纸箱里，表情十分专注。那会我大概两岁，留着碗状发型，穿着V领衫。当人们不厌其烦地问我，关于太空的第一个记忆是怎样的，我的热情从何而来，人生中是否有过一次顿悟时，我的脑海中浮现的就是这个记忆：我的第一艘太空飞船是父亲用一个纸箱亲手制成的。

"托马·佩斯凯，这张照片上真的是一艘宇宙飞船吗？"

"当然是。你还可以看到用柳条编成的方向盘……"

"你是用……方向盘开的飞船？！"

"那个时候触摸屏还不常见！"

"这艘飞船要去哪里呢？"

"我猜是去一些不存在的星球……"

"那时你已经有这样的梦想了？"

"绝对是的。"

可实际上，事情远比这复杂。

反复思考之后，我不那么确定这张照片上的交通工具是一种太空飞行器了，也有可能是飞机或汽车。对此，父亲比我的记忆更深刻，而他更倾向于那其实是一辆卡车。同样的，我也不是十分确定这个孩子是否从婴儿时代就开始梦想绕着地球飞行。只能假设我当时应该像许多孩子一样，渴望去远方，或许更因为一种存在于我家族中的基因，尽管我们有着非常传统的农业根基，但在 20 世纪 70 年代，我的家人们都喜欢前往世界各地冒险：多哥、南美、摩洛哥、纽约，还有人一路搭顺风车直到苏格兰北部，甚至到达了新西兰。在与我那些已经在诺曼底安定下来的叔叔阿姨们交流时，我发现，家族中不止我一个曾经在世界各地留下足迹。不管怎么说，小时候的我喜欢走着走着，然后冲向一切能够滚动的东西。你看，那时我玩的游戏和心愿并不十分独特。所以……不，我不认为自己从小就特别想成为一名宇航员，甚至到了青少年时期也未必想过。《星球大战》确实曾让我着迷，但我从未想过能从事太空事业，直到很久之后。电影《太空先锋》对我有启发吗？它确实触动了我，所有的一切都令人钦佩和难以置信，但都离我的世界太远，以至于我无法投入其中。我没有当飞行员的父母，没有在航天领域从事研究的叔叔或其他家人。最初，我的视野仅止步于自家的花园，或是邻近的城市。

因此，这个故事的开端并不是一个孩子从一出生就想向全世界宣布，他的愿望是成为阿姆斯特朗或者加加林。我认为，从摇篮时代就迷恋某件事其实并不常见：我的同事们兴趣都很广泛，但在回顾过去时，由于某些问题的影响，人们往往会集中在相同的主题上，从而在某种程度上重新诠释个人成长史。事实上，我第一次真正考虑宇航员这份职业是在 2008 年，当时欧洲航天局决定招募和培训新人，这为我打开了通往这个遥远世界的唯一且真实的大门。直到那时，这份职业于我一直是令人着迷但无法接触的：

首　次

因为上一次选拔是在 1992 年,那时我 12 岁……那么从 1978 年 2 月 27 日我在鲁昂出生到 2008 年,我的梦想到底是什么?这正是故事的开始,一个非常现实的故事。然而,成为一名宇航员并非凭空而来,这是历经了三十年的积累。任何进步都始于坚实的根基。

滨海塞纳省的科区[11],我曾在这里度过了整个童年和青少年时期。它位于鲁昂、迪耶普和勒阿弗尔之间,我家人居住的奥费小镇就在附近。我只在夏天才会离开这个狭窄的三角地带,去露营度假,因为父母喜欢带我们去探索法国的各个角落。除了这些短暂的假期,我人生的前二十年几乎都在这个 50 平方公里的区域里度过。

科区并不只有诺曼底式的农田和牧场,这里还有山谷,但就总体而言,这是一个覆盖着广阔田野和农田的石灰岩海岸。在这里,人们种植甜菜、亚麻和油菜。靠近内陆地区有许多村庄,而在北部,小港口镶嵌在山谷中,被高大的白崖环绕。

我们整个家族都是这片土地的原住民。记得在互联网刚兴起的时候,我曾在法国电信的网站上输入我的姓氏。当时的家谱网站远不及现在,但仍然能了解姓氏在不同省份的分布情况。结论是:在滨海塞纳省有 90 多人姓佩斯凯,其中很多是我的亲戚,而在其他地方不超过 10 个(其中一部分同样……也是我的亲戚)。

在父亲这一边,我有一位在战争中丧偶并改嫁给一个农家男孩的曾祖母,我想曾祖父可能从未踏进过学校的大门;而在母亲

---

11 科区,法国诺曼底大区中的一个区域,位于塞纳河流域,涵盖了滨海塞纳省的一部分,包括鲁昂、迪耶普、勒阿弗尔等城市。该地区以美丽的自然景观、农田和海岸线而闻名。——译者注

那一边，有一位曾祖父娶了一位女佣。同样地，我想她也没有在公立学校的课堂上度过多少时间。我的祖父母都是农民，我的父母是教师，而我和我的哥哥则成了工程师：典型的、属于20世纪的代际演变。由此，似乎也很难看出我就一定会从事与太空相关的职业。

我的父母相识于大学时期。他们结婚后，我的父亲前往多哥参加合作项目，母亲随行。一年半后，他们考虑是否要留在那里，但离开家乡，远离亲人让他们感到沉重。另外，殖民主义不可避免地在多哥人和法国人之间留下了不和谐的印记。于是，他们决定回到家乡。很快，两个儿子相继出生，巴蒂斯特是我的哥哥，大我十五个月。我父亲参加培训，成了一名职业高中的数学和物理教师。之后两年，他每周有四天要去巴黎郊区的圣丹尼斯工作。拿到学位后，他在奥方[12]教园艺和农业机械。几年来，我的母亲一直照顾我们。待我们长大些，她决定重新开始她的教学工作。她一开始是个代课教师，代课时间不定，有时候几周，有时候持续一年。最后，她在奥费[13]获得了正式职位，并在那里教授CP级别[14]的学生。可以说，我在一个谦逊又和谐的环境中长大。

村子里住着大约2000人。我父母在火车站对面租了一间房子。白天黑夜，火车穿梭不停，任何来我们家过夜的人都会被铁轨上车轮的噪音吵醒。而我，甚至都听不见，只管埋头睡觉。

我的母亲面对两个儿子时，保护欲非常强。不怪她会如此。一年夏天，她去法国南部的一位叔叔家度假，而她12岁的弟弟

12 指Offranville，法国诺曼底大区的一个小镇。——译者注
13 指Auffay，也是法国诺曼底大区的一个小镇。——译者注
14 在法国，CP是指Cours Préparatoire（预备课程）的缩写，对应小学一年级。——译者注

在家附近攀爬陡峭悬崖时不幸坠亡。出于科区的习惯（这是一块沉默寡言、把情感深藏于心底的土地），悲痛中的父母迟迟未告诉她这场悲剧，只声称弟弟要"离开一段时间"……我想这种年少时留下的创伤在她成为母亲后加剧了她内心的不安。当我父亲去圣丹尼斯工作，而巴蒂斯特和我还是婴儿的时候，她会用自己的床垫挡住我们房间的门。她想：要是有人入室抢劫，就必须先越过她！此时的她就像一只保护孩子的母狼。这种带着焦虑的关心在我们成人后变得令人感动和有趣：当我成为法国航空公司的飞行员后，她偶尔会对我说："记着，不要飞得太快！"这总是让我想笑，要知道与汽车不同，如果飞机飞得不够快，是会失速坠毁的！速度实际上是安全的，而且在天上，并没有真正的限速……

我们的父母对此非常明确：家庭文化不以创业者或艺术家为榜样，我们必须在学校接受正规的教育。因此，好成绩决定了我们平静的生活。再加上我的好胜心和对上学的喜好，形成了我性格上的一个特点：在各个方面我都竭尽全力，努力成为第一。在小学阶段，我养成了一个奇怪的习惯：我从不大肆吹嘘，而是经常给我妈妈写一些小纸条，回到家后亲自递给她，通过这种方式告诉她我的好成绩。在学校，作为一名优秀的学生，我经常扮演"酷"男孩的角色。我有时会对老师表现一些适度的不驯，这在一定程度上逗笑了大家。我的成绩单保证了我可以享有一定程度的宽容，但我本能地知道什么时候不可以太过分。同时，我也继承了父母的善良，很快，我就在同学中变得受欢迎，可能比大家对于普通优等生的印象更好。

此外，我是一个非常有条理的孩子，条理性、秩序性是佩斯凯家族的传统基因，在我父亲身上展现得尤为淋漓尽致。今天我们可能会用"强迫症"来形容那些一丝不苟、有条理的人。其中一个例子是，佩斯凯先生的螺钉、螺栓和螺母都必须按类型和大小整齐摆放在存储格里，格子上都贴有标签。螺丝刀也按大小顺序排列。可以说，每样东西都有且仅有一个位置。我自己也都一直如此。因此，我们的习惯并不只是简单地整理（或者说随便放抽屉不被旁人看到），而是所有物品都必须有一个指定的位置，否则就得浪费时间找寻所需的东西。国际空间站里有成千上万种物品井然有序地排放，这一点完全匹配我的个性，我们回头再谈这个问题。目前我们只谈论如何按主题整理排列塑料小人玩具：印第安人和牛仔不能和医护人员或中世纪人物同排，这是基本原则。

有一天，我的父母送给我"挑战者号"[15]及其火箭的模型，我需要把各个零件粘贴起来然后涂色。我涂得到处都是，简直是一团糟。我确实喜欢火箭和宇宙飞船，但请给我已经制作好的。虽然我很有条理，但我并不细致。说实话，在那个时候，我更喜欢父亲用木头制作的盾牌和剑以及母亲缝制的骑士盔甲。

另外就是图书。在我们家，睡前故事时间是一个神圣的时刻。巴蒂斯特和我待在父母的卧室里，父母轮流给我们讲述阿斯特里克斯、幸运的卢克和蓝衣军团的历险故事。我对阅读保持着深厚的热爱，尤其是我们家对电视和电子游戏的使用规定相当严格。周六，我的母亲与她的同事在奥费图书馆做志愿者。所以我经常去图书馆。正是在那里，我发现了托尔金的《霍比特人》和《魔戒》以及我对奇幻小说的喜好。我还借走了那里写给儿童的所有

15　指美国航天飞机"挑战者号"。——译者注

历史书籍,从罗马文明看到第二次世界大战,还有法兰克国王克洛维斯的统治……除此之外,还有粉红图书馆、绿色图书馆、五人俱乐部、学习之乐等儿童文学系列让我欲罢不能。我很快就喜欢上了大仲马的《三个火枪手》,接着是亚伯拉罕·布兰姆·斯托克的《德古拉》,泰奥菲尔·戈蒂耶的《弗拉格上尉》以及赫尔曼·梅尔维尔的《白鲸》。在那里,书籍为我提供了远行的机会。可以说,我在真正走出家门之前就已经走出去了。但是,有一类书我从来不碰,那就是科幻小说……不过,还是有一个小小的预兆:我喜欢看地图。特别是那些出现在托尔金小说以及当时非常流行的《你是英雄》系列丛书中的地图。我花不少时间复制、描摹它们。有些东西已经开始萌芽:我觉得从上而下看事物奇妙极了……

我的父母认为开阔我们的视野是非常重要的。不论是鲁昂植物园、迪耶普的文化中心、巴黎多洛蒂[16]的演出,还是巴黎大道上的圣诞橱窗,他们都会毫不犹豫地带我们去,即使路途遥远。

同时,他们坚持让我们学一种乐器。小学五年级的时候,迪耶普音乐学院的老师们会到家里来教我们。我得花一年的时间学习乐理,虽然辛苦,但值得:我因此有了报名参加游泳课的资格。进入中学后,我盲目地选择了一种乐器:长笛。可惜我那时候戴上了牙套和牙环,所以长笛学习的情况并不理想……到了七年级,我又学起了萨克斯管,这种乐器使用嘴巴的位置不同,即使有牙套也没问题,这真是个幸运的决定。刚开始的时候,我只能演奏一些20世纪初、爵士乐出现之前的曲目,如达里乌斯·米约的作品。练习让我感到无聊,但我总是很认真。老师建议我每

16　Dorothée,指法国一位知名艺人,以主持儿童电视节目和歌唱而闻名。——译者注

天练习四十五分钟，为此在中学阶段我取得了不小的进步。但事情变得复杂起来，因为父母又建议我要坚持运动，这也占据了我很多时间。

20世纪80年代，在我老家这个乡村地区，最受欢迎的运动显然是足球。我父亲是奥费足球俱乐部的教练志愿者，同时也是网球俱乐部的副主席。事实上我在上中学之前，就已经开始练习足球了，尽管我对此并没有太大的热情。本能地，我喜欢在所有事情中都拿第一，同时也愿意尝试一切。因此，我尝试了乒乓球、羽毛球、橄榄球和排球等多种运动。只有马术我难以适应，这与我的生长速度不相容，事实上我现在唯一记得的自己年轻时的身体问题就是背痛。12岁时我迷上了柔道。布鲁斯·李[17]、功夫电影、日本《超级战队系列》等节目在当时的流行解释了我们这一代人对武术的热衷。我很强壮，因而柔道就像是为我量身定制的一样。我喜欢每周两次的训练，也喜欢出去比赛。父亲带我去勒芒参加比赛，我有着强烈的竞争意识。这个时候的我比其他青少年有着微弱的优势：我是年初的生日，这使我与个别选手的年龄有时候能相差十个月，而在这个年龄段，几个月的差异有时是巨大的。通过一些努力，我很快成为青少年组的省级冠军，并经常在大区或跨大区的比赛中取得良好排名。

一番尝试之后，我的爱好更加明确：柔道，当然还有……战斗机。尽管今天难以想象，但20世纪90年代初还没有互联网。我总是待在报刊亭里，在售货员厌烦的目光下翻阅各种航空杂志（当然没有购买任何一本）。我沉迷于飞机的解剖图，这些技术化的文件展示了飞机内部的系统。在这样的复杂性和精密布局前，

---

17 李小龙（1940—1973），著名华裔美国武术家、演员、导演、编剧和武术哲学家。代表作品包括《猛龙过江》《死亡游戏》和《精武门》等。——译者注

我的内心无比雀跃。我在房间里贴了两张迷彩色调的海报：一张是舰载攻击机"超军旗"，在法国海军航空母舰上服役；另一张是英国研制的"海鹞"垂直/短距起降战斗机。我在圣诞节时要求父母送我有关航空的书。我哥哥教会我在电脑上玩一个名为"F19"的飞行模拟器游戏。F19是一种虚构的隐形飞机，配备导弹和机炮，获得过多枚奖章。我的盟军显然是美国人，而敌方则是俄罗斯人。我几乎能把说明书倒背如流。我不知道为什么航空领域如此吸引我，更何况我在二十岁以前从未踏上过飞机，我第一次坐飞机，是去图卢兹上大学！回顾过去，我的一些喜好有一个共同点：身穿铠甲和头戴头盔的骑士，戴着头盔的战斗机飞行员……总之，戴着面罩的英雄。可以说，我们离穿着宇航服的宇航员不远了；当然，在此之前，我离成年后想要成为的佩戴着镜面面罩的摩托车手也不远了。

初中快结束时，我又对篮球产生了极大兴趣。这是在20世纪90年代初，美国职业篮球联赛NBA刚刚登陆法国。当巴蒂斯特和我发现迈克尔·乔丹的存在时，这堪比一场冲击。当然，他的海报最终也出现在了我们房间的墙上。我们总是潜伏在报刊亭阅读各种篮球杂志，那时几乎每年都会新出一本……父母最终为我们订阅了这些杂志，每个月我们都能收到自己的那一份。当时，居住在城里的青少年迷恋嘻哈音乐；而对于我们这些远离大城市的少年来说，篮球是神圣不可侵犯的。共同之处在于：通过这些，我们开始崇拜美国，一个超越我们常规生活的美国，以及它所拥有的街头时尚。要是有人在学校操场上穿一双锐步Pump篮球鞋，这个人一定是当时的王者。由于我的父母并不富裕，他们无法给我买著名的乔丹运动鞋，但这是我的终极梦想。于是，我用一年存下的零花钱给自己买了一双，一笔相当不理智的开支！虽然我已经练习了柔道和萨克斯管，我还是选择加入了学校的体育协会，开始打篮球。高中时期，我继续在迪耶普俱乐部打球，每周都参加训练和比赛。由于我生日比较早，我比同年的男生高一些，身体也更加健壮。这项运动不仅让我热爱，也带给了我成功。对抗赛时，我善于反攻，那时我梦想着成为迈克尔·乔丹！

当然，还有比赛的电视直播。Canal+ 频道会在凌晨 3 点直播这些比赛……但我们家没有订阅这个频道。于是 VHS 录像带的交易诞生了：我们找到家里那些订阅该频道的幸运家伙，给他们空白录像带让他们为我们录制比赛。巴蒂斯特和我反复观看这些视频，直到熟记于心，特别是 NBA 的决赛。有些录像带因为磨损得太厉害，图像甚至变成了黑白的。

我的父母在我上高一那年离开了奥费小镇。他们在诺曼底的本内托特，当时是一个仅有 52 位居民的小村庄，买了一间占地更大的房子。但较之奥费，这里更是乡下，连路灯都没有，每当夜幕降临，到处都是漆黑一片。无论是夏天还是冬天，我都是乘坐早晨 6:45 的校车，一周上 6 天课，星期三下午是音乐课，每天晚上都有家庭作业和体育活动，周末要参加比赛（每周大约要用十几个小时进行体育活动）。这个日程安排非常适合我。可能有人会说，我的活动过于多了。但我的父母为了给我们提供这些机会不惜竭尽全力。

我在迪耶普的雅恩·昂戈高中学习，这是一座沿着悬崖顶部蜿蜒建造而成的巨大建筑，为了从学校这端走到那端，我们得花大量时间在漫长的走廊里穿行。学校有 1 700 名学生。对于我们大区的青少年来说，选择并不多：要么去鲁昂，要么去迪耶普。

校车 7:30 将我们送到校车点,我们在玛蒂娜酒吧玩桌上足球,直到 7:57。我们每天玩耍的那间白色小屋就正对学校大门。法国有一项法律,规定紧邻学校的区域里禁止开设酒吧,但这个酒吧在学校建成之前就存在了!我们几个初中好友散落在 13 个班级里,但每到休息时间,我们都会聚集在同一张长凳上,没有其他同学会因此而与我们争论。同时,这个团体的成员构成是可变的,取决于随时加入的外来成员。那时,每个同学几乎都抽烟,但我没有,这要归功于我的父母。

我继续在课堂上装模作样,成绩总是第一,但也总是坐最后一排。下课后,我们穿过位于悬崖上的一个街区,走到一片狭窄的草坪上,俯瞰大海、城市和宏伟的城堡。灰黑的鹅卵石与英吉利海峡表面呈现出的不透明翠绿色形成鲜明的对比,而天空大多被云覆盖。当然,我们无视"危险"信号,喜欢靠近陡峭的边缘,有点冒险但并非完全鲁莽。

在整个高中时期,当每一学年的调查表上问到"你想从事什么职业?"时,我的回答总是一成不变:"战斗机飞行员。"这是我当时不变的想法,是我眼中典型的英雄形象。我梦想成为那样一个人,尽管我对此不甚了解。

在此期间,篮球代表着一种更直接可感的激情。我父亲在新家的花园里安了一个标准规格的篮球架。整个暑假,我的朋友们都会来家里打球。在迪耶普的海滩上,我们有时还会碰到托尼·帕克的父亲!身材高大的他是芝加哥人,和许多未能进入 NBA 的美国篮球运动员一样,他来法国的迪耶普打球。这是我们能接触到的最接近迈克尔·乔丹的人物!命运的讽刺是,我后来竟然与他的儿子对阵。我在省级比赛中被选中,并自豪地穿上一件印有"三角锦标赛"字样的便宜 T 恤。我像珍藏奖杯一样将这件 T 恤保存了很久，甚至经常在比赛时穿着它，将它视为代表我的水平的标志。托尼则在鲁昂附近打球。他还很小但非常有天赋，并且已经被提前晋级。我不记得比分，这无疑意味着我们遭受了严重的失利，要知道我的记忆是有选择的。至于托尼·帕克，后来的故事是令人仰慕的……我将在执行我的第一个任务的准备期间再次与他相遇：我将会见到一位身高 1 米 88 的篮球冠军，他是法国历史上最棒的篮球运动员！

如果说我是一个自信的男孩，我不得不承认女孩是神秘而难以理解的……伴随少男少女们的初恋，高中时期过去了。但在高三快结束时，出现了一个于我而言十分特别的女孩，她叫安妮。她的父亲是法国电力公司的工程师，由于经常轮岗，她在初高中期间经常转校。她闯入我们学校的大操场，在那里她一个人都不认识。这位拥有深褐色短发的女孩很快就让我印象深刻。我觉得她长得很标致。后来，媒体说她有着"迪士尼公主般的大眼睛"，确实如此。她在四兄妹中排行老二，接受了父母严格的教育，在学业上非常出色。早上，她离开家时穿着得体，但一旦坐上校车，就会从书包里拿出一件宽松的运动衫和一件印有 Iron Maiden 乐队头像的牛仔夹克。在家里，安妮既不是长女，也不是小女儿，更不是唯一的男孩，这是一个没有确切位置的尴尬地位。这或许解释了她为什么既温柔、富有同情心，又非常坦率和自信，她必须争取自己的位置。即使她今天仍然否认，但那时，我经常不经意间就能感觉到她日后一定会成为一位出色的领导者。她善于分辨是非，凭直觉选择自己的朋友。这个女孩还有一项卓越的才能：抽象思维和反思能力。当时的我肯定不是这样表达的，但不可否认的是，安妮不仅擅长吸收和运用知识（这是我自己兴趣点），而且能创造知识（这是后面一步）。这一点将会在之后被证明。到这里,大家都明白了:我被她深深吸引了。我们相聚在一家酒吧庆祝高中毕业。我们分享了一杯荔枝味的酒,差不多和马利布朗姆酒一样难喝。她的父母要求她在午夜前回家,所以她是我们中第一个离开的,我提议陪她走一段。在路上,我们接吻了,我们的爱情故事就这样开始了,此后它将经历许多波折。

高中生涯快结束时,我面临了一个至关重要的选择:是否要选择体育专业?以我 1 米 83 的个头,要成为一名篮球运动员似乎并不容易。至于橄榄球,我不仅还缺 20 厘米的身高,也缺 25 公斤的体重。我对柔道产生了兴趣,我不错的水平也鼓励着我。于是一场家庭辩论不得不展开。我的父母并不看好我选择体育这个专业,他们担心我由于大量运动而忽视学业,这是有道理的。此外,他们也知道,在这个职业里,出类拔萃的选中者毕竟是少数。于是,我勇敢地坦白了:

"实际上……我想成为一名战斗机飞行员。"

我妈妈对此并不高兴:

"你想向人们投下炸弹吗?!"

我竟无话可说。

高中毕业文凭到手以后,我选择了最显而易见的出路:科学方向堪称当时的卓越之选。人们普遍认为,只要选了这个方向,以后做什么都可以。我被巴黎的一些顶尖学府的预备班录取,但很遗憾没有获得住宿资格……我紧随哥哥的脚步前行,并为我有一个可追赶的榜样感到幸运,而他必须独自开辟新径。最终我选择了去鲁昂上数学预备班,然后是数学专业准备班。总之,我的预科生涯就这样开始了,那一段谈不上是人生最美好的岁月。

预科两年的光景就像完全被吞噬在时间的陷阱中。原因很简单，我一刻不停地只顾学习。

我最终选择了鲁昂高乃依高中的寄宿学校。之前总是第一的我在这里受到了严峻的考验。预备班崇尚排名文化，试卷总是从最高分到最低分发，就像一种令人不安的仪式。一开始，我成绩还不错，但有一次，我在数学考试中拿到了3.5分[18]的成绩。对此，老师给出了这样的评语："佩斯凯先生，发生了什么？全都是错误！"其实考试那天，我尝试服用了戈隆桑[19]，之后我再也不敢了。虽然有点羞愧，但这就是游戏规则，而且这也激励着我……班上的一些家伙就像来自外星球，我有时候都不太能明白他们理解概念和解决问题的能力是怎么来的……但我不是容易气馁的人。我意识到自己不能再仅仅依靠天赋，于是我变成了一个比以前更有竞争意识且更为勤奋的人。我严格遵守纪律。我高中的朋友们都去参加派对时，只有我是例外。我甚至放弃了篮球，这可是我当时最喜欢的事情之一。我还停止了练习吹萨克斯。我从未像那个时候一样努力学习过，除了留20分钟给午餐，留20分钟给晚餐，一天中的其余的时间我都专心致志地在宿舍里学习，每天晚上不到半夜不休息，像极了一个修道士。

安妮的父亲被调到了凡尔赛。她到霍什高中的数学生物预备班上预科，她的目标是攻读农学。最开始的几个月里，我们还多次通信，之后就越来越少。18岁的我们相隔100多公里，且都有

18　在法国，考试总分为20分，一般10分为及格线。——译者注
19　Le Guronsan，指法国一种非处方药，含有咖啡因、维生素B和其他成分，属于能量补充剂。通常用于缓解疲劳和提高注意力。——译者注

十分繁重的学业。我很难想象这种关系要如何持续下去,而生活就是这样……于是,我提出了分手。

时间流逝,地球依然转动,但我不再存在,除非当我俯身在方格纸上勤奋学习时。虽然数学专业预备班可以重读,但实行的却是淘汰制:要么通过,要么消失。在这一年里,我异常努力并轻松通过了考试。至于如何选择大学,我并不打算争取最好的,因为我绝不会为了去巴黎综合理工学院而重读一遍数学专业预备班。总共两年的预备班,不能再多,我只会选择我能够申请上的学校中最好的,这是我与自己明确立下的誓约。

通过不懈地奋力追赶,我成了数学专业预备班的第一名。我为此感到自豪,同时这也让我记住了辛勤付出是值得的,而且人必须在各方面都表现出色,不留短板。我参加了大学入学考试,我想要成为战斗机飞行员的梦想又重新涌上心头……我似乎又听到了母亲的声音:"你想向人们投下炸弹吗?!"好吧……女朋友、略带叛逆的青春、对武断权威的不满意、来自同龄人的压力……由于种种原因,我最终放弃了报考空军学校。但为什么不能成为民航飞行员呢?于是我找到了法国国立民航学校(ENAC),据说这可能是一条捷径。除了飞行员,这里也培养空中交通管制员和航空工程师……只是每年是否有入学考试要根据招聘需求而定,而在那一年,没有需求……一切又回到原点。然而这使我越来越接近我的梦想:Supaéro,一所声望极高的航空工程师学院。如果能被录取是最理想的。当我在网上看到成绩时,理想终于变成了现实,两年的努力得到了回报。

我前往图卢兹开始我的大学生活。我爱上了这座陌生的城市,而且时机刚刚好:是时候去发现与我熟悉的诺曼底不一样的地方了。坦白地说,在选择学校的时候,我也偏向于选择……最远的那所学校（冒险在呼唤我）。这是作为航空迷的我第一次坐上飞机！我立刻就爱上了起飞时的加速度和推背感。我一点也不感到担心。我从来不害怕虚空或高度：我不害怕坐过山车，也不害怕不久后将要尝试的跳伞。甚至我还会去寻找这些感觉。然而，我并不认为自己比其他人更勇敢，一定要说，那可能是我更理性一些：对于这些经过验证和检验的设备，我十分信任（只要遵循规则，总能安然无恙）。我可能也觉得自己有点无敌，但这就是青春的特权（持续到何时不得而知）。

我住在学生宿舍，Supaéro 的校园不在市中心，属于法国国防部的监管范围，因而校园实则属于军事区域。校园设施优越，设有游泳池、体育馆和室外网球场。我的房间很小，只有 9 平方米，就在洗手间对面，但这并不影响我激动的心情。

图卢兹让我惊叹：这里阳光明媚，离山海一步之遥。城市里有很多大学生。一开始，我们花了很多时间去参加晚会，而不是坐在教室里。

在 Supaéro 的第一年是平常的：数学、物理、空气动力学、材料学的课程，以及关于自动控制的课程（涉及导航系统，因此与电子学相关）。专业学习将安排在后续学年中。回归自己的爱好，我参加了各种课外活动：我又开始打篮球、橄榄球，还在学校的铜管乐队里吹萨克斯。跟着乐队能参加各种活动：圣皮埃尔广场的博若莱新酒节，图卢兹体育场的橄榄球比赛，以及热尔省孔东费里亚节上的音乐节，这也是欧洲最大的街头乐队音乐节（一种典型的西南嘉年华风格的庆典，以铜管和打击乐为主，就像我们的乐队一样）。穿着红色 Polo 衫（有人在耳边轻声告诉我这个颜色更方便擦拭红酒渍），戴着墨西哥式样的帽子，我们在街头演奏。置身于小卖部中的我们赢得了金月亮奖，用以奖励那些在这个夜晚表现突出的人（不一定是乐队成员）。我们甚至还在宇航员米歇尔·托尼尼面前演奏，他和他的机组人员在结束俄罗斯"和平号"空间站的任务后来学校参加了一场讲座，我们还送给他我们自己出的 CD：*Los Supaéros en concert*（Supaéros 音乐会）。除此之外，我学习西班牙语，努力提高英语水平，每天都参加体育活动，并重新拾起了阅读这个爱好。

我探索弗洛伊德，同时也阅读布勒东、艾吕雅和阿波利奈的诗歌[20]。我在其中找到了共鸣：这些诗人（就像我在青少年期时听的歌一样）成功地用言语表达了我当时无法表达的情感——这是年少的缘故。由于钱不多，我四处借书或购买二手书，我想要建一个漂亮的图书馆，尽管我不太清楚我想要让谁感动——我们这一届只有 3% 的女生……在这三年的阅读中，我涉足了 20 世纪的经典：萨特、加缪、塞利纳、杜拉斯、加里；还有那些令我印象深刻的揭露不文明现象的伟大见证者：普里莫·莱维、森普伦、埃里希·玛丽亚·雷马克[21]。当然还有当代文学：我特别喜欢读昆

---

20 弗洛伊德（Sigmund Freud，1856—1939），奥地利医生、神经学家和精神分析学派的创始人之一。他提出了许多理论和概念，包括无意识、精神结构（如本我、自我和超我）、梦境解释、防御机制等，是心理学和精神病学领域的重要人物之一，影响深远。
布勒东（André Breton，1896—1966），20 世纪法国最重要的诗人之一，也是超现实主义运动的领导者和理论家。
艾吕雅（Paul Éluard，1895—1952），20 世纪法国最重要的诗人之一，他的诗歌充满了对爱情、生活和人性的探索，以及对社会和政治的关注，是法国超现实主义运动的代表人物之一。
阿波利奈（Guillaume Apollinaire，1880—1918），20 世纪法国最重要的诗人之一，也是现代主义文学的重要代表人物之一。他的作品涵盖了诗歌、散文、小说、戏剧等多种文学形式，风格多样，内容丰富。——译者注
21 萨特（Jean-Paul Sartre，1905—1980），20 世纪法国著名的哲学家、作家和政治活动家，也是存在主义思想的重要代表人物之一。
加缪（Albert Camus，1913—1960），法国作家、哲学家和记者，被视为 20 世纪法国文学和思想的重要代表人物之一，代表作有小说《鼠疫》和《局外人》等。

（转下页）

德拉，他引导我了解了东欧的作家，比如贡布罗维奇[22]。这激发了我和朋友们的背包之旅，我们从波兰北部徒步到了希腊南部。至于科幻小说？我依然是敬而远之。

在 Supaéro，所有学生都有资格参加由学校资助的航空活动。因此，你可以尝试跳伞、滑翔伞、滑翔机，甚至学习驾驶飞机！这正是我一直以来的梦想！对于各种活动总是充满热情的我迫不及待地投身其中。

一切都始于一场理论考试（学校招募最积极主动的学生，以确保他们能完成培训，飞行时间可不是白来的）。我像个疯子一样努力学习，最终成了 30 名被选中的学生之一。哈里路亚！学校的"动力飞行"俱乐部位于图卢兹的拉斯博德机场，并拥有四架小型的飞机。它距离学校 6 公里，中间还有一段斜坡。由于我

（接上页）

塞利纳（路易 – 费迪南·德图什，Louis-Ferdinand Destouches，1894—1961），以笔名塞利纳（Céline）而闻名，是 20 世纪法国著名的作家之一。塞利纳以其大胆、现实主义和独特的文学风格而闻名，代表作有小说《死了就好》等。

杜拉斯（Marguerite Duras，1914—1996），20 世纪法国著名作家。其作品涉及小说、剧本、散文和电影剧本等多种文学形式，常常探讨爱情、欲望、记忆和人类心理等主题。代表作有小说《情人》等。

加里（Romain Gary，1914—1980），20 世纪法国著名作家，其作品包括小说、回忆录、戏剧等，他的文学风格独特，作品充满了幽默、情感和智慧。代表作包括《夏娃的杯子》《狂风中的渔船》等。

普里莫·莱维（Primo Levi，1919—1987），意大利犹太裔作家和化学家，以其对纳粹集中营经历的描述而闻名。代表作有《如果这就是一个人》《度量衡》等。

森普伦（Jorge Semprún，1923—2011），西班牙裔法国作家、政治家和电影编剧，20 世纪最重要的文学人物之一。其代表作有《遗忘》等，曾担任法国文化部部长。

埃里希·玛丽亚·雷马克（Erich Maria Remarque，1898—1970），德国作家，以反战小说而闻名。代表作有《西线无战事》等。——译者注

22 昆德拉（Milan Kundera，1929—2023），捷克裔法国作家，以其对人性的深刻剖析和复杂的情感描绘而备受赞誉，被认为是 20 世纪最重要的文学作家之一。代表作有《不能承受的生命之轻》《携挂的镜头》等。

贡布罗维奇（Witold Gombrowicz，1904—1969），波兰作家，20 世纪波兰文学的重要代表人物之一。他的作品充满了幽默和反讽，代表作包括小说《饥饿者》《宴会》，以及剧本《莎努拉》等。——译者注

没有车,只好步行或骑自行车,有时不得不逃课(课上老师从不点名)。我不确定自己这节课是否可以飞行:天气不好,或者一名即将参加飞行执照考试的大三学生突然出现而优先获得了飞行机会(然后我们的名字就会被随手写在飞行记录本上)。我在一架四座螺旋桨飞机 DR400 上完成了我的首次飞行,教练与我一同坐在飞机上,我们双方都能操控飞机。他让我反复练习基本动作,即起飞、巡航和降落,类似于马术中的绕场一周。经过六个小时的飞行,他认为我已经准备好独立飞行。第一次独自飞行,我前所未有地保持专注。我一如既往地不觉得害怕(我真正意识到恐惧是在太空中的某个时刻),因为这个系统是成功的,我可能不是有史以来最好的,但我知道我也不是最差的,所以我可以成功(无论以后成为工程师、飞行员还是宇航员,这种心态将在整个职业生涯中帮助我)。现实并没有辜负我长久以来的梦想:我热爱驾驶飞机,我为飞行痴狂。

在第一学年结束时,我们开始选择专业方向,然后在第二和第三学年逐渐深入专业领域的内容。我希望自己尽可能保持全科性,在尝试过一切之前不想关闭任何可能性。我的决定与其他人不同,他们系统地选择同一科目,每一年都深入学习专业内容。而我第一年选择了专攻空气动力学(飞机方向),然后我将尝试……好吧,第二年我将尝试太空领域。我将在第三年做最终的选择。

与此同时,我的大学生活也充满活力。我和朋友们组了一个团队,并开始尝试斯卡音乐。法国西南部受西班牙影响,流行一种欢快版的斯卡音乐,其中铜管乐器占据很大比例。这个由 10 名成员组成的团队叫做 Les Skalatorz(我们将对其超级微妙的幽默感表示敬意），乐队里有一些真正优秀的音乐家，而我只是一名相对普通的萨克斯手，我们很快就取得了小小的成功。口口相传将我们从学生派对带到了 Café Rex，这是图卢兹的时尚音乐场地，还有 Supaérock，学校的音乐节。我们的服装华丽而时髦，坦白说，有点可爱。我们毫不吝啬努力，按照应有的方式到处跳跃，小小的场馆里充满了与我们年龄相当的观众，而我们则跳得光着上身、满身湿透。青春不可辜负。

  作为受法国国防部监管的学校的学生，我的一位同学发现了一个回家的好方法：当放假回家的时候，我们可以乘坐从图卢兹弗朗卡姿基地起飞的军用飞机。我们只需提前报名，如果执行飞行计划，我们会在前一天或几小时前会收到通知，学校则会派一辆小巴送我们。然后，30名穿着短裤、留着长发的大龄青少年就会出现在这个基地，真有点格格不入。我们在老式的特兰萨尔运输机里演奏吉他、唱歌，只为了可以趁机潜入驾驶舱里看一看，不一会我们就到达了埃夫勒市或维拉库布莱空军基地。我们所有人都持有一份正式的任务令，页眉上印有"法兰西共和国"字样，左上角则是蓝白红色的斜对角国旗，任务令上写着：

  总工程师、法国国家航空航天高等学校校长，命令托马·佩斯凯先生前往鲁昂，目的：度假。

  有一次我正好要去勒谢奈市（在凡尔赛附近）探访朋友，借此机会我重新联系了安妮。我们在一场农业主题的晚宴上重逢，她盛装出席。之后发生了一些必然会发生的事……但我们的学业再次成为阻碍。我们两个在不同的领域都过于投入，两个人都有自己的学术文化、校园生活和朋友圈……复合失败。这一次，是她提了分手。

我还是坚持在大三更换专业。大二的时候，我按原定计划选择了让我激情澎湃的航天专业，但除此之外还有很多方向可以尝试！然而，一个明显的事实迎面而来：最后一年的选择在很大程度上将决定我的未来……这非常合理：例如，选择航天专业的学生将很难在其他地方找到实习和工作机会。但是如果我逃避，生活将为我做出选择：职业生涯不易察觉的夹缝已经悄悄地开始收紧了。

快乐的童年：与我的哥哥巴蒂斯特和父母在一起（滨海塞纳省，1980—1988 年）
托马·佩斯凯 供图

即使一只手还打着石膏，也不能停止我对篮球的热爱（奥费，1993 年）托马·佩斯凯 供图

在盛大的开幕式上演奏的乐队（迪耶普，1992 年）
托马·佩斯凯 供图

在 Supaéro 的混战中（图卢兹，2000 年）托马·佩斯凯 供图

如火如荼的学生生活（热尔省，孔东，1999 年）托马·佩斯凯 供图

仰望天空的双眼
Les yeux au ciel

第一次跳伞前的几秒钟（图卢兹，2002年）托马·佩斯凯 供图

  在经历了一次充满曲折的墨西哥实习,以及几次背包之旅之后,我彻底爱上了旅行:在最后一刻,我决定前往加拿大[23]度过我的最后一个学年(其实我更想去美国,但对我来说过于昂贵)。我依依不舍地离开了乐队、体育俱乐部和美好的校园生活,但我并不孤单。Supaéro 有两位朋友与我同行。尼古拉是法国空军前战斗机飞行员的儿子,在法属圭亚那长大。童年时的他就像一个金发的少年人猿泰山,一会儿坐着独木舟与兄弟们穿越森林,一会儿在库鲁发射场观看火箭发射。他的父亲之后担任了法国国家空间研究中心运营总监一职,并在这个位置上一直到退休。这个岗位主要负责火箭发射最后的倒计时工作。尼古拉非常活跃,他是我们管乐团的主席,同时也是我们斯卡乐队的成员(担任小号手)。至于格温达尔,他是布列塔尼人,从他的名字就可以看出来。他热衷帆船运动,同时对航空有着浓厚的兴趣,并最终在空客公司找到了自己的职业道路。这两个男孩一直是我亲密无间的

23　应该是交流项目。——译者注

朋友，我想象着，大约20年后，我们会以各自的方式投身于一场有点疯狂的冒险：我将在国际空间站上飞越大西洋，同时，尼古拉将独自驾驶划艇穿越大西洋（从戈雷岛，塞内加尔到法属圭亚那），而格温达尔则将独自驾驶帆船横渡大西洋。格温达尔需要一个月时间，尼古拉需要40天，而我只需要12分钟！这将成为一个令人兴奋的电话话题，他们置身于大西洋，而我则在大洋上空的轨道上。但那时，我们绝对想不到后来的事。

我们三个人带着一腔热情抵达了蒙特利尔。可是，仅仅找个住所就困难重重（是的，我们离开时信心满满，确信有一个理想住所在等着我们）。这里没有住房津贴，没有大学宿舍，物价对我们来说高得离谱（不只是房租），这里没有青年交通卡，没有大学餐厅，也没有学生优惠，上课需要购买的教材都是全价。我的父母勒紧裤带，每月寄给我1 000加拿大元。我们找到了一个破旧的两居室，勉强能够满足需求（我蜗居在一个没有窗户的卧室），但房租却占去了我每月预算的一大半……在加拿大的生活由此变得俭朴。在这一年里，我因为在饮食上过于紧缩而肉眼可见地瘦了下来。为了赚点零花钱，最好的办法就是……成为制药实验的"小白鼠"。Anapharm制药公司让我们测试抗高血压药物，每次支付1 000美元（连续两个周末，每次抽21管血，以至于我周一上课时就像个吸毒者一样静脉清晰可见）。这笔意外之财帮助我们度过困境。

在学校里，我很喜欢由加拿大蒙特利尔理工大学、康考迪亚大学和麦吉尔大学合作提供的航空航天工程硕士课程。我们学习航天动力学（关于轨道计算、轨迹和推进力的研究）、电子通信等科目，全部是英语授课。我定期在大学的奥林匹克游泳池游泳（这是唯一免费的运动项目！），还上跳水和爵士舞的课。尽管很冷，但蒙特利尔令我陶醉，这座城市充满活力（我喜欢在皇家山高地举办的小型音乐会和那里的旧书摊）。

时间在不经意间飞逝，很快就该找毕业实习岗位了。我会在我最后选择的专业领域进行实习，也就是航天领域。我被法国阿尔卡特宇航公司录用，这家公司位于法国蔚蓝海岸的戛纳。对于暑期实习来说，还真不错。

于是，我又回到法国。从诺曼底出发，我开着父亲的雪铁龙104 Style Z小心翼翼地沿着国道南下。父亲把车交给我时，车还是辆好车。几年后，我将它还给他时，驾驶门被锁死了，我只能从窗户或副驾驶门进出；油门弹簧断了，我得不停地用脚尖把踏板抬起来；驾驶座椅也无法折叠了……但是，就目前而言，我开着这辆车平安抵达了奥雷利安和莫妮卡的家，他们比我大两岁，在我找到住所之前热情地接待了我（奥雷利安曾与我们一起在乐队演奏，而莫妮卡也是Supaéro的毕业生）。

我被分配到前期项目部。该部门的任务包括例如规划并准备太空探测器的任务。在此期间，需要考虑和规划的参数有许多，同时也要根据任务目标和探测器本身来确定。这些参数包含质量、重量、体积、与地球的通信需求将决定数据流量，继而确定天线的尺寸，推进系统和电力需求等等。在卫星这样受限的系统中，一切都是关联的，因而需要在规划中尽可能考虑到，以达到最小的重量和成本。意图、可能性、预算：为了实行任务的可行性，我们根据涉及的领域不断重新评估路线图，就像一个令我着迷的魔方（你说呢？）。在阿尔卡特宇航公司，像我这样的实习生很多，我在这里如鱼得水。我找了人力资源部，获取其他实习生的电子邮件地址的列表，然后带着他们一起参加沙滩排球比赛和烧烤，要知道戛纳的海边随处都有这样的条件。那个夏天我是来学习的，但不仅仅是学习。

2001年10月，我毕业了。到那时为止，一切都算得上顺利轻松，然而，这一年的9·11恐怖袭击事件和9·21图卢兹AZF化工厂爆炸事故使气氛变得沉重起来，我们的生活似乎充满了不确定性。于是，一个不可避免的问题浮现出来：我要选择什么职业？此刻，我意识到，我注定是要在航天领域工作的。这完全符合我的个性。我发现人类有一种令人着迷的生存本能：未知的黑暗让心中泛起恐惧的涟漪，因为那潜藏着可能的威胁。然而，正是这份恐惧催生了探险的渴望，勇敢的灵魂以身试险，只为更好地守护同胞的安全。在航天领域，也是与超越我们的东西打交道，只是范围更广阔！但与此同时，对我来说，航空领域就像是带有人类尺度的，或者说是我们日常生活的一部分。而航天远不止于此，它有着非凡之处，只有少数经过精心挑选的人才能接触到。实际上，我一直梦想着我未来的职业或者我的生活一定要非同寻常。而航天领域属于这一范畴，还带有明显的国际维度。深思熟虑之后，我确定这确实是我想要的方向。

在寻找工作时，我想了几个可能的选择，包括欧洲航天局和法国国家空间研究中心。但是，西班牙GMV公司最先给了我面试机会，并很快提出了一个职位。欧洲航天局和法国国家空间研究中心的程序更加漫长，因而还没有给我任何消息。于是，我接受了GMV公司的职位，并开着我的雪铁龙104踏上了前往马德里的路，15小时的路程让我越来越不耐烦。

和在阿尔卡特宇航公司实习时一样，我在GMV公司负责太空任务的初步计算。我参与了由意大利航天局设计的地中海盆地观测小卫星星座系统（COSMO-SkyMed）任务。该系统用于跟踪多颗卫星在轨道上飞行的轨迹。

但是任务被临时中断：欧洲航天局联系了我，并向我提供了一个为期18个月的、专门面向年轻毕业生的职位。同时，法国国家空间研究中心也向我提供了一份无固定期限的工程师合同！虽然欧洲航天局的不可续约合同让我犹豫，但它国际化的环境让我非常心动……而法国国家空间研究中心的声望也一样吸引着我：毕竟，法国的航天史就始于这里！我还要补充一点，很少有像我这样的年轻人可以参与其中，这是一个相当难得的机会。该怎么选择？我在GMV的工作才持续了5个月，这是一份有趣的工作，西班牙的生活也很好。难以抉择！最终，我决定加入法国国家空间研究中心。我妈妈非常高兴：她的儿子终于安全了，而且还在法国，她可以不再担心了（如果她知道等待她的是什么……）。我因此又回到了图卢兹。

在法国国家空间研究中心，我主要从事太空任务自动化的工作。自动化覆盖各个层面：例如卫星的自动化（使它们能够自动执行一定数量的任务），又如整个系统的自动化，包括地面控制中心（要考虑哪些指令可以自动化，哪些指令则需要保留手动控制？）。我还负责一个相对棘手但非常重要的工作：太空数据的标准化。所谓的数据（或遥测[24]或遥控[25]，具体取决于下行或上行的方向）涉及卫星与地面的双向通信：从地面发送的指令、卫星记录的测量数据或图像都包括在内。这些数据都是以计算机语言传输的。然而，每个国家（甚至每家公司）都有自己的计算机语言。

24　遥测是从卫星到地面的数据传输，用于监测卫星状态。
25　遥控是从地面到卫星的指令传输，用于控制卫星的行为。

如果有统一的语言，一切会变得简单。想象一下，法国的一颗在轨卫星，我们可以通过位于法国本土或海外的各种天线来控制，然而，由于卫星与地面天线之间的位置关系，必然会存在一些无法直接观测到的区域或时间段。因此，我们需要使用美国的位于例如关岛、波多黎各或洛杉矶的天线……但问题是由于没有共同的计算机语言，我们必须到美国去接入一个庞大系统，通过它来翻译卫星数据以及我们希望发送的指令。因此，开发一个全球性的共同语言非常有必要。这是国际空间数据系统咨询委员会的任务，由法国国家空间研究中心、欧洲航天局、美国国家航空航天局和其他国际机构的工程师共同参与。正是在这个框架下，我将执行我的第一个海外任务：24 岁的我，被派往休斯敦与经验丰富的工程师们一起工作，我感到异常兴奋。我还不知道接下去的几十个小时堪比皮埃尔·理查德的电影……

我们在阿姆斯特丹中转。到了那里，我们得知将要搭乘的航班已经超售。航空公司承诺如果有乘客愿意在 6 小时后搭乘另一班飞机，将赠送 300 欧元的购物券。

"300 欧元！"我的同事鼓励我说，"抓住机会，年轻人，明天我们在会议上见！"

"年轻人"被吸引了。他们离开了，我被留在了机场。6 小时后，我在多伦多再次中转。一名美国海关人员让我跟着他前往他办公室：

"你去美国做什么？"

"公务会议。"

"与谁开会？"

"美国国家航空航天局。"

他的眼里闪过这真是一个了不起的虚构故事的表情。

"美国国家航空航天局?你能证明吗?"

"我可以给你看我电脑里的邮件。"

"请。"

在我搜索电子信箱的同时,他搜查我的物品。当然,他什么也没找到。我给他看了证明我此次出行原因的邮件。他告诉我,我的I-94W出入境表格有问题。

"我的I-94W表格……"

这是每个人在进入美国之前都必须填写的绿色纸张,在返程航班时需要签字。他解释说,在他的系统中,我确实进入了美国,但是……从未离开过。这家伙最终意识到这张绿色的纸可能丢了,他变得温和起来,并让我离开。

我在最后一刻赶上了航班,幸运的是航班延迟了很久。我从图卢兹起飞,经过30个小时的旅行后终于抵达休斯敦,但是我的行李没有到……他们承诺行李第二天会到达。没关系。现在是当地时间23:30(对我来说是早上5:00),让我们快点结束吧,快租辆车。问题是:

"对不起,年轻人,你不能租车,你还没满25岁。"

我大吃一惊,没有人在预订行程时预料到这一点(在法国国家空间研究中心很少有像我这样的小伙子)。

"但我没有其他法子可以到城市另一头的酒店!"

大家对我表示同情。

"迈克?"

一个人回过头来。

"你会经过温德姆格林角酒店吧?"

那个人点点头。

"你介意送下这位年轻人吗?"

然后我和迈克一起上了车。很快，我们开始聊起篮球（我对休斯敦的体育俱乐部很熟悉，甚至知道过去的橄榄球队）。

"你可真是个懂行的法国年轻人！"

他把我送到了酒店。迈克真是太好了。

"晚上好，我预订了一个房间，托马·佩斯凯。"

他让我重复一遍。

"对不起，佩斯凯先生。我没有查到以这个名字预订的房间，而且酒店已经客满了……"

然而，明天我们确实在这里开会！我拿出电脑，查看在出发前可能没有读完的邮件，当时我以为我会跟着大部队走……然后，我发现我的同事们住在另一家更便宜的酒店。我找到了地址。

"你知道我怎么能在这个时候去这家酒店吗？"

接待员对我表示同情，并让酒店的班车把我送过去，因为班车正好不需要去机场接人。此时的我不想知道这会儿是几点，自己能休息多久。我只知道，在另一家酒店有一个房间等着我。到了酒店，我问道：

"你们有牙刷和剃须刀吗？有没有可能，还有……一件干净的衬衫？"

没有行李，而且第二天要与美国国家航空航天局的工程师见面，我只能凑合了。前台的女士问餐厅的服务员要到了一件白色衬衫，袖子上有一块漂亮的咖啡渍。总比什么都没有强，万分感谢。让我睡觉吧，拜托了，我要睡觉……

第二天一早，早餐时间，我四处寻找我的同事们。然后我被告知，他们已经离开了（按照他们的逻辑：我租了一辆车，所以我是可以自由行动的。而他们平稳地到达这里，起得比我早得多……）。又一次，我发现自己没有任何交通工具。又一次，前台的工作人员对我表示同情：

"布伦达？"

布伦达是一位刚刚完成了工作的清洁工。

"你介意送一下这位年轻人吗？"

于是，我和布伦达一起走了。这些美国人真是太友好了！

我飞奔到温德姆格林角酒店，正好碰上我的同事们在向我们的美国伙伴们介绍团队的新成员……他们用眼神找了我一会，然后突然看到了我，带着微笑，衬衫上还沾着咖啡渍。

别问我那一次我们是否在空间数据标准化上有所进展。我只记得我终于到了。

在墨西哥和澳大利亚的实习结束后，安妮在塞尔丹待了一段时间，那是一个横跨法国和西班牙的山谷地区。我重新与她取得了联系，并提议去看她……我从图卢兹出发，驾驶着我依然坚挺的老款104汽车历时大约3小时到达了这里。这个地方海拔较高，天空总是出奇的清澈，大概是因为云被周围的山脉挡住了，十分美丽。这里有一个小村庄，每到夏天和冬天，游客会增加，人们说加泰罗尼亚语、西班牙语和法语。再次相处几周后，我们重新开始在一起。从那时起，我经常从图卢兹来这里看望她。有时候，我只去一个晚上，早上就回到法国国家空间研究中心。这一次，前方不再有障碍。安妮甚至在图卢兹找到了一份工作：她被聘为法国国家农业研究所的一名研究员，并开始进行她的博士研究。

没有障碍。确定吗？在法国国家空间研究中心，一切顺利。作为一名工程师，我的工作令人羡慕。但是……终日被钉在电脑前……我觉得这一切都缺少了一些行动性和实操性。尤其是，即使我正在从事的项目令人激动,但成果或许要在许多年后才能见到……我不想我的职业生涯只有两三个任务,然而这却是很多临近退休的同事的宿命。月复一月,我常常会想,我是否真的在正确的位置上。直到我承认……或许不是。难道我不能重新考虑成为飞行员那个久远的愿望了吗?

人生只有一次:深思熟虑之后,我还是决定去参加法国航空公司飞行学员的选拔考试。

每年,法国航空公司面向新人以及希望继续飞行事业的前军人(在法国军队里,到了 40 岁左右就不能再全职飞行了)提供为期 2 年的培训,法航资助全部费用。幸运的是,我并非从零开始。我在 Supaéro 时曾取得过小型飞机的执照。那时不像现在,还没有专门帮助飞行学员准备选拔考试的学院。因此,我必须自己摸索各种信息和模拟试卷……我在互联网上搜寻各个论坛,还幸运地得到了曾参加过选拔考试的朋友们的帮助,我将所有能找到的信息都整理到一个厚厚的文件夹里。我做了充分的准备,就像我以前决定做任何事情一样:毫不犹豫。

大约有不到 1 000 人报名考试(我猜测,很多人自我审查之后,认为没有飞行经验就不能成为飞行员,或者认为这一行不适合他们,然而事实并非如此)。我通过了第一轮测试,涉及物理、数学、英语和逻辑。我很快被通知参加第二轮关于心理技能的测试。例如,我们需要记住一系列数字,以测试我们的记忆力、速度和潜在的抗压性。又例如,在纸上排列着边长为 3 厘米的方框,方框内有折线,我们需要数出它们中左(或右)拐的次数。再如,在两页纸上给出了很多的 15 位数字的序列,我们需要检查并标记其中相同的部分,当然,也要标记出其中不同的地方。然后,我们要在屏幕上进行协调测试。也就是说，在紧凑的时间内，我们需要按照一些奇特的指示在一个类似仪表板的界面上发出各种指令。例如，当屏幕左上角出现一个非黄色的方块时，要踩右脚。所有这些都是为了控制一架模拟飞行器，最后指令会反转（因为之前的太容易了……）。到了这个阶段，我们还剩下 200 人，最终通过全部面试的只有大约 30 人。我竟是其中之一！我非常高兴：虽然我不能像童年梦想的英雄那样戴上面具，但我仍然是飞行员！这是我长久以来的梦想。

现在剩下的就是告诉我身边的人这个转变……

我的母亲，当然……她不太支持。

"你又要搞什么创作？你现在有一份很好的工作！"

"是的，但我一直想要成为飞行员，妈妈！不是战斗机飞行员，是民航飞行员：这又有什么让你不满意的？"

"让我不满意的是飞机。"

"为什么？"

"因为飞机可能坠毁！"

"我也可以从椅子上摔下来。这叫重力。"

我父亲的常识（他提醒母亲说，道路交通事故比飞机事故要多得多）和我的狂热让她屈服（无论如何，我已决定好了）：

"但我希望你能得到最好的。而最好的，就是你想要的。"

对于安妮来说，这是一场艰难的考验。我告诉她我要去法国北部上法兰西大区的马维尔参加培训。从图卢兹到马维尔？她指出，这是一个不可能实现的对角线。我有点固执，又有点愚蠢：

"这是我一直以来的梦想！所以，去不去根本不是问题！"

安妮从不会质疑我内心深处的愿望，她只是感到受伤，因为我只是告诉了她一个既成的事实，我单方面做出了这个决定，完全不考虑她，就像这是一个不值得平衡或共同讨论的理所当然的事情一样。

"只是……我为了你才在图卢兹找了工作，托马。"

"什么？"

"为了我们在一起。难道你以为我是随便搬到这里的吗？"

"但是……为什么你从来没告诉过我？"

"因为那只是开始。或者……算是个重新开始……"

沮丧的沉默。

"听着，就这样吧。去做吧。但是……"

她停顿了一下。

"但是？"

"你可别搞那种5年后再去学作宇航员这样的事情！"

至于法国国家空间研究中心，情况也不是那么轻松。正如我所说，他们并不经常招聘年轻人。所以在看到我仅仅两年半之后就提出要离开……至今为止一直对我非常友好的人事部部长，在我离职的欢送会上有点紧张。更不用说那些在面试时曾支持选择更有经验的人的同事……此刻，他们对原先的遗憾感到更加坚定……至少目前是这样。

法航的飞行学员培训在位于里尔和敦刻尔克之间的马维尔举行。此时是2004年4月，26岁的我重新开始了学生生活。我们这一期共有36个学员。我们已经穿上了戴有肩章的飞行员衬衫、领带、蓝色裤子和夹克，但还没有授予等级。所以，当我穿着这套制服时，人们有时会误认为我是加油站或五金店的员工，继而询问我是否可以帮他加满油或者向我询问浴室用品的位置。培训分为几个阶段：6个月的理论课程，飞行阶段，然后再次进行理论课程。11 月在北加莱海峡地区进行的目视飞行值得体验。手拿地图,我们根据驾驶舱玻璃后面的景物(或没有景物)进行定位。有时候会有点冒险,但别担心,我会重新调动我的飞行本能反应。我们还必须获得 14 个理论证书。我们需要学习气象学、喷气发动机原理、高超声速空气动力学等。还有飞机高压系统、低压系统、六分仪[26]、墨卡托[27]和兰伯特投影[28]……这并不是我最后一次陷入这种一刻不停学习的情况(在某种程度上,不断学习对我来说可能更合适)。

我们回到基地开始使用新投入运营的 DA40 型飞机,这是一架柴油发动机式的螺旋桨飞机(考虑到那些初次接触飞机的人,我们从小型飞机开始)。接下来是学习空中特技,为了适应一些不寻常的姿势并学会在各种条件下做出反应。无论飞机的大小如何,都应该采取相同的反应和技能。因此,我们将这些反应和技能深深地印刻在我们的大脑中。

随后,我们开始培训仪表飞行和无线电导航。我们不再通过地图和驾驶舱窗户估算方向,而是与在航空俱乐部时一样,引导飞机更快速地从一个信标飞到另一个信标,这比之前的练习更加抽象……如今,飞机的位置通过 GPS 显示在屏幕上,有点像开汽车。但在初级阶段,我们接受的还是老式培训,显示屏上满是指针和数字,看起来一点都不直观。我们必须在脑海中构建航线,并且要使用那些既非数字化也非电子化的测量仪器,同时掌握和管理飞行(考虑天气、燃料、无线电等各种因素……)。首先是

---

26 六分仪是一种用于测量天体角度的仪器,通常用于航海和航空导航中,特别是在没有地标或雷达的情况下。
27 墨卡托投影是一种用于将地球表面展开成平面地图的投影方法。它经常用于航海和导航图表,尤其是在低纬度地区。
28 兰伯特投影是一种圆锥投影,常用于制作地图,在航空和航海导航中也有一定的应用。

单发仪表飞行，然后是双发仪表飞行，还有故障训练。我在这些过程中获得了我一直追求的行动性。

通过所有考试之后，我们离开马维尔，前往巴黎。是时候面对更大的挑战了：空客 A310，最大起飞重量可达 140 吨。对于习惯了驾驶小型飞机的人来说，控制起来并不容易，尤其是在没有任何飞行辅助的情况下，完全靠手动操作，而且除了指针以外，没有任何直观的显示。显然，这并不是设计飞机的初衷，但据说如果一个人具备妥善处理重大局面的能力，那么他同样能够游刃有余地应对那些相对微小的情况。在培训过程中，我们被置身于最糟糕的模拟情境中。而我，将在之后参与的宇航员培训中，再次迎接这种严苛而富有挑战性的体验。模拟器训练非常艰苦：我们就像是在不断地与飞机搏斗，使其按照我们的指令行驶。先是汗流浃背。然后一位学员被辞退。压力不断上升，那感觉就像刀尖悬在脖子上。空客 A310 机型单人驾驶和 100% 手动操作是我见过的最艰巨的任务（或许还有太空行走）。在追求成功的路上，我从未有十足的把握，但我固执的天性驱使我不断前行。我深知，有些胜利，唯有通过坚持不懈方能赢取。

安妮和我当时住在巴黎 13 区。她完成了博士论文，现在在畜牧研究所工作。有一天，我与朋友聚会，回家得很晚。一个可疑的家伙在意大利广场问我要一支烟。我没有烟。他问我要零钱，我也没有。他想要我的钱包并用力推搡我。我回推了他。因为天色已晚，我没有看清站在几米开外、藏在公交车亭后面的十来个人。他们向我袭来：在电影中，1 对 15 的搏斗可能会成功，但在现实生活中，你最多只能让面前的人却步，而来自后方的拳头却

无法防范……混战之后，我失败了，他们也溜走了。我艰难地站了起来，我的右腿疼痛难忍。我甚至没有想到打电话给警察或等待救援。我一瘸一拐地回到公寓。安妮在门口发现了我，我有点狼狈，夹克上有鞋印……她还注意到我跛行得很严重。我还乐观地想我一定是扭伤了。我沉重地睡了过去，希望这次的不幸不会导致我在培训中拖延超过一两天。我或许可以拄着拐杖走上模拟器。希望一切都好。

第二天，我痛极了。安妮带我去了皮蒂埃－萨尔佩特里埃大学医院的急诊。医生不允许她跟着我，我们只好各自坐在塑料椅子上等待。40分钟后，一名医生让我去做X射线检查。然后继续等待30分钟。再次照X射线后，又一次等待，没有尽头。结论是，我的腓骨骨折了（尽管痛了几个小时的是我的脚踝）。

"那么我要上石膏吗？"

"穿三周的压缩袜就足够了。"

法航会怎么决定呢？我平时不喜欢考虑最坏的情况，除非它真的发生了，但这一次我很担心。于是，我尽早打电话解释我的情况。

"在法航，如果飞行员受伤，我们会等他康复后再让他重新接受培训。祝你好运，托马，我们支持你。一个月后见！"

法航真是不错。

于是，尽管我不在，我们那一批的培训还在继续进行。这堪称我生命中最漫长的一个月：我戴着那个让我难受得要命的压缩袜，忍受着煎熬。

在复诊期间，医生们查看了我重新拍的X射线片。我察觉到他们互相之间一个不太妙的眼神。他们低声交流了几句，然后问我：

"到底发生了什么？"

"您在急诊部遇到的是谁？"

"他们是怎么跟您说的？"

我被告知实际上我是双重骨折：我的踝关节也断了。我本应该至少被打上石膏，甚至可能需要手术来装上一根钢针。

"我们得给你打石膏，没有其他选择。"

"但是它会好起来的吧？"

"大自然是位慈爱的母亲，她会慢慢治愈一切！"

这句话我记了很久……

于是，我打着石膏回到家，我担心会留下后遗症。接下来的几周，我每天都要在肚子上打一针，这让这个夏天变得更加艰难。

几周后，终于可以拆石膏了。我的步态有点受损，我得接着去看理疗师。我能恢复所有的能力吗？我拼命努力。终于，我可以继续参加培训了。但我发现，当我跑步时，我仍然会感到疼痛……我才26岁，我不想因此变得残缺。我咨询了一位骨科专家。当我列举我参与的运动时，他问我处于什么水平。我明白如果我是个专业运动员，那我的职业生涯可能就此终结了……然后，我向他谈到我未来的飞行员生涯，他以为可以安慰我就对我说：

"会好的……如果你告诉我你要当宇航员，我可能就得劝你打消念头，因为那几乎不可能了。但当飞行员，还是有希望的。"

我终于可以开始我的空客A320机型的资格认证了（由于搭载系统完全不同，每种机型都有自己的培训）。现在我们无需将自己拉扯到极限，我们面对的是法国航空的飞行员兼教练：他们确定学员要达到的水平之后,尽一切努力引导我们。这一次的培训也是从模拟器开始的。最终亮相:在波城上空的一些非载客航班,这里的着陆跑道足够长,可以为新手提供一些余地。非载客航班是一种相当独特且可以说是独一无二的体验,因为很少有公司会将这类飞机用于没有乘客的飞行。我的教练坐在我的身边,
我们在4 000英尺的高空飞行,我激动万分。当我们准备着陆时,一群鸟突然撞击了我们(我之前被告知这对我们来说是轻微的风险,但对它们来说则十分严重)。海鸥还是鹳?无论如何,随着一声沉闷的撞击,有一些血溅在了驾驶舱的窗户上。虽然情况令人不太愉快,但我并没有皱眉,而教练则表现得冷静淡定,此时最不应该做的事情就是改变正在进行中的操作。发动机似乎没有受到影响,飞机反应正常:我顺利着陆。在随后的A320机型的2 500小时的飞行中,我再也没有撞到过鸟。

接着,我开始与机长一起驾驶载有乘客的定期航班。我的梦想成真了,我终于穿上了漂亮的制服,也就是我母亲总说的"飞行员制服"。我们还要继续接受测试,列举可能遇到的紧急情况和应对措施。在此期间,我了解了"驾驶舱内的技术飞行人员失能"这一情况,也就是说如果机组成员中有人突然失能,该怎么办?通常,这只是在飞行中进行的一次简单的对话,我们只需要指出如何操作而不需要实施关键的行动:

"托马,想象一下,我们正在起飞,我突然感到不适。你第一步会做什么?"

我的体验更为真实。我们正在靠近戴高乐机场,忙碌的一天里最后一个步骤,天已经黑了,四处都很安静,他们正准备开始最后的转弯,以与距离大约30公里的跑道对齐。突然,机长猛然倒在了他的座位上。我随即明白这是对我的一次测试。不错的

玩笑！尽管如此，他在倒下时拉下了操纵杆，切断了自动驾驶系统。于是，我抓住操纵杆，在转弯开始前纠正了航迹。我执行了相应的程序，呼叫了机舱主管，模拟了无线电消息，并在应答器上显示了紧急代码，然后独自继续飞机着陆程序。这时，机长笑着坐起来。我不知道如果乘客目睹了这一幕是否会笑，但这种情况是飞行培训中经常发生的。我现在对这种情景已经非常熟悉，因为这是为了所有人的安全……

我终于成了一名飞行员。今天，我带着父母飞往雅典。我邀请他们和我一起坐在驾驶舱里。

通常我会在起飞前一个半小时到达并与机组人员见面，一起准备起飞事宜。当然，我们会查看当天的天气情况。不仅是为了知道沿途是否有雷雨，也需要考虑温度，因为飞机发动机在低温下运行得更好。在高温情况下，空气密度较低，燃烧效果较差，所以起飞或着陆时需要的跑道距离更长。但您仍然可以在盛夏时乘坐飞机，因为每次飞行前，机组人员都要精确评估燃料需求和飞机性能（乘客人数和行李负荷也在计算中）。

当我的父母走进驾驶舱时，我发现妈妈并不是很安心。我坐在右边，机长坐在左边。我安排他们坐在后面的折叠椅上。父亲对技术很感兴趣，他弯下身子看着驾驶舱复杂的仪表板，和我们交谈起来：

"这个按钮有什么用？"

"别打扰他工作了！"我妈妈立刻责备道。

我向他们简单说明了五点式安全带和紧急情况下使用的氧气面罩……几个转弯后，飞机排在跑道边上准备起飞。我转身，发现妈妈没有完全系好安全带（折叠椅上的肩带很难够得到）。

"妈妈，请把你所有的带子都扣好，我们要起飞了。"

"别为我担心，"她对我说，她宁愿牺牲一点安全也不来打扰我。"做你该做的事。"

"妈妈，我不是为你担心，我只是想让你系好安全带！"

"做你的事，做你的事……"

"妈妈，如果你不系好安全带，我们就不会起飞！"

事实上，飞行员并不是一直手握操纵杆。一般情况下，飞行员只需要手动控制飞机的起飞和初始上升阶段，以及最终下降和着陆阶段。这样很好，因为如果要手动 5 个小时来保持飞机的高度和方向，会太无聊。因此，飞行的大部分过程都被自动化了：我们下达一个航向指令，飞机就会知道如何转弯以达到这个指令。我们在计算机中输入一系列航路点，飞机知道按顺序飞越它们，只要我们给出相应指令。然而，自动驾驶系统并不是完全智能化的，在没有足够信息执行基本任务的情况下，比如在强烈的颠簸或传感器故障的情况下，控制权就交还给飞行员。同时，无论是否有颠簸，飞行员都不可能静心地在飞行途中阅读报纸。飞机性能计算、飞行优化和导航、燃油监控、与空中交通管制的持续对话，有许多任务需要我们持续关注。事实上，天空被垂直和水平划分成很多区域，形状有些不规则[29]，类似于边缘不规则的盒子。例如，在戴高乐机场，第一个盒子是围绕着跑道和机场周围的空域，用于管理起降。在上面，另一个更高更宽的盒子用于管理进近和起飞。再上面，第三个盒子构成了航线，并引导当前的

---

29 这是空中交通的管理方式，将天空划分为不同的空域，每个空域有其特定的边界。这种划分能有效地管理飞机在空中的航行，确保它们在不同阶段的飞行中遵循特定的规定和程序。

交通。从 A 点飞行到 B 点就像是在这些盒子间穿梭，不断更换无线电频率和与地面对话的对象。我们通报我们的存在，空中交通管制中心通过雷达定位我们，检查该区域的交通情况，有时指示我们保持某个高度或航向，以避免与其他飞机过于接近。因此，有一名飞行员必定会将大部分时间花在与地面的无线电通信上。

为了安全起见，现代飞机还配备了空中交通冲突避免系统：如果空中交通管制中心出现错误，将两架飞机定位在相同的航线和高度上（放心，这几乎不会发生），飞机也会自动发现彼此并在进行通信后远离对方。

"有问题吗？"机长看到仪表板上的红灯向我耳语。

"无线电高度表没有响应。"我说。表情并不乐观。

这一天，我让父母乘坐我驾驶的飞机，也恰是我第一次遇到真正的故障。无线电高度表是一种用来指出相对地面高度的仪器，在低空层中非常重要。在飞机最后进场阶段，许多系统需要依靠它给出的数据，例如飞行控制、自动驾驶……而此时我们却失去了这些信息。欢迎来到仪表板上带有很多红色指示灯的紧急模式。

"好吧，我们需要处理故障程序，同时准备目视着陆。"机长宣布。

我迅速转身，我的父母似乎没有听到。着陆成功，大家都松了口气。事实上，在航空公司，故障不多见，且一般都能通过备用程序来处理。

两年半后，我的累计飞行时间将达 3 000 个小时，我一点也不后悔自己的选择。我喜欢驾驶飞机去往各地，就像是去探索这广袤世界的每一个角落。怎能忘怀那次约旦之旅，佩特拉古城以其岩石雕琢的立面诉说着千年的沧桑；还有瓦迪拉姆的沙漠与那不可思议的峡谷交相辉映。只要有机会，我都会带上安妮。今夜，我们在马德里感受夜的温柔；明朝，圣彼得堡的晨曦已静静等候；转日，罗马的古韵又映入眼帘。这就是我梦寐以求的生活。我不觉得自己是在工作，而是被赐予了一种至高无上的特权，得以穿梭于时空之间，品味人间的万千风华。

我们迎来了 2008 年的春天，我接到了我的朋友劳伦的电话，他是我在法国国家空间研究中心工作时的同事，我们曾一起创建了图卢兹空间中心的跳伞俱乐部：

"你看《世界报》上的消息了吗？"

一点都没看。

"欧洲航天局正在招募新的宇航员！"

"然后呢……？"

"去网站上看看，我们之后再聊。"

我照做了：

> 欧洲宇航员正在国际空间站的"哥伦布"实验舱工作，欧洲航天局的新型无人货运飞船 ATV 已经完成了其向国际空间站的首次交付，欧洲载人航天活动已经迈入一个新时代。欧洲航天局正在寻找新的人才，以扩充其宇航员团队，为未来前往国际空间站、月球甚至更远目的地的载人任务做准备。

我回电话给他。

"看起来不错，但更适合超人，不是吗？"

"托马，你毕业于 Supaéro，曾在法国国家空间研究中心工作过，能说多种语言，热爱运动，视力完美，还是飞行员：你已经符合很多条件了！你应该报名！"

"是吗？难道不需要满足更多条件吗？"

挂断电话后，为了让自己安心，我完整阅读了整个招聘信息……首先需要在线申请，包括由"每位申请人所属国家的航天当局认证的航天人员体检医生"出具的体检证明。（欧洲航天局想要在 17 个成员国中招募宇航员）。接下来是"两轮职业和心理适应性评估，包括行为测试和认知能力评估"。然后是临床检查、实验室测试，以及最后欧洲航天局委员会的正式面试。结果将在一年后的 2009 年公布！"成功入选的候选人将加入欧洲宇航员团队，并在德国科隆的欧洲宇航员中心接受培训。"我理解招聘程序为何需要这么长时间和这么严格的步骤（毕竟是在招募宇航员！），但这确实让人对未来感到些许泄气（这也可能是一种目的，为了找到最为坚定的人）。

未来被录取的宇航员将会做什么呢？当然是前往国际空间站，但招聘信息还补充说："太阳系是太空探索的下一个任务。"这有点让人眩晕……嗯，关于所需的技能，整整一大段（在这一点上，我还没有被劳伦说服）："对于有志成为欧洲宇航员的申请者，理想的履历是在生命科学、物理、化学、医学、工程或飞行等领域具有相应技能，并在研究、应用或教学方面拥有卓越能力，兼具操作能力。申请者还须具备良好的推理、记忆、专注和太空导向能力，以及灵巧的手部操作能力。"同时，还需要"极强的动力、灵活性、天生的共情能力、团队精神和情感平衡"。

这几乎是对超人的定义。我离超人还差得远，但我一直在尝试未知领域，内心深处有个小小的声音突然对我说：

"你为什么不行呢？"

在飞机驾驶舱里的日子总是很愉快（巴黎戴高乐机场，2012年1月）托马·佩斯凯 供图

源自照相亭的欢乐（鲁昂，1999—2001年）
托马·佩斯凯 供图

在洛梅内小镇滑水（莫尔比昂省，2007年）
托马·佩斯凯 供图

我母亲口中的"飞行员制服"（巴黎戴高乐机场，2012年1月）托马·佩斯凯 供图

8 400 和一些细枝末节

8 400 et des poussières

生存训练营(撒丁岛,2010 年 6 月)欧洲航天局 / V. 克罗布 供图

首次失重体验(梅里尼亚克,2010 年 5 月)
欧洲航天局 / 安妮克·勒弗洛克 供图

欧洲宇航员中心的体育课(科隆,
2009 年冬天)欧洲航天局 供图

到目前为止，欧洲航天局仅进行过两次宇航员的招募：一次是在1978年，另一次是在1992年。为什么此后没有再次进行招募呢？而且，为什么是欧洲航天局，而不是法国国家空间研究中心呢？要理解这一点，就需要提到法国在欧洲的地位，以及欧洲在整个世界的地位。这关系到太空探索的起源。事实上，一切都始于一场发生在冷战时期的政治事件。法国历史学家和哲学家雷蒙·阿隆很好地总结了1945年后的情况："和平不可能，战争又不太可能。"[30] 东西方阵营没有直接对抗，但局势紧张且持续。对于美国人和苏联人来说，所有竞赛都是为了争夺至上地位的借口。太空领域也不例外。刚开始，苏联占上风。1957年10月，苏联发射的卫星"斯普特尼克1号"成为进入地球轨道的第一颗人造卫星。一个月后，苏联发射的"斯普特尼克2号"携带着小

---

30 法语表达为 Paix impossible, guerre improbable. 反映了雷蒙·阿隆对于冷战时期国际关系的一种看法。他认为在当时的全球背景下，实现持久的和平非常困难，因为国际关系充满了紧张和冲突，但直接爆发大规模的战争又不太可能。——译者注

狗莱卡[31]离开了地球，美国人又一次失利。美国人在同年12月进行回击，然而他们的运载火箭爆炸了。终于，他们在1958年1月底成功完成了第一次发射。自此之后，全新的美国国家航空航天局加快了步伐："水星计划"[32]旨在赶在苏联之前将宇航员送入轨道。为了迎接这个疯狂的挑战，美国国家航空航天局招募了空军及海军试飞员进行载人航天实验。那时候，没有人知道人类在太空会遇到什么情况：心脏能否正常运作？血液能否正确循环？1961年4月加加林完成的人类首次太空飞行是白宫的又一耻辱，尽管阿兰·谢泼德在同年5月从卡纳维拉尔角发射基地出发，执行了一次历史性的亚轨道飞行。肯尼迪在当年的国情咨文中承诺要在下个十年结束之前"让一名宇航员登月并平安返回"。这是非常大胆的设想，要知道太空探索才经历了短短4年时间，而地月往返需要80万公里，更不用说登月的困难了……这就是"阿波罗计划"和"土星5号"运载火箭的目标。在20世纪60年代中期，美国总共有16名宇航员进行了10次飞行实验，并在正式发射前进行了一次在低地球轨道上的总排练。

但是，重大的压力也随之而来。苏联宇航员阿列克谢·阿尔基波维奇·列昂诺夫在1965年3月成功完成了他的首次太空行走（美国的埃德·怀特在同年6月实现太空行走），并且在1966年2月，苏联成功地将自动探测器"月球9号"着陆在月球上。悬念到达了巅峰，探险竞赛也带来了一系列灾难。1967年

---

31 装满电极的莱卡在经历了5个小时的飞行后就不再发出任何生命迹象。无论如何，在当时，返回地球是无法实现的。而这在今天是不可想象的……
32 "水星计划"是NASA于20世纪50年代末至60年代初进行的一项载人航天计划。该计划旨在将美国宇航员送入太空，进行短暂的轨道飞行，以展示并确保美国在太空探索方面的能力。这个计划是美国在太空竞赛中的第一个步骤，目标是在苏联之前实现载人航天飞行。

1月，美国宇航员古斯·格里索姆、罗杰·查菲和埃德·怀特在例行测试时因太空舱失火而丧生。最终，"阿波罗11号"任务取得了胜利：在1969年7月，巴兹·奥尔德林和尼尔·阿姆斯特朗成为首次踏上月球的人类。我们都记得这个可能震撼了苏联人耳膜的声音："这是我的一小步，却是人类的一大步。"几乎同时，苏联巨大的N1运载火箭再次发射失败，而"月球15号"探测器则坠毁在月球表面。这次的胜利属于美国。

在这场宇宙级巅峰对决中，宇航员们化身为国家之光，勇敢奔赴无垠星空。面对神秘莫测的太空，他们无畏挑战，以坚韧之志，争得国家之荣耀。在紧张激烈的较量中，他们克服重重困难，付出艰辛努力，只为保卫自己阵营的至高无上。尽管最初的太空任务似乎着眼于竞赛，但很早就转向了科学研究。这能更好地解释人类在太空中的存在，而现在比以往任何时候都更是如此。一个生动的例子就是"阿波罗17号"的机组成员中有一位地质学家哈里森·施密特。考虑到需要对月球表面进行大量取样，这似乎是个明智之举。而且这一次，探险者们发现了月球表面有橙色土壤，这是火山活动的证据。总之，在月球上可能发生了类似于地球上会发生的现象，但一切都已消失。这背后隐藏着怎样的故事？又是否预示着我们的未来？此类发现，加之众多相关研究，有力凸显了在未来数载乃至数十载间，重返月球及探索火星的迫切需求，我将在后文中详细阐述。

1969年的壮举之后，美国已经赢得比赛，为何还要继续奔跑？美国公众迅速失去兴趣，政府也是如此。"阿波罗17号"将是最后一次登月任务。然而，太空探险远未结束，其他国家也已经启动自己的计划，包括法国，以及其他欧洲国家。

法国的太空计划可以追溯到20世纪60年代初。戴高乐希望在军事和科学层面都实现完全独立,因此启动了"钻石号"运载火箭[33]的项目。负责协调国家太空活动的法国国家空间研究中心也是在这一时期成立的。法国国家科学研究中心、法国宇航研究中心等多个机构投入到该项目中。在1965年至1967年期间,在美国国家航空航天局的零星帮助下,法国通过"钻石号"成功将多颗卫星送入轨道,并致力于在电信、气象、导航等领域开发这些卫星的应用。与此同时,第一个欧洲合作项目诞生了,目标是共同研发"欧罗巴"运载火箭。然而,该项目以失败告终。一番犹豫后,第二个计划出现了,那就是我们更为熟知的"阿丽亚娜"系列火箭。这个项目60%的资金来自法国,由法国国家空间研究中心负责协调和管理整个项目。为了推动这一计划,欧洲航天局[34]于1975年成立,成员国包括11个欧洲国家和加拿大,该机构在功能上独立于同时期发展的欧盟。经历了一些曲折的尝试之后,"阿丽亚娜"火箭于1979年12月从法属圭亚那的库鲁发射场首次升空。不同型号的"阿丽亚娜"火箭(从"阿丽亚娜1号"到"阿丽亚娜5号")成功发射数百次,将商业、军事和科学卫星送入预定轨道。欧洲航天局及其成员国在太空领域赢得了重要地位。那么宇航员们呢?

法国是欧洲第一个进行载人航天试验的国家。当时,法国国家空间研究中心负责招募和培训宇航员。让-卢克·克里希安和帕特里克·博德里在20世纪80年代参与了两次太空任务。直到

---

33 "钻石号"(Diamant)是由法国独立设计和制造的不可回收发射系统,是第一个不由美、苏制造的轨道发射器,是欧洲火箭项目的关键前身。
34 今天的欧洲航天局由22个国家直接提供资金支持,其中法国和德国占据了40%的预算比例。

2002 年，共有 9 名法国宇航员参与了共 16 次与美国或与俄罗斯合作的双边任务。法国国家空间研究中心大约 30 名工程师和科学家在飞行实验的设计和执行过程中扮演主导角色。1977 年进行了一次尝试后，欧洲航天局在 20 世纪 90 年代最终宣布也要开展载人航天的研究（在此之前，欧洲航天局只专注于运载火箭和卫星的研究与发射）。因此，欧洲航天局要求会员国选拔宇航员，以组成一支真正的欧洲宇航员团队。这是一个重大的挑战。欧洲宇航员也可以与美国宇航员和俄罗斯宇航员一起参与正在建设中的国际空间站计划[35]。1992 年，6 名宇航员被选中，其中有法国人让－弗朗索瓦·克莱尔瓦，他将在不久以后参加我的面试。现在，法国国家空间研究中心专门负责宇航员的医学监控和准备工作，而微重力和太空操作支持中心则负责设计和监督在太空实验室进行的科学实验。

我总结一下，目前在欧洲，有几支宇航员队伍：法国国家空间研究中心团队（20 世纪 90 年代，法国国内的航天飞行任务仍在进行）、欧洲航天局团队、德国航空航天中心团队以及意大利航天局团队。它们在 1998 年决定合并成为一个整体，以更好地协同组织任务和有效利用资源。于是，法国国家空间研究中心的宇航员加入了欧洲航天局，包括让－皮埃尔·艾涅尔、莱奥波尔德·艾哈茨、米歇尔·托尼尼，以及克劳迪·艾涅尔。之后不久，克劳迪·艾涅尔也成为首位在国际空间站停留的欧洲女宇航员。所有这些宇航员都聚集在德国科隆的欧洲宇航员中心。自此之后，欧洲宇航员团队的成员定期执行任务，或是搭乘"联盟号"飞船前往"和平号"空间站，或是乘坐美国航天飞机前往国

---

35 国际空间站是由美国国家航空航天局发起并主导的太空站项目，随着时间的推移，他们选择与俄罗斯机构合作，因为俄罗斯在"和平号"空间站（自 1986 年起）和"联盟号"飞船方面有着丰富的经验。

际空间站[36]。他们的出发是欧洲航天局各成员国对国际项目贡献的结果。例如，欧洲航天局向美国国家航空航天局提供了航天实验室系统，它多次搭载在航天飞机的货舱内，为宇航员提供科学实验的空间。作为交换，美国同意搭载欧洲宇航员。国际空间站方面亦是如此：欧洲航天局设计了一种自动转移载具，用于向国际空间站输送货物和补给，还有"哥伦布"实验舱，用于进行各种实验和研究。所有这些合作确保了欧洲宇航员可以前往空间站。

那么为什么欧洲航天局在 2008 年发布了新的宇航员招聘？选拔是罕见的，因为只有确保被选中的宇航员有实际的太空任务可执行的情况下才会进行招募，但这种罕见性也造成了代沟：让－卢克·克里希安比让－弗朗索瓦·克莱尔瓦大 20 岁，而让－弗朗索瓦·克莱尔瓦比我大 20 岁。一些具备实际操作技能的宇航员即将退役，而培养新一代宇航员则需耗时数年，是时候进行招募了。

我决定了，我要报名。

我需要在 6 月 28 日之前撰写两篇英文文章，并投递到欧洲航天局的网站上：一封求职动机信和一篇关于"您认为宇航员这个职业的本质是什么？"的简短论述。尽管我在航天领域工作过，但这个职业可能会给人留下一些刻板印象，为此我感到担忧。因此，我向在休斯敦约翰逊航天中心工作的 Supaéro 校友请教，他们告诉我他们亲眼所见的宇航员们的生活。我还向法国国家空间

---

36 美国航天飞机于 2011 年 7 月全部退役，2011—2020 年，宇航员只能通过俄罗斯的"联盟号"飞船前往国际空间站。2020 年 5 月 30 日，美国 SpaceX 的"龙"飞船首次成功将宇航员送往国际空间站，标志着美国重新获得了载人航天能力，不再完全依赖俄罗斯的"联盟号"飞船。——译者注

研究中心的前同事请教，特别请教了菲利普·佩兰，他是一位宇航员，在图卢兹航天中心时，他的办公室就在我的楼下。我想我知道该怎么做了。我们必须认识到，宇航员职业生涯的99%都是……在地面度过的。那么，问题来了：宇航员不在太空时会做什么呢？我进行了一些盘点：在任务结束后分享专业知识并为未来的任务做准备，进行体能训练以保持身体健康，向公众传播这个领域……我还得考虑当时的背景：在法国，人们普遍认为进行太空探索和发展太空计划必须有充分的理由。类似的太空任务已经完成过，没有必要重复，公共资金可以用于其他用途。[37] 为此，我正在做准备以便能够对载人航天、太空探索和宇航员在国际空间站上驻留这些方面提供有力的理由。至于动机信，我不想通过A＋B的形式来证明我是理想候选人的传统模式，我知道自己的优势，于是我选择了一个新的角度思考："为什么不是我呢？"

一般来说，我不喜欢在最后一刻完成我的作业，而是选择努力到最后一刻（我利用所有可用的时间来尽可能做好工作）。忠于我的习惯，我不断完善申请。6月28日：午夜是申请截止时间。晚上八点，我抵达当天飞行的目的地波城，机组将在这里过夜。我利用酒店的WiFi在欧洲航天局的网站上安静地提交我的申请。我点击"提交"。没有成功。我又试了一次。网站完全崩溃了。我坚持不懈，但可以想象，至少有数百人在同一时刻有着相同的想法。服务器崩溃了。注册页面很快就完全无法访问了。我每五分钟刷新一次，仍然没有进展，并且欧洲航天局也没有任何通知

---

[37] Claude Allègre 在担任法国教育和研究部长时对这个问题有过很多言论："空间站，这是非常昂贵的情感""从其价格来看，其科学价值似乎不高"……我不得不耐心地打破这些刻板印象，并在过去的十多年里证明相反的观点：载人航天既不真的昂贵（按照每位欧洲公民的年度贡献计算：2欧元！），也不在科学上受到限制（对国际空间站的研究将证明这一点）。

告知我们他们正在努力恢复页面……我有点想骂自己。你为什么不昨天就弄呢？！你今天到底添加了些什么或修改了什么重要的东西，聪明的家伙？

午夜十二点。

看起来糟糕极了。

并非我已瞥见成功的曙光，而是我连展现自我的机会也尚未获得。

绝望之下，20分钟后我再次浏览网站：欧洲航天局确认他们收到了太多的连接请求，因此给予了一个24小时的延期！啊哈，我还是幸运的。我需要这份好运。

我想要保持谨慎，因此只向少数几个朋友提及了我的申请。我被录取的机会非常小，我最不想做的事情就是谈论它，因为之后可能不得不再告诉他们我极有可能（至少从统计学上来说）的失败。安妮当然知道。我记得自己在她怀疑的神情前说：

"无论如何，即使我被录取，也不一定会去。飞行员和宇航员之间做选择，需要认真考虑。"

原因是，我已经了解到：我需要搬到科隆去生活；此外，需要在俄罗斯和美国度过数周的培训和训练，还要坚持体能训练以及其他令人愉快的事情……总之，可以肯定的是生活质量必然会受到影响。

现在是向父母宣布这个消息的时候了。我妈妈，我的头号支持者，试图说：

"但是被选中的可能性很小，对吧？"

我们不知道欧洲航天局此次计划招募多少人。有传言说是4人……我们只知道一件事（这是官方数据）：一共收到了8 413份申请。想要脱颖而出并不容易。

生活还在继续。我全球各地飞,也决心向上晋升。在航空公司,资历越老,职业越进步,当然也需要定期更新执照和资格。在法航,我们每年都要在模拟器上进行四次测试,还要加上与教练一起飞行以及不断保持各项技能(飞行前各项准备、阅读、理论测试等)。如果错过一次模拟器训练,或在任何评估中表现不足,都会被禁飞,且需接受额外的培训。对此,我们习以为常,但确实很少有职业像飞行员这样持续不断地接受质疑(对于飞行安全来说,这是件好事)。通过所有这些测试,就是为自己提供进步的途径:进入长途航班、成为机长……尽管我手握工学学位,但不可否认,我还是一名非常年轻的飞行员,需要我证明自己的地方还有很多。

夏天到了,我收到一封发自欧洲航天局的电子邮件,告诉我他们接受了我的申请!通过文件筛选,有 1 500 人从 8 413 人中成功晋级。感谢父母对我的运动、音乐细胞的培养以及给予我对知识和探索的渴望。感谢我的老师和教练。几天后,我收到第二封邮件,通知我 9 月去汉堡的德国航空航天中心参加心理技能测试。对此,我仍然保持谨慎,不敢随意宣布这个好消息,毕竟统计数据还是不利于我。

一场我甚至都没有预想到的马拉松就这样开始了。

这是一座灰色的长方形建筑,点缀着灰色的长方形窗户,天空是……蓝色的——我记得那天天气很好,在汉堡很少见。当天,参加测试的共有 50 人。有西班牙人,德国人,法国人,女性不是很多。排队时我们交流并不多,有些人看起来不错,有些人非常紧张。我们被邀请进入一个灰色的长方形房间，每个人面前都放置着一台电脑。第一场考试开始了。我发现这个场景很熟悉：这些测试与飞行员招聘测试非常相似！这让我想起当年法航的飞行员选拔考试，只是这次是机考。英语、数学、物理：相对基础的题目，大概大学二、三年级的水平。我没有过于自信，但一切算得上顺利，我很用心地做了题。休息一会之后是下一场考试。这场有一个新颖的练习：我们戴上耳机，有一个声音用英语宣读了一系列数字：two，seven，five，six，one，four，five，two，two，没完没了，nine，three，eight，one，seven，two……当声音最终停止时，我们需要在电脑上尽可能输入我们记得的数字……但要按照从后往前的顺序。我注意到一些考生的脸上浮现出了紧张的神色。我觉得输入一组简短但准确的数字序列要比冗长却错误的序列来得明智。这恰恰是飞行员在面对不确定性时的本能反应：他们总是毫不犹豫地倾向于选择更为安全的选项。比起相对谦卑的安全，错误无疑受到的惩罚将更为严厉。接着是关于立方体的练习。屏幕上出现了一个 3D 的立方体，其中一面带有一个十字形图案。图像消失，耳机里的声音向我们描述立方体经历的多次旋转。解题思路是随着指令在脑海中旋转这个立方体：right，forward，forward，right，back，left，left，forward，forward，right……然后，立方体再次出现在屏幕上。我们要做的是用鼠标指出在这些旋转结束时带

有十字形图案的那个面。当然，旋转速度越来越快。一些考生有点晕眩，有的甚至脸色都苍白了。随着压力如潮水般涌来，难题接踵而至，指令声此起彼伏，不绝于耳。有人迷失了方向，我还听到有人一拳砸在桌子上，显然他生气了。这样的情景，整整持续了一天，每一次练习都像是一场无情的淬炼，不断挑战着每个人的极限。我疲惫地钻进回程的列车。但我不得不承认我很开心。

我没办法，所有这些记忆、推理、反应和协调的练习都是我的强项。或许我创造力不强，但在这个领域，我总是能得高分。对于一个严谨的工程师来说，这几乎是一种娱乐，而且坦白说，其实就是控制自身压力的问题：只要保持冷静和有条不紊，即使犯了大错，也能继续进行下去……与优秀相比，冷静更为重要。

一个月后，我收到一封电子邮件，上面写着："恭喜您，佩斯凯先生，您晋级了。"之前我就觉得一切进行得还算顺利，但我对其他人的水平或所需水平一无所知，所以这确实是个好消息。12月将在科隆进行心理测试。此时，只剩下192个候选人。我仍然决定不张扬。如果失败的话（192人中有188人会失败），显得我有点蠢。能够成功的概率非常低，所以我只需要尽力而为，好好享受这次挑战带来的乐趣。

远离巴黎，远离图卢兹，我本可以预料到：科隆，这座在二战烽火中几近湮灭，而后又顽强重生的城市，不过是德国众多城市的一个缩影。尽管德国人崇尚绿化，但这里的建筑却显得朴实，说实话，不太讨人喜欢。天很冷，秋天的天空尤其低沉灰暗。总之，打起精神来吧。

我到达位于郊区的欧洲宇航员中心，虽然绿树成荫，但我觉得和市中心一样并不讨人喜欢。我在德国航空航天中心[38]入口处报到。我的名字在名单上，于是他们给了我一个写着"访客"二字的红色徽章。一进门，欧洲航天局的建筑特色显现出来，这是一座巨大的玻璃化铝块，两侧各有一排国旗飘扬在旗杆上，每个成员国都有自己的旗帜。在广场上，我看到了一座立于混凝土柱

38　欧洲航天局下属的欧洲宇航员中心是位于德国航空航天中心的广阔园区内的一栋建筑。

上的宇航员头像（尤里·加加林，对此我稍感意外，但不加以评论），然后我进入了大厅。一个巨大的国际空间站模型悬挂在天花板上。展柜后面，一艘"联盟号"宇宙飞船模型静卧着，旁边还展示着一件宇航服。此外，还有一些空间站模块的解剖模型（一些壁板被拆除以展示模型的内部，就像我童年时的飞机玩具一样），上面摆放着一些小玩偶：一个在失重中飘浮，一个在跑步机上锻炼，还有一个似乎专注于科学实验……楼梯井里挂满了各个任务的纹章，一面墙上挂着欧洲航天局所有宇航员的肖像，还有一个带框的海报，记录了欧洲在国际空间站上的参与……整个场景都已经布置好了，任何人都不可能不知道自己身处何地。

　　那天，有 12 个来自欧洲各地的候选者：有来自希腊的医生、来自德国的飞行员等。我们被带到楼上。长长的白色走廊上铺着深蓝色的地毯，一整排办公室，看起来没有太多差别。每扇门之间的墙上贴着任务徽章，展柜里展示着太空人娃娃、纪念模型和为载人航天欢呼的旗帜……这一天，我先与一位心理学家进行了面试。在汉堡的测试结束后，我们曾被要求手写回答一些与申请表近似的基本问题：你的优缺点有哪些？你为什么申请这个职位？你认为你符合所需条件吗？坐在我对面的心理学家显然已经知道了我的答案（他或许还分析了我的笔迹）。他让我对这些答案做进一步的解释。这是一个法国人（但我们用英语交流），四十几岁，非常友好。他没有让我不安，我们一起评论了我的经历。然而，在进行手部测试的时候，他让我感到迷惑……测试和罗夏测试[39]差不多。心理学家向我展示了很多手的图画：有时展

39　罗夏测试（Rorschach Test）是一种心理测验，旨在通过对被试者对墨水滴的抽象图案的反应来了解他们的个性特质、情感状态和心理健康状况。这个测试是由瑞士精神分析学家赫尔曼·罗夏于 20 世纪初开发的。——译者注

开,有时握拳,各种各样的手,处于许多不同的位置……我必须一个接一个地说出它们带给我的感觉。我对此持怀疑态度,但我没有表现出来,我还是完成了这个练习。

"这个高举的拳头让你联想到什么?"

我立刻想到了一个怀着复仇之心的人,想要揍另一个人,但我绝不愿意表现得那么消极。我渐渐地对各种选拔有些习惯了,我知道关键是要在回答问题之前了解他们对我们的期望。此时,需要一点相对的不真诚:

"我看到一名跑步运动员刚刚越过终点线,他高举着拳头来庆祝胜利……"

毕竟,或许他们想要看到的正是这种适应能力,我不知道。

接下来是选择题环节。我们 12 个人聚集在一个房间里,进行了两轮测试……每轮 600 个问题。我很快意识到有一些题目我碰到过,只是选项不完全一样。有些题目和选项设置就是为了让我们陷入自相矛盾。

有很多表面看起来无关紧要的题:

您如何评价你的睡眠质量?

☐ 良好

☐ 一般

☐ 非常好

然后,在 72 个问题后,换了个形式再次出现:

您是否容易失眠?

☐ 有时

☐ 从不

☐ 间或

良好的睡眠质量是否与偶尔失眠相容?有时候和间或有什么区别?没有时间给你仔细思考。

在一群人中,您更喜欢(　　　　)发言:

☐ 第一个

☐ 最后一个

☐ 从不

有三项任务需要完成,您更喜欢:

☐ 逐一完成

☐ 同时完成三项

☐ 视情况而定

您是否参与过非传统的性行为?[40]

☐ 为什么不

☐ 从来没有

☐ 只在周末

在极度危险的情况下,您会先救:

☐ 您的母亲

☐ 您的父亲

☐ 您自己

---

40 这个问题让我窘迫,以至于我能够准确地记住它。然而,这里的测试答案不一定是真的……

您认为这份问卷是:

☐ 扭曲的

☐ 高度变态的

☐ 两者兼有

(最后一项,这就是我的看法)。

虽然我在上个环节稍微虚构了一些,但在这里我选择准确地说出我的想法。在 1 200 个问题上创建一个理想的个性是很难的(我想这应该也是该项测试的目的)。我迅速处理完这些问题,尽管我看到一些考生每个问题都得花上 2 分钟时间。顺其自然吧。

又是一轮个人面试,但这次需面对一组考官:宇航员让－弗朗索瓦·克莱尔瓦(这人可不是来闹着玩的),两位心理学家和欧洲航天局的一名人力资源代表。他们都非常专注(也许已经筋疲力尽了,毕竟要面试 192 位申请者……)。

"你为什么离开法国国家空间研究中心?"

"为什么突然决定成为飞行员?"

"为什么每两年就换一次职业?"(我承认,这是个好问题。)

"你是不是不太稳定?"

慢慢来,慢慢来。我回顾自己的经历,努力向他们解释这些曲折中的连贯性,以此来捍卫自己的选择。我并不是善变或不稳定,主要是基于机遇,而且中间确实包含一种连贯性。

"你认为宇航员的死亡风险是多少?一百万分之一?一千分之一? 1%? 或是 10%?"

"太空时代初期的风险无疑比现在要高得多……"

"你知道有多少宇航员在任务中或训练中死亡吗?"

真是愉快！我很乐意将这个数字呈现给他们："23。"

"这相当于进入过太空的所有人的5%。"让－弗朗索瓦·克莱尔瓦为我总结道。

我们谈到了2003年"哥伦比亚号"的爆炸，我记得非常清楚（那时我在比利牛斯山滑雪，晚上我们盯着滚动新闻看）。他们让我解释这场灾难的原因。又来了！

好吧，我想我抓住了要点：成为一名宇航员是有风险的。他们想要的是知道自己要面临什么危险的人，那些被宇航员闪耀的身份吸引的人请自动回避。我完全同意。

"你觉得这个职业常见的困难有哪些？"

在我看来，一场成功的面试是一场轻松的面试，是一场可以让人微笑的面试。我回答说：

"嗯，培训阶段漫长又辛苦；训练严格且艰难；离开亲朋好友；要学习俄语；无法参加家中孩子的洗礼；错过大女儿的年终表演；甚至，孩子们可能最后连我们叫什么都不记得了。总之，并非一帆风顺。"

他们还是笑了。

"而且，尤其是……一个宇航员可能要等10到15年后才能出发。前提是，如果他们能出发的话。"

"尽管如此，你还感兴趣？"人力资源问道。

"这是职业风险。好吧，或许四年后我们就能出发，如果我们努力的话，也能成功地保持家庭生活……"我猜。

"好的，"让－弗朗索瓦·克莱尔瓦说道。"现在我们将进入一个情境模拟。"

不再是微笑的时候。

"你和国际空间站另一个更有经验的同事一起进行太空行走。

他不小心踢断了一根天线。你是唯一看到的人。你们很快就收到来自地面控制中心的消息,说他们失去了与某些系统的通信联系。他们问你们是否注意到了什么。你的同事(无论他是否意识到自己是事故的起因)回答说:'我这边没有任何异常。'轮到你回答了,鉴于所有人都能听到所有对话(你无法私下和他交流),你会说什么?"

我花了几秒钟来思考。

"第一种选择是,为了保持团结,我什么也不说。然而,如果这样的话,地面人员将不能得到真实信息,这是个大问题。可能有两百人在为此努力工作……如果我不告诉他们实情,他们可能会花费数小时,或者在几周内召开数次会议来了解这个并非真正故障的事故。更不用说,他们可能还知道我们自己没有意识到的影响。另一种选择是……我揭发我的同事。这种事情总是令人不快的。尤其是,我们将一起被困数月。即使回到空间站后我向他解释清楚情况,也还是可能会激起他的怨恨,整个团队的动力都会因此受到影响。"

"那你会怎么做?"有一个心理学家似乎认为我陷入了困境。

"只有一种解决方案:我告诉控制中心是我弄坏了天线,对此我深感抱歉。"

"谢谢你。"他们跟我总结说。

没有总结会,但几周后我收到了一封意外的电子邮件,告知我得到了额外的机会。到医学筛选这一轮了。我不知道还剩多少候选人,欧洲航天局从这个阶段起不再公布具体数字。这个为期一周的筛选同时在科隆的德国航空航天中心和图卢兹的太空医学与生理学研究机构进行。我被召集到德国参加筛选。

在此之前的几周，为了保持良好的状态，我增加了运动量。我们有六个人一起接受体检，并住在波尔茨－瓦恩一家简朴的酒店里。我的房间位于阁楼，简单得就像修道士的房间，仅有一张单人床和一个小床头柜而已，和我上学时的宿舍差不多。

德国航空航天中心的诊所为欧洲航天局提供协助，并负责对候选人进行体检。通常，该机构负责宇航员、空军或民航飞行员的年度资格审核（半天的体检）；此外，它还进行医学研究，例如让志愿者长时间卧床，以分析失重状态对人体肌肉和骨骼的影响。我们的体检大部分都在航空航天中心，但也有一部分在科隆的其他几家机构。一些实习生被派来给我们做引导，他们知道前往各家医院做骨密度测定或肌肉放射测量等的精确时间，避免我们等待，同时他们会说德语。派给我的实习生叫范娅，是个来自巴尔干半岛的德裔，会说一些法语，而我仅在高中时期学过的德语水平也很有限。他小我十来岁，但我们很快就建立了良好的关系。

德国航空航天中心的诊所位于地下，这不是我们原先期望的。诊所引导员的意见很重要，因为等待我们的是一系列检查。我们也不知道怎样的结果可能会导致我们出局，这就像是一注押在健康上的彩票。就我个人而言，我一直拥有非常健康的身体，除了一次例外……我不得不提到那次让我两处骨折的经历。后来，我重新开始了高强度运动，还定期跑步，一切都很好，但我始终没有忘记那位曾经跟我说我永远不可能成为宇航员的巴黎骨科医生。无论如何，结果这周就会揭晓！这场马拉松式的体检也充满了很多空档时间得以让我们互相认识，开着玩笑以释放压力——这也是我经常担负的任务：使团队活跃起来。我向我的同事和志愿者们介绍 Youtube 上流行的"糟糕的长笛"。这是用一支长笛（是的，就是那种中学用的）故意演奏得很糟糕来重新演绎流行歌曲的音乐形式。毫无疑问，每一次都是一场相当滑稽的"屠杀"，观众们简直乐不可支。这也是"踢踏舞"（感谢上帝，每个人都已经忘记它了）的时代，由于不是每个人都知道，我正好负责让他们发现。

各项检查接连进行：唾液、血液、尿液、头发（如果吸过毒，会留有痕迹）。我们在跑步机上跑步以进行负荷测试，电极将身体连接到心电图机上。加速是逐步进行的，脑电图机戴在头上，嘴唇间夹着呼吸计以测量二氧化碳和氧气的含量。每项检查的间隙，从耳朵上抽取一滴血进行乳酸测试（大致检测我们的恢复能力）。还有每两分钟一次的血压测量。除此以外，我填写了一叠关于我健康状况的问卷。此前，我还不知道，容易得肾结石是一项禁忌。在太空中，因为宇航员处于飘浮状态，所以骨骼用得不多，人因为不活动而失去一部分骨质量；这些骨骼有时会有溶解的趋势，而钙仍然处在循环系统中，这可能会导致结石。如果这样的话，就不得不紧急将一名败血症的宇航员送回地球……我们也需要填写家族医疗史，例如是否有慢性疾病、心力衰竭、癌症、精神病……好吧，在这方面，我感到十分安心，我的整个家族都具有非常好的体魄。大脑受到特别关注，理由是显而易见的。受到重力的影响，血液会落到身体的低处（例如腿部），为了让血液向上流淌，心脏会努力集中在一个非常重要但又不那么容易到达的器官上：大脑。在失重状态下，肌肉继续努力工作，然而此时血液更容易流向头部，而非腿部，简言之：它做得太多，这就解释了为什么一些宇航员会出现肿胀和头痛的状况。脸部肿胀、眼睛变小、腿变粗：这是我们在任务之初可能会出现的情况。所有这些都解释了为何要检查我们是否头脑清晰，家族中是否有很多中风的人……眼睛亦是如此。从上涌入的大量液体可能会压缩眼球并导致视力改变。所以我们一整天把所有可能想到的测试都做了一遍：颜色辨别、立体图形辨别、近远距离测试、夜视、视野等。我依然不担心，我和我父亲一样，很幸运地拥有优秀的视力。我也记下来（认为之后或许有用）眼科医生让我们解读的、排在最后一行且非常小的字母序列：M R T V F U E N C X O Z D（真的，但显然这里会变化）。当然还有牙齿。我从未有过蛀牙。当我跟别人说起这件事时，似乎总比我做过的其他任何事情更让人印象深刻！体检要求牙齿没有充填物，因为在减压情况下，身体内的空气会突然向外抽出，而牙齿里的充填物可能会因此被喷出。因为一颗蛀牙被淘汰……欧洲航天局确实可以挑剔一些，毕竟候选人不少。

每次检查间隙，我们在地下室公共空间相遇，里面放置了沙发、椅子和桌子。显然，没有人会提及自己的健康小问题和心怀的担忧。一日为对手，终生为对手。

令人畏惧的时刻来了：骨骼检查……骨科医生带给我的阴影再次浮现："如果您告诉我您是宇航员，我得劝您放弃。"首先进行的是骨密度测定，类似于对我全身的骨骼进行复印，以计算其密度。然后是人体测量分析。作为一个好学生，经过深思熟虑，我还是带上了我之前的 X 光片。我进行了一下筛选，把一开始我觉得能在关节里发现碎片的片子都排除在外。我选了几张漂亮的照片来证明我的腿已经完全康复。我该怎么做？我要告诉他我的跟腱出过问题，还是什么都不提，让他们自己发现？我选择给他看 X 光片。那个人仔细看了一会儿，然后问道：

"你还有后遗症吗？"

我犹豫了。

"其实……我有一只脚踝的弯曲幅度比另一只稍微小了一点。"

我强调"稍微"这个词，希望声音听起来完全淡定。我立刻补充道：

"无论如何,这并没有妨碍我攀登勃朗峰,也不妨碍我跑步穿越 3 000 公里。"

他缓慢地点了点头,没有发表意见。我继续说:

"所以这对于做任何事情来说都不是真正的问题……"

除非你,老兄(你有权力),在你的文件上记录这个问题……

医生从头到脚把我们测量了一遍。尤其是上半身的高度。最初宇航员身材像赛马骑师,他们可以轻松地坐进"联盟号"的座椅里。今天,招募的宇航员身材可以更高,但 NBA 篮球运动员这样的身高还是过高了些(也许我错失的职业志向会在这里派上用场)。还请注意了,候选人的骨盆也不能太宽。

放在最后的一定是最好的吗?直肠乙状结肠镜检查:读起来有点困难,要是只有这点难处就好了。简单来说,就是用内窥镜探查直肠和乙状结肠,也就是肠镜检查中第一个弯道前面的直线部分。这是为了检测是否有息肉或其他不正常的地方,这些都是长途飞行的禁忌。范娅陪我前往城里的圣伊丽莎白医院(非常朴素的医院)。一位友好的先生向我解释了手术过程。首先,我把自己完全脱光,穿上一件从后面敞开的衬衣(类似于病人在手术室穿的那种),我侧躺着,他用一个梨形注射器给我注射一些液体,这会让我很快就有一种不可抑制的解便感。但是,这种状态我至少要保持 10 分钟,以确保清肠彻底。我就像《太空先锋》里的人物一样,但这不是我最喜欢的电影片段。

"10 分钟后,您可以去那边的厕所。然后我们会来接您去手术室。您得尽量憋住,这样灌肠才有效。"

棒极了,如此幸福。

一开始,一切都很顺利。我躺在轮椅床上等待。突然,战斗开始了。我感到肚子里有一股力量在波动,还伴随着声响,我越来越痛苦……与此同时,医护人员在房间里安静地来回走动,我尽管痛苦万分,却还没忘记跟他们问好。我被折磨得几乎弯曲了身体,实在难以忍受,但他们告诉我:尽量忍住。那好吧,我忍。看看这个奋战中勇士:8分钟,10分钟,12分钟,完美,15分钟!最糟糕的是,情况变得好起来,只剩下一些小小的咕噜声。20分钟后,那个人回来了,松开了轮椅床的刹车:

"我们现在可以去手术室了。"

"嗯……等等,我不应该先去厕所吗?"

"什么?您还没去过?"

"是的。您告诉我要尽可能憋住更长时间……"

"您真是个特别的人!一般人连5分钟都忍受不了!赶快去厕所!"

请允许我对随之发生的场景进行一点庄重的掩饰。然后,我再次躺在手术床上,另一位非常友好的先生和他迷人的女助理对着我微笑(如果当时可以选择,我承认我可能更希望是位男助理……)。他指着屏幕:

(用带着德语腔调的英语说):

"您想在屏幕上跟着看吗?"

让我在屏幕上跟着看?!

好吧,见鬼了……那我就跟着探头在我的体内走一遭吧。要想顺利穿过肠道的弯道,就得用点力,哎哟!

"到了我们这里,肠道自然是很干净的,我得再往里去一点……",那位友善的医生说道。

他继续穿越弯道。我甚至可以透过我的腹部皮肤看到探头的光线,你好,外星人,哎哟!

"这实际上是一次完整的结肠镜检查,而不是我们原本计划的乙状结肠镜检查。"

当然,一次完整的结肠镜检查,由于肠道有许多弯道,通常都是在全麻下进行的……

我从圣伊丽莎白医院出来,肠道里充斥着空气。我告诉自己我还是幸运的:想想团队中的其他人,刚刚经历完这个幸福时刻就要在跑步机上跑步以接受心脏负荷试验……真是场灾难。

在德国航空航天中心的诊所,工作人员向我们致意,热情又简短。

"我们会邮件通知你们结果!"

在离开科隆之前,我和团队其他候选人互换了各自的邮箱地址。每个人都认识另外一个组别[41]中的一两个人。最终,通过努力,我们联系到了全部的候选人,并将所有的信息分享给大家。原来,还剩下45人在竞争。我们制作了一个Excel表格,填写了学历和职业信息,并开始通过邮件交流。尽管语气友好,信息内容也很热情,但每个人都在努力了解自己的直接竞争对手:每个人都在计算自己的同胞人数,而我无意间注意到,还有另一个工程师加飞行员背景的候选人……

我向安妮汇报了我的进展,但没有告诉家人和朋友,我努力保持冷静,即使……机会增加了:在45人中录取4人,录用比例几乎是10%。与一开始相比,这机会大多了。

但我必须告知法国航空公司,因为我必须为此请假。理论上,

---

41 指在图卢兹的太空医学与生理学研究机构接受体检的团队。

我们必须提前两个月告知以确保航班计划的稳定性。由于我是在前两周才收到体检通知,我只能打电话给法航并解释情况。他们非常友好地帮我处理了整个流程,但我感觉没有多少人愿意把自己的薪水押在这个年轻的飞行员身上,他甚至还没有在长途航班上飞过一次就梦想着飞火箭!这是正常的。

坏消息最终落到了候选人的邮件列表上:某人得知自己没有被录取,然后轮到另一个……我们在电子表格中删除名字的同时也添上一句:"我很抱歉!祝你好运!"无情的减法继续进行。

到了2月底,只剩下22人。体检淘汰了50%的候选人。

"请告诉我们您为什么来到这里?"

"您为什么想成为一名宇航员?"

"如果您没有被录取,您觉得五年后的自己会是什么样子的?"

"您认为将人类送入太空有什么用?"

"用这些预算做点别的事情不好吗?"

3月中旬。我穿上了最漂亮的西装,参加了在荷兰诺德维克欧洲空间研究与技术中心举行的个人面试,这是欧洲航天局最大的一个中心。面试我的是米歇尔·托尼尼(宇航员、欧洲宇航员中心主任)、西蒙内塔·迪皮波(载人航天项目主任)、弗雷德里克·诺德伦德(欧洲航天局国际关系部门主管,挪威人)、贝蒂娜·布卢姆(人力资源总监,德国人)和费尔南多·多布拉斯(传播部门主管,西班牙人)。总之,一群领导。又一次,我无需解释为何我丝毫没有压力。事实上,我很放松,我告诉自己紧张是没有用的,这不是应该做的事情,这奏效了。

面试持续了一个半小时,用英语和西班牙语进行(我在简历中提到了良好的语言能力)。我做了充分的准备,面试官可以感受到。我阅读了所有能找到的关于欧洲航天局的资料,可以说,我对它的组织结构了如指掌。我还阅读了那些认为载人航天探索是一种掩盖了政治、军事和经济利益的伪善的论据,以便在必要时对其进行反驳。我把所有数字和案例都记在脑海里,现在的我就是一位勇敢的太空律师!一切都进展得非常顺利,问题一个接一个,但气氛非常友好,也许是因为今天我运气不错。我们握手道别,我面带着一个比进门时更大的微笑走出房间,我看到下一个候选人已经等在门口,并不是很开心的样子。我没有再见到过他,而我已经踏上了回家的路。

又来?!我们原以为流程都结束了,但并非如此,又来了一封和之前一样的简洁版电子邮件:"祝贺您。请随时准备参加下一场面试。"时任局长让-雅克·多尔丹想见一见我们。与此同时,邮件列表里又排除了几位候选人,还剩最后10名选手进入决赛,假设这真的是决赛阶段的话!我回想一下,我们现在是2009年4月,而招聘是从2008年6月就开始了……剩下的人中有2个德国人、3个法国人、2个意大利人、1个丹麦人、1个英国人和1个芬兰人。奇怪的是,直到这时我才真正紧张起来。40%的概率:我必须承认我开始相信了。我仔细地研究了另外两个法国人的简历:其中一个是格勒诺布尔的女研究员,另一个是达索公司的试飞工程师。其他竞争者的背景如下:10个候选人中有好几个飞行员。有一个英国人叫蒂莫西·皮克,有两个意大利人萨曼莎·克里斯托弗雷蒂和卢卡·帕米塔诺,他们三人都是飞行员,一个驾驶直升机,另外两个驾驶的都是轻型战术攻击机 AMX。从历史上看，军事飞行员比民航飞行员更有优势[42]。我需要保持谨慎的态度。

面试在欧洲航天局巴黎总部进行。让－雅克·多尔丹戴着圆圆的眼镜，看着你时笑容满面，样子很是和善。他的英语口音有点重（我猜他是有意为之），这让他显得更加平易近人，但千万不要误会：这是一位出类拔萃的政治家。我也见到了西蒙内塔·迪皮波，很有个性。

"如果没有被录取，托马，您会怎么做？您知道的，失败的可能性很大……"

尽管提问人很和蔼，但这个问题让我感到不安。我认真地思考了这个可能性：

"如果没被选上，我会在法航继续干下去。我想当教员，然后飞国际航线。这样我就能去纽约、东京……我喜欢探索世界。此外，我之前在国外生活过，我很喜欢，所以想回去看看。也许马德里也许巴塞罗那。我也很喜欢伦敦。我的女朋友也喜欢这样的生活。我们还没有孩子，所以一切皆有可能。我有一个飞行员朋友对葡萄酒很感兴趣。他一半时间用于飞行，另一半时间就用来打理他的葡萄园。我完全可以想象这样的一种生活方式，但首先我觉得自己学习得还不够多；我已经看了一些 MBA 课程，希望有一天自己能去美国的大学读博士……"

---

42 我和我的日本同事大西卓哉都是在 2009 年被选上宇航员的，我们是第一批被选中成为宇航员的民航飞行员。太空舱飞行有点像长途飞行的自动化航班，配备两名机组人员，一切都已程序化，整个飞行都是基于对系统的精确管理以及团队合作，只在飞机起落时的动态阶段需要手动操作。太空舱飞行离特技或空战很远，反而更接近民用航空……但我将这个分析保留给自己，而且有一千种方法可以证明民航飞行员有所需要的各项能力。

希望你们能知道：如果你们不接受我，我会沮丧，但我不至于做出从窗户跳下去这样的极端行为。前方有美好的生活等待着我。我的内心很平和。

事实上，我有这么多其他的计划，以至于我在想自己是不是让他觉得我不想被接受……

局长继续说，还是那么直接：

"除了去太空之外，您认为能给欧洲航天局带来些什么？"

"我知道宇宙只占宇航员生命的1%……"

西蒙内塔·迪皮波接着说：

"我们注意到，一些人纯粹是为了荣誉而参加面试。有些战斗机飞行员通常只是想比其他人飞得更高更远。欧洲航天局、科学研究这些，他们并不在意。您看，这可不行！"

我说：

"我是一名工程师。这存在于我的DNA中。事实上，我之前就差点就职于欧洲航天局。"

"那为什么没成呢？"局长坐直身子说。

我就等着这句话：

"我犹豫了很久，最后决定放弃这份工作……这是一份不可续签的短期合同，比实习好不了多少。而那时，法国国家空间研究中心需要我承担真正的责任。"

"这是我们的合作伙伴。"局长又说。

"我在法国国家空间研究中心主要负责与欧洲航天局的合作项目。所以，我非常熟悉各个平台、卫星和各种地面设备……除此以外，我还是一名飞行员。"

是的，某些时刻，推销自己是必须的。

与之前的面试不同，今天的我有点紧张，回答问题也不如之前自然。我有点心不在焉。可能因为我在想，到了这个阶段，成功的可能性约为一半。与之前比，当前阶段似乎最为轻松。如果现在失败，那就太残忍了。自始至终，我都持有一种心态，即便失败，也非大事，毕竟参与者多达8 413人！我会竭尽全力。要是错过这样一个严格且严苛的选拔会感到遗憾吗？唯一可能后悔的是没有尝试过。因此，迄今为止，我都在毫无压力的状态下拼尽全力……但现在我的情绪变了。我为自己变得有些神经过敏而感到自责，感觉一切变得愈发艰难。我内心告诫自己：永远不要让自己陷入这样的境地，但遗憾的是，这次似乎为时已晚。

面试很快就结束了，我知道我表现得不太好，至少和上次比不够自信。更糟糕的是，最后西蒙内塔提到了一项科学任务，对此我只是大概听说过。她问道：

"这个任务具体是什么？"

你有过那种眼前的一切都在——关闭的感觉吗？我曾在维基百科上看到关于这个主题的页面，当时我心想："不要深究细节。"

我提供了两个信息，但似乎并没能说服他们。此时，铃声响起："下一个！"

这次等待更加艰难。几乎无法不时刻想起，尤其是在查看邮箱或手机通知时。这个五月初……过得有点漫长。

我在网上得知，欧洲航天局将在5月20日星期三在巴黎总部举行的新闻发布会上宣布录用者的名字。今天是5月11日，也就是说还有10天。这个消息让我感到有些不妙，难道是先通知媒体而不是候选人？他们应该已经通知过那些幸运的录用者了，而后再通知被刷下来的人，邮件列表也会因此有变化。但令人惊讶的是，其他候选人也没有比我更了解情况，也没有人收到被录用的信息，但也没有人被淘汰。我不知道这是怎么一回事。

周二，没有消息。

周三，没有消息。

周四，没有消息。

由于新闻发布会将在下周中旬举行，我想如果在本周末之前还没有收到通知，那就意味着比赛就此结束了。

到了星期五晚上……没有消息。

好吧。

我的脑海中充斥着对话：

"能走到这一步已经很不错了！"

"是的，但这真是太遗憾了。"

"……星期一？"

"星期一不现实，新闻发布会星期三就举行了，而有些人要从很远的地方赶过来。"

我得出了合理的结论，告诉自己说结束了，但在没有官方消息的情况下……完全放弃真的很难。

星期一：没有消息，无论是电子邮件还是信箱（我已好好检查过）。

会议安排在36小时后，显然情况已经很不乐观。现在，是时候向周围的人通报这一消息了。看来我之前没有轻易谈论这次选拔是明智的。我必须承认，一个梦想已经破灭，我感到非常失望。我应该对自己有个清醒的认识：

"好了，你已经全力以赴了。该转向其他事情了。马德里、伦敦、纽约！世界上还有那么多国家和航班等待你去探索！"

恶作剧
Les Shenanigans

夏威夷花衬衫星期五（科隆，2010 年的每个周五）欧洲航天局 供图

恶作剧制造者们的音乐会（莫斯科附近的星城，2012 年 10 月）托马·佩斯凯 供图

在冬天磨炼自己（莫斯科附近，2012 年 1 月）加加林宇航员培训中心 供图

恶作剧

星期一晚上。几个朋友来家里小聚。安妮和我在巴黎14区找到了一座有点历史的老房子,我们租下了它位于花园深处的附属建筑。花园十分奇妙,宽阔且位于巴黎市中心,但房子很小。事实上,我们在那里待的时间并不多,因为房子保温效果很差,街道又过于喧嚣,而且我们没能像预期的那样充分享受花园的美好,更何况……

晚上八点,我的手机响了。未知号码。我一个人走到楼上的卧室。

"托马·佩斯凯?"

"是我。"

"这里是欧洲航天局人力资源部。"

迟到总比不到好。

"您还是一如既往想成为宇航员吗?"

我不确定这个问题的意思,我想回答:"抱歉,现在不想了。对你们来说,这种情况可能也发生过:曾经有想法,后来又没了。"我很想责怪他们,这几天来,他们的做法(或者说没有任何做法）在某种程度上有点不尊重候选人。

但我选择把这种想法留在心里：

"宇航员？是的……"

对方用略带微笑的声音告诉我：

"恭喜！您被录用了。"

就在我已经接受了失望的时刻知道这个消息！我坐在椅子上，有点茫然。

"喂，托马？您在吗？恭喜你！"

我努力整理自己的情绪，并用一种平和的声音回答：

"在的，非常感谢您。"

"您在巴黎吗？"

"是的……"

"新闻发布会将于星期三上午10点在欧洲航天局巴黎总部举行。在那之前，西蒙内塔·迪皮波想在7点再跟您聊一聊。您可以去香榭丽舍大街99号的富格酒店见她。"

"您是指富格酒店，尼古拉·萨科齐去过的富格酒店？"

"我们希望您不要把这个消息告诉任何人。当然，您可以告诉您的亲人，但不要超过这个范围。任何消息都不可以泄露给记者。"

"好的，我明白。"

我感觉到他们似乎在等着我说更多话，但我不知还能讲些什么。

"再次恭喜！"

"谢谢……"

"星期三见！"

当我回到客厅时，安妮立刻注意到了我奇怪的眼神。她问我：

"是欧洲航天局？"

我点了点头。我想此时我开始笑了。

"哦,告诉我!"

"我被录取了。"

"是真的吗?!"

"是的……"

一个朋友听到了:

"真的?!"

房间里充满了难以置信的欢乐。

我转向朋友们。

"是的!"

"香槟!"一个朋友大声喊道。

香槟!我想,除此之外,这个时候也没有其他事情可做了。

星期二上午。

"我给您打电话是因为我星期三的航班不能飞。我……有个急事。我真的很抱歉在最后一刻才通知您。我知道每次都要费很大劲才能找到人替,但这次……真的……"

"至少没什么大事,托马……?"

挂断电话后,我想起了邮件列表:只通知我的亲人,可以,但我还是要向其他候选人说明情况,对吧?

> 大家好。
> 发邮件只是想告诉大家,昨晚我接到了欧洲航天局的电话,所以他们已经给候选人打电话了,或者至少已经开始了。对我来说是个好消息。你们那边有什么新情况吗?
>
> 托马

没有回应。

一整天都是如此。

我正在为明天的会议再次熨烫我最漂亮的衬衫，我不知道自己在期待什么。

邮件列表里居然没有任何反应，如此奇怪。

安妮和我有点担心。坦白说，我们感到担忧，因为我们不知道这次招聘的性质：

"这是一份固定期限合同吗？"

"我不知道……"

"你打算辞掉法航的工作吗？"

另一个棘手的问题是……

"我听说欧洲航天局的宇航员要去科隆生活！那我要去哪儿呢？！"

我无法回答任何问题。安妮打断了我的话：

"托马，你得给你父母打电话。"

她说得对，尽管我不确定他们是否还记得这件事。我妈妈可能早就忘记了。

"喂，是我。我得跟你们说点事。"

"汤姆，我们正赶着去上舞蹈课。我们回来后再打给你。"

（我父母参加社区舞团、合唱团等许多活动，所以自从他们退休以来我就很难联系上他们。）

"我只是要告诉你们一件事。"

"要告诉我们一件事……？"

"我要成为宇航员了……"（也许并不是他们期待的消息。）

2009年5月20日星期三，早上七点，我站在富格酒店的门

口……门是关着的,里面正在打扫。我不知道该找谁,也不知道该怎么做。我不可能说:"对不起,我在找我的宇航员同事……"最终我还是进去了,但似乎没有地方坐,也没人搭理我。

亚历山大·格斯特是第二个到的。关于他,我只知道邮件列表上写着:德国地球物理学家,33岁。他有点秃顶,脸上带着真诚的微笑,身材健壮,穿着一套绿色西装,打着蝴蝶结。

"你也是……来找宇航员的?"

"是的。我是托马。"

"我是亚历克斯。你是之前写邮件那个人吗?"

我不知要如何接话……

"嗯,是的。"

我觉得让他继续等待不是很好。

"只是他们让我们承诺保密。这不是一件可以随意对待的事情。"

好吧……早上的道德课开始得不错,此处涉及了欧洲各国文化间的差异……

我们被引至楼上一个会议室里。我们在那耐心等待。其他录用者也很快到了。萨曼莎·克里斯托弗雷蒂和卢卡·帕米塔诺(两位意大利飞行员)穿着制服。我立刻就感觉到了萨曼莎坚毅的性格。至于卢卡,他既友善又健谈。安德烈亚斯·莫根森,又叫安迪,是一个高大的丹麦人,也是一位航天工程师。这三个人都是33岁,像亚历克斯一样,比我大两岁。最后是英国人蒂莫西·皮克,直升机飞行员。他37岁,是这届录用者中年龄最长的一位。

西蒙内塔宣布人已经到齐。我们推断,落选者应该既没有被通知(录用者名单需要保密),也没有被邀请。载人航天项目主任向我们表示祝贺,并告知我们当天的流程:在新闻发布会之前,我们将与欧洲航天局的公关部门会面,然后签署合同。卢卡立刻问道，我们的培训是否包括飞行（我十分理解他的担心，像飞行员这种操作性工作，如果不练习很容易失去技能）。西蒙内塔对此表示肯定。随后，我们享用了早餐，那天早上在富格酒店并没有更多深入的交流。正式流程在上午 9:30 开始，在欧洲航天局位于巴黎 15 区尼基斯大街的总部……

在这条单向通行的小道上，我们看到一个巨大的充气宇航员玩偶（相当于三层楼高）。机构的工作人员正努力将它倚靠在大楼的侧壁。这个宇航员模样如同一个大型的布制玩具，其手套与头盔顶端均系有绳索。它摇摆不定，宛如在巴黎清晨的空气中，携带着一抹失重的云雾轻轻飘荡。

我是唯一一个双手插兜来巴黎的人。我的新同事们都从国外赶来，所以每个人都拉着一个行李箱。我们被引到一楼的公关部。狭窄的走廊里，卢卡要接电话，我帮他拉一会儿行李箱。箱子意外地被墙上的电源插座卡住了。这时，街道上隐约传来一阵骚动。我向外望去，只见那个庞大的宇航员正在逐渐瘪下去。我们顿时明白，是我们无意中拔掉了为它充气的通风机插头。我连忙跑去，将插头重新接好。宇航员随即恢复了原状。我们对视一眼，都忍不住笑出声来。这真是一个妙趣横生的开场。

"对于稍后的会议，给大家一些提示，"

公关部主管让说道，"不要谈及有关个人的事情。记得微笑。不要谈论外星生命。如果对一些问题有困惑，可以咨询离你们最近的工作人员。"

（这些建议被详细地列在一张 A4 纸上，淹没在周围的空白页面里。）

我不太明白某些提示暗含的意思,特别是关于外星生命的问题,但算了。我们每人都拿到一件印有欧洲航天局标志的蓝色Polo衫。局长向我们表示祝贺。随后,有人递给我们一份工作合同。

"在这里签字和盖章。"

我皱了皱眉头。

"抱歉,我们是不是可以有……我不知道……至少24小时来阅读一下内容?"

一番短暂的讨论后——

"当然,当然。你们可以……明天交还给我们。"

"另外,我们都有同样的问题:我们什么时候开始工作?"

"理想情况下,6月1日。"西蒙内塔宣布。

"10天后?!"

"但我目前还有工作,女士……"

"我也是,我需要提前3个月告知……8月底之前我都不能开始新工作……"

他们似乎有点吃惊:宇航员没问题,但生活并没有因此而完全停止。他们那边也许有点小问题。

"好的,好的,人力资源部的一位同事最终做出了决定,我们会再讨论的!"

容我总结一下:没有签署合同,没有入职日期,禁止谈论外星生命,但得到了一件超级新的Polo衫。我感觉我并不完全掌控局面……

"你们准备好了吗?我们出发吧!"

我们被带到欧洲航天局的大型会议厅,并按照姓名的首字母顺序坐在一张长长的厚重桌子后面(足以容纳几乎所有欧洲国家的代表）。然而，与往常会议不同的是，这里并没有用席卡标出与会者的姓名与国籍，空气中弥漫着一股神秘的氛围，如同即将揭晓一场盛大的谜底，紧张与期待交织在每个人的心头。西蒙内塔、局长和办公室主任弗朗科·博纳奇纳在场。而周围，超过百名记者如同蜂群般簇拥，摄像机、聚光灯、麦克风交织成一张密不透风的信息网，镜头如利剑般锐利，直指我们，让人无处遁形。我感到脸颊隐隐发烫，仿佛所有的目光都聚焦在我们身上，这场景比任何一次跳伞经历都要令人心悸，紧张感几乎令人窒息。办公室主任做了简短的发言，然后轮到我们用英语介绍自己。

通过介绍，我对现任同事们有了更多的了解。萨曼莎先后在意大利和德国学习了航空航天工程，之后在俄罗斯和 Supaéro 实验室进行了实习。她还能流利地说俄语。从意大利空军学院毕业后，她成了一名战斗机飞行员。亚历克斯拥有新西兰大学的硕士学位和地球物理学博士学位。作为一名火山学研究员，他在南极活火山的研究中表现出色，获得了德国颁发的一个重要奖项。安迪虽然是丹麦人，但对自己的国家并不十分了解。由于他父亲工作的变动，他从新加坡到了加州，然后在伦敦帝国学院获得了航空工程师的文凭。之后，他去得克萨斯州奥斯汀大学攻读太空飞行器方面的博士学位，其间靠在西非沿海的石油平台工作来赚取生活费。可以想象，他在太空领域可能是我们中最专业的。卢卡在那不勒斯取得国际法学士学位后，成了一名飞行员，随后成了意大利空军的试飞员。他在美国、意大利和法国都接受过培训（法国的培训主要在法国空军试飞员学校[43]，在 Supaéro 也有一些

---

43 指 École du Personnel Navigant d'Essais et de Réception，是西方国家四所著名的试飞员学校之一，其他三所分别是美国空军、美国海军和英国皇家空军的试飞员学校。——译者注

课程）。蒂姆则在高中毕业后直接加入了陆军。他一步步晋升，最终成了一名武装直升机飞行员，之后又成了试飞员。他精通"阿帕奇"直升机，这是一种具有强大火力的武装直升机。至于托马·佩斯凯，作为团队中最年轻的成员，我就不做更多介绍了。

6 名录用者在摄影师面前摆好姿势。局长和西蒙内塔站在我们中间。闪光灯在眼前闪烁，些许轻微的混乱。我的脸颊火辣辣地发烫。我远远地看到了安妮，我想去找她，但是公关部的一名工作人员拉着我去参加个人采访。我在一群记者中来回奔波，麦克风几乎贴在我的脸上，摄像机近在咫尺，一连串的问题向我袭来。

"有些人为了前往太空花 3 500 万美元。而您则因此而获得报酬。这是一种了不起的特权，您觉得呢？"

"是的，这是一种特权。不过我们飞往太空并不是为了自己的兴趣。我们要在那里开展许多科学实验，要知道，最重要的是整个人类和社会的共同利益。"

我看到安妮孤零零地站在人群里。他们似乎没有为我们的伴侣做任何准备。她朝我走了几步，但我被几十个人包围着，她无法靠近。

时间匆匆流逝，问题接踵而至，很快我就看不到她了。在空隙时间，我给她打电话。她没有接。一次，两次，三次。最终，我在傍晚时联系上了她：

"你在哪里？"

"我已经走了。"

"我之前没看到你。"

"太多人了，我有点害怕……你几点回家？"

"我不知道。我得去参加TF1电视台晚上8点的新闻播报。"

风暴继续。直到出租车将我送到布洛涅的录影棚，我才突然意识到自己正与主持人一起在节目现场。早上，我还未曾与记者和报纸交流过我的私人生活，而晚上我却在TF1电视台参加直播……

"他是一名飞行员。他的简历让我们大多数人都自惭形秽。31岁的他成了法国新一代宇航员。他是欧洲航天局在8 413名申请者中选出的六位幸运儿之一。托马·佩斯凯，晚上好。"

"晚上好。"

（微笑）

"首先，恭喜您。"

"谢谢。"

"您得知自己被选中后感觉如何？"

"还有点不真实……我们都非常高兴能走到最后一步，这个艰难的过程持续了一年。与此同时，这也是另一个开始。训练即将开始。从某种意义上说，我们回到了零点。"

虽然是零点，但主持人立刻提及了月球之旅。

"我们很幸运能够在年轻的时候被招募成宇航员。在我们有能力去太空之前，我认为我们需要一如既往保持操作能力。所以现在，我看月亮的感受与以往确实不同了！"

我对自己即将成为宇航员的感受是断断续续地被意识到的：宇航员，宇航员……这些短暂的觉悟让我有些兴奋。有趣的悖论：对于未来，我还一无所知，但是人们却似乎要求我洞悉一切：

"您的训练会是什么样子的？去太空需要了解什么？"

"嗯，要了解航天技术，要掌握新的语言，尤其是俄语，还有所有这些材料……"

我实在无话可说了。我的朋友们（就像我的父母一样坐在电视机前观看直播）在随后的时光里不停地用这句话拿我开玩笑，他们会在列举完后加上"还有所有这些材料！"例如"做沙拉的话，需要买金枪鱼，买黄瓜……还有所有这些材料！"

疯狂的一天终于结束了。

当我终于回到家时，我发现安妮有些手足无措。我坐在她身边，用手臂环绕着她。

"我害怕……"

"你害怕什么？"

"我在新闻里看到了你……感觉就好像……是另一个人。"

"我很抱歉。今天这一切，我无法控制……"

"没有人来找我！我完全无法走到你身边！"

我意识到我真的需要好好照顾她，或者说是我们（她是个完全独立的女性，总是自己应对一切）。但从今天开始，因为我，我们的整个生活都将会改变。

9月1日开始，我们就可以前往科隆的欧洲宇航员中心。目前，我最紧急的任务就是要和法国航空公司协商一致。如果可以，我不想辞职，想到可能会因健康问题永远没有机会执行太空任务，而被困在办公室度过余生，这让我感到不安。我匆忙参加了ATPL飞行员执照考试[44]，如果通过测试，我将成为一名机长。我打算之后再与法国航空公司讨论辞职问题。这一年的6月，我在

---

44 ATPL飞行员执照允许持有人担任商业航空公司的机长，是商业航空飞行员的最高级别执照。

戴高乐机场参加模拟器考试，恰好与里约–巴黎航班失事事件[45]的时间完全重合。6月1日，一架A330客机坠入大西洋，我们几乎实时跟踪着雷达系统中飞机的消失，随后，所有希望一个接着一个破灭（此时，即使无法使用无线电，它至少应该已经抵达欧洲或非洲……此时，它已经耗尽了所有燃油储备……）。这是法航有史以来最严重的一次事故，悲惨又令人心碎。我还记得那个夏天我的航班上，空姐有时会哭，一些乘务员害怕飞行……随后法航启动了一场彻底的改革，涉及飞机维护、飞行员培训和航空运营组织等各方面。公司必须面对与空客公司的诉讼。在这种危急时刻，组织架构中总得有一些负责人要下台。气氛紧张又阴沉，理所当然的，大家对我成为宇航员的故事也没什么兴趣。人力资源部也没有时间回复我的请求，而我也不愿意再去催促。他们给我安排了一年的休假，这已经很不错了，等气氛恢复平静时再来谈论我的问题。[46]

我很快就理解了为什么欧洲航天局急于让我们准备：下一次向国际空间站发射载人航天任务的日期了已经可以定了。我们这批人将要参与的第一次发射将在2013年进行，就在眼前。我们中的一个人必须为此做好准备，但由于不知道确切是谁，所以我们所有人都必须做准备。由于宇航员培训不是一件简单的事情，

---

45 里约–巴黎航班失事事件是指2009年6月1日，法航一架从里约热内卢飞往巴黎的空客A330客机在飞行过程中失事，坠入大西洋，造成全部228名乘客和机组人员遇难。这场空难被认为是由飞行仪器失灵、飞行员对飞行状况的错误判断以及不恰当的反应所导致的。这场灾难被认为是法国航空历史上最严重的事故之一，也是空中客车A330型飞机首次发生的致命事故。——译者注
46 在这次危机之后，法航成功实现了对其运营方式的深刻改革，并因此变得更强大、更安全。法航在整个职业生涯中都给予了我很多帮助。正如人们经常说的那样，我也认为法航就像是一个大家庭，我觉得他们也会为他们中的一员能成为宇航员而感到骄傲。

无论多早开始都不为过。

尽管如此,我们还是需要抽出时间面对公众。我们穿着欧洲航天局的 Polo 衫参加了巴黎—布尔歇国际航空航天展览会。就我本人而言,我觉得自己一点都没有变,但人们对我的看法却改变了……甚至连我的亲人也有点像是在审视一个陌生人。这是一种非常奇特的经历,我不是很喜欢! 现实在我们面前一步步展开。我们需要参加 STS-128 任务的发射。一名欧洲宇航员,确切地说,瑞典宇航员克里斯蒂安·弗格尔斯特(我们离称他为同事还差得远)是这次美国航天飞机的机组成员之一。这次飞行将为国际空间站补给,并安装多个科学设备。这是欧洲航天局向美国国家航空航天局展示新人的机会。因此,我们前往佛罗里达州的卡纳维拉尔角!

发射被一次又一次地推迟:天气和一个顽固的阀门总是不配合。我们这群人有些闲得无聊。我们住在一所临海而建的酒店,门扉轻启,便是绵延不绝的沙滩,何不借此良机,探寻大海之趣? 我带着同事们打沙滩排球,我们开车穿越了这条由北至南蜿蜒的奇特锯齿状地带,它夹在海洋和一个被美国人称为"印第安河"的大咸水湖之间。沿途,棕榈树摇曳生姿,仿佛我们正穿行于一幅生动的明信片画卷之中。可可海滩,这一必经的胜地,曾见证了无数传奇。这里是"水星"与"阿波罗"任务的宇航员们昔日的聚集地,他们在迈向星辰大海之前,便已是世人瞩目的璀璨明星。回溯至 1959 年,《生活》杂志不惜花 50 万美金,只为求得关于他们的独家报道,那份荣耀与辉煌,至今仍让人心生向往……而我,这个法国人,来自一个几乎不再谈论太空探索、据称太贵、已过时了的国家……莱奥波尔德·艾哈茨在 2008 年参加了一次绝妙的太空任务，这次任务将欧洲航天局的"哥伦布"实验舱连接到国际空间站，但几乎没有人谈论过！这是由当时的政治意愿决定的。我即将实现一个完全疯狂的梦想，但我清楚地感受到，法国，尤其是其行政机构，对此似乎持着淡然之态。我觉得我需要发挥一定的作用，不为我个人的荣耀，而是为了让人们认识到，人类在浩瀚星河中的正当地位、合法存在和无限价值。我有好几年的时间可以来考虑这个问题，并探寻破解之道……

在此期间，我在可可海滩著名的冲浪店 Ron Jon 找到了一款夏威夷式的花衬衫，送给了我的新同事们。我们决定之后的每个星期五都穿上它，并称之为"夏威夷花衬衫星期五"。气氛变得非常愉快。我们并不只是打排球，按照计划，我们被介绍给了美国国家航空航天局，我有幸参加了唐·佩蒂特的一场讲座，他因在国际空间站上的两次任务而被称为太空摄影的"教皇"。他以及他的长曝光和图像叠加技术给了我灵感，让我下定决心记录我的第一次太空任务。眼下，他给我留下了深刻印象，因为他就像一个疯狂的科学家（他能修理任何东西，他的车库里有一台机床用来制作零件，他每分钟都有可能产生一个科学想法）……但他却一点也不像《壮志凌云》中的飞行员，即使穿上宇航服也没有那种感觉。我默默地告诉自己，前往火星的任务就需要像他这样的人。

我们等待着第三次发射尝试，我想到了宇航员和工作人员，他们每一次都需要按照完整的程序进行操作。我们已经在卡纳维拉尔角待了将近一周，团队成员的个性开始显现出来，或者至少我是这么认为的。卢卡是我们中最活跃的一个。他不惧怕成为焦点，幽默风趣又有魅力，戴着黑框眼镜的他带着十足的意大利风情。严肃一点说，他希望事情进展迅速，不喜欢决策被拖延，典型的战斗机飞行员特质。而亚历克斯恰恰相反,这是一位喜欢考虑各种可能性的科学家,他乐于发起辩论(并且喜欢说服别人)。这两个人截然不同。亚历克斯非常聪明,是个好人,但我模糊地感觉到,在这样一个以操作为主的飞行员团队中,他可能缺乏一些自信。有时他会比较自己与他人,似乎想要以一种温和的方式脱颖而出(像是在大家都打领带的时候故意选择蝴蝶结:我们每个人可能都有一个这样的朋友)。安迪以其卓越的体能和丰富的技术知识脱颖而出。他拥有难得一见的稳定情绪。而萨曼莎无所畏惧,正如美国人所说的"混在男孩中的女孩"。她是个好伙伴,但不会任人欺负。了解到她是在一个传统的父权主义国家出生,特别是,能在军队中成功站稳脚跟,这一点就很能让人理解了。而英国人蒂姆也在不经意间令人印象深刻。他沉着冷静、经验丰富,且能够用母语表达所思所想,这些都使他成了一个天生的领袖。他在社交互动中非常自如。相比之下,我们似乎有点像孩子,但在他严肃和深思熟虑的外表下,他也会有表现出一些幽默(这让人感到幸运)……实际上,在幽默方面,他可能是我们中最糟糕的!

发射呢?又被推迟了。宇航员们在佛罗里达度过了愉快的假期:安妮正等着我搬家,我们也迫切需要开始基础训练。欧洲航天局召集我们返回欧洲。

夏天,我们在科隆找到了一间公寓。安妮在巴黎的畜牧研究所工作了 5 年,她与所里协商让她每周可以在巴黎办公 2 天,另外 3 天在科隆远程办公。这绝非当时的潮流,因此她不得不将她与国家养殖联合会签订的无固定期限劳动合同换成有固定期限劳动合同。同时,她也转向对德国养殖业的研究。而我,由于对即将到来的一系列事情全神贯注,以至于一时之间竟没有意识到她为我所做的牺牲,以及她将要面对的疲惫:在科隆和巴黎之间来回穿梭;睡在巴黎某个朋友的沙发上,同时也不能总向同一个人求助;试图在不打扰别人或被人打扰的情况下工作……筋疲力尽。一年后,我们客观地意识到她需要在巴黎拥有一个属于自己的地方,于是我们在那购买了一个小巧的两居室。然而,目前,她将以一种令我尊敬和感激的耐心和承受力来承担费力的后勤工作。

2009年9月1日,一年零两个月的初级培训开始了,我再次成为一名学生,重新回归了这一身份。我曾设想自己不必再如预科时那般刻苦,然而,世事无绝对,这不正是我当前的境遇吗?

开学那天,我们六个背着书包的成年人一起来到了欧洲宇航员中心(卢卡没有忘记戴上他的墨镜)。我们看起来就像是哈利·波特和他的朋友们一起走进霍格沃茨学院。局长米歇尔·托尼尼带着所有员工在那迎接我们。这确实算是个大事件,我们是第一批将在这个机构接受全面培训的学员。此前,欧洲的宇航员都是在美国或俄罗斯接受培训,只是在这里稍作停留。而现在,欧洲宇航员中心终于有了自己的学员。我们被带到各自的办公室(我和蒂姆共用一个)。工作人员发给我们一套蓝色工作服和课程表。我们发现,课程……即刻开始。我们每天要上8小时的课!我们有一个专用教室:U形大桌、三脚架黑板和用于PowerPoint演示的大屏幕。我们很快就意识到了宇航员中心其实在试验这个时间安排表,因为他们以前从未承担过这样的培训。从宏观层面看,该计划理论上似乎切实可行;然而,深入探究后便会发现,实际操作可能远比预想中复杂。我的意思是,上完8小时的课之后，我们需要消化所学内容，至少复习一下课程；此外，还需应对采访、处理各类行政任务及电子邮件等繁琐事务。唯一的解决方案是：我们必须要把个人生活暂放一边。

工作人员分给我们一堆红色、蓝色、绿色和黑色的厚重文件夹（总共四十来个）。里面装满了成千上万页的英文资料和图表，这就是我们入门课程的基本内容：详细介绍了太空探索的历史、欧洲航天局和欧洲宇航员中心的历史、"联盟号"飞船和国际空间站的基本操作、材料科学、流体物理、生物学、生理学和计算机科学等。我们六个人就像被困在同一艘船上，注定要成为工作的奴隶。

当然，实践环节迅速跟进，以充实我们的理论认知，尤其聚焦于欧洲航天局的"哥伦布"实验舱，那里将成为我们开展大量实验的主战场。我们的实验室里有一个与"哥伦布"实验舱大小一致的模拟器，带有4个密闭的房间，在那里我们要训练操作巨大的设备架，熟练掌握连接着大量电缆、电路、插座和控制面板的高科技柜子。此外，我们还需掌握在突发故障时如何迅速有效地进行修复的技能。我们进行了三个级别的实践教学。第一个级别"用户"旨在学习基础知识，例如各种开关对应的功能、警报器的位置、灭火器的位置等。针对"操作员"级别，我们不断重复未来在太空中要做的实验，并研究设备架中可用的资源，每个设备架都专门用于一个领域：生理学、流体物理学等。最后是"专家"级别，需要我们深入了解模块的内部结构，查看隔板后面的情况，了解能源是如何流动和分配的，控制数据、调节温度、了解通信等功能……"哥伦布"实验舱在我们面前不应该藏有任何秘密。

运动在培训中尤显重要。我们有三位教练，负责每天在地下室一个略显阴暗的房间里训练我们，偶尔也会带我们到科隆的一个攀岩中心去锻炼（这对我们将来执行太空行走任务大有裨益）。

此外，我们自己会去附近的一个小湖跑步（我戏称之为"小水坑"）。从有氧运动、举重训练到间歇训练，我一直保持良好的体能状态，但如今，为了迈向更高的训练水平，我们不得不做好吃苦的准备。

当一门课程结束后（每门课程约20个小时，没有时间深入学习细节内容），我们就会被安排一次测试来评估水平。我记得第一次测试（关于计算机）结束后，卢卡和蒂姆感到很紧张，担心在选择题中如果只答对了75%（最低要求），可能会惹上麻烦。由于我们一开始就喜欢插话，或者至少提出所有问题，我们问了教练们：

"如果我们没通过测试会怎么样？"

"嗯……你们会重新考试。"

"但如果我们第二次还没通过呢？"

一片沉默。

"我们没有预料到你们第二次还会不及格。"

就这样吧。

负责监考的老师叫斯蒂芬，是一个友善的法国人，他总是通过电子邮件通知我们考试结果（就像宇航员班的班主任一样）。

有一天，我想要询问一些信息，便去他办公室敲门，但他不在，而他的电脑开着。我看到他正在给卢卡写信。这是一个绝佳的机会！我即兴写了几行：

> 很抱歉地通知您，上次的考试您没通过：错了40%。请尽快与我联系。

发送。

斯蒂芬回来了，我跟他说了这个玩笑。他觉得我有点粗鲁。

"至少今天下午让他蒙在鼓里！"

24 小时后，我的邮箱里收到了一封来自卢卡的电子邮件，并抄送给欧洲航天局和欧洲宇航员中心所有的主管；他在邮件中承认错误，并附上了一份虔诚的检讨信："这个培训是我人生非常重要的一部分！我该怎么弥补？"我吓得脸都白了。我肯定是做得太过火了……然后我发现卢卡就站在门口，深深凝视着我。突然，他大笑了起来。显然，斯蒂芬已经告诉了他我的恶作剧，而卢卡则用这封邮件进行了反击，除了我的，邮件中的所有地址都被巧妙地篡改了。

按照宇航员们的传统，我们需要为我们这一届取一个班级名字，我们选择了"恶作剧"。这个名字，在未来的一年都很适合我们。

如果不会流利的俄语，没有人能够登上"联盟号"，因为这是俄罗斯的航天器，控制器和显示屏全都是俄语显示。萨曼莎俄语已经很好，而我们五个男生则一窍不通。因此，我们决定每两个月去一次波鸿大学的外语学院（距离科隆一小时车程）学习托尔斯泰的语言。由于我们的教练们时间非常紧张，每两个月把我们送去波鸿，他们就有时间准备接下来一个月的技术课程。

当我们经过"波鸿"的标牌时，温度骤降 5℃。鲁尔工业区并不是一个特别美丽的地方：我们脑海中浮现出矿井、煤炭、克虏伯工厂……的确，我们的印象并无偏差。我们就读的外语学院，就像一组深灰色立方体，矗立于淡灰色的天幕之下，其上点缀着众多小方窗。这里方便、崭新、很"德国"。这里还有一家酒店，内含 3 种不同档次的房间，我们住在最简朴的房间里：一把椅子、一张书桌、一张单人床和一个微小的浴室。教师们对于能向宇航员传授知识感到欣喜，但遗憾的是，并非所有人都能流畅使用英语，这无疑给教学带来了一定的挑战。这里的课程表与欧洲宇航员中心的并无二致：每天 8 小时的课程。唯一不同的是，只有一门课程。缺氧是肯定的。恶作剧制造者们几乎过上了寄宿生的生活，偶尔出去吃个饭。重压之下，我们会在楼梯间闲逛，沉浸在我们的私下交谈中。有时候，我们也需要释放一些压力。有一天早上，我发现我没法去上课，因为男孩们占领了他们能拿到的所有桌椅，并用它们在我的房门前筑起了一堵墙。我还发现我的淋浴喷头里有亚甲蓝。蒂姆的车门把手上沾满了巧克力酱。八岁的心理年龄让我们从俄语的各种变格中得到些许快乐。

欧洲航天局要求我们与俄语学生多交流，以便在课堂外练习。然而，我们只是初学者……除了"你好，我叫托马"之外，对话几乎不存在。而学生们大部分时间都在指着东西教我们"橙色"……"桌子"……词汇方面：不错。学习态度：更好。

因此，我们遭遇了一连串独特的经历，并非源于沮丧，而是对这种克制与勤勉的生活方式产生了深深的倦怠。毕竟，我们已步入奔四的行列，过往的岁月里不乏成功的光辉与责任的重担。尽管重启学习之旅对我们而言是必经之路，但时而会感受到未被充分视为成熟个体（说得委婉些）的微妙失落……这是否会激起内心的叛逆波澜？答案是否定的。简而言之，尽管面临挑战与不适，我们仍未至反叛的边缘。

欧洲航天局为我们这些热情洋溢的学生准备了一个及时的放松时刻：五月，我们登上了空客 A300 Zero-G 飞机进行我们的第一次抛物线飞行[47]，这架飞机可以进行一系列高空机动，每次都能

---

47 抛物线飞行是指飞机在空中进行一系列特殊的飞行机动，使得飞机内部的人或物体能够经历短暂的失重状态。这种飞行模式往往通过在飞机飞行中进行特定的爬升和俯冲动作来实现，通常被用于航天器训练和科学实验中，以模拟在太空中的失重环境。——译者注

获得约 20 秒的失重状态。5 月 7 日，我们前往波尔多梅里尼亚克机场的 Novespace 公司[48]。我们兴奋不已，太阳镜又回来了。在大量的教材和理论的重压之后，终于迎来了一点真实生活和实践活动！

机舱里有一些座位用于起飞和降落，但是三分之二的机舱垫了软垫，非常洁净，看起来就像一个游乐场：只有网（类似于足球门的网）、鲜红色的绳索和比肩的大型扶手。整个飞行将持续 2 个小时。欧洲宇航员中心的教练们包围着我们。我们的脚被悬挂起来，我们只好用手移动，做着自旋和翻滚的动作，我第一次体验到了失重的感觉。我们在垂直安装的跑步机上尝试奔跑（这项练习将成为我们在国际空间站进行的日常体能训练之一）。我们还需戴着厚实且不易操作的手套移动（就像拳击手套），类似于我们在太空行走时佩戴的手套。

欧洲宇航员中心安排得很不错，我们带着明确的目标逐个参加各个项目，以探索失重状态。然而，淘气的同事们却不愿错过这个时刻。有时候，我们就像一群在蹦床上开心跳跃的孩子，只不过我们不是在跳，而是在每隔 20 秒就飘浮一次。显然，我喜欢这种感觉，我迫不及待想来到失重状态（耐心点，小伙子）。

放松过后是有任务的：夏天到来之前我们得去撒丁岛进行一次求生训练，这既不是选择，也不是乐趣……这项训练要求我们在烈日炎炎的白天和 9℃的寒夜中掌握在偏远地区生存时的反应和策略，以备从太空返回地球后意外降落的情况。因此，我们来到了一间山腰处的简陋小屋里，前意大利特种部队的军人对我们

---

48 Novespace 是一家太空研究公司，该公司改造了一架空客 A300 飞机，将其变成零重力飞行实验室飞机（ZERO-G），继而运营了欧洲首个"零重力飞行"航班。——译者注

进行指导。他们给我们提供了一条帆布裤子和一件迷彩T恤（背后印有"欧洲航天局求生训练"字样），然后用幻灯片和自身实践告诉我们如何在这荒郊野岭避免被冻死、饿死、渴死、晒死，如何打结、制作捕兔的套索或者钓鱼的钩子……

我们被放在一辆老旧的雷诺车前：

"假设你们降落在敌区中，你们能从这辆车里找到什么来帮助你们生存下来呢？"

嗯……降落在敌区后还能找到一辆雷诺的概率是多少呢……？

我没说出来，但我很努力地思考了这个问题。

我们拆解了这辆车，取出制动缆、座椅的绝缘材料等所有能帮助我们撑到救援来临的东西。除了雷诺车这里略欠靠谱以外，我承认我很高兴学到了所有这些技巧，因为这种情况一点也不荒谬。以2008年的"联盟TMA-11号"飞船为例，在返回地球时，太空舱在进入大气层时姿势不佳，导致着陆点比预期的位置偏离了420多公里，需要部署12架直升机、3架飞机和6辆车来寻找宇航员。在等待救援的这段时间里，最好有一些应对策略！

在现场模拟中，我们一大清早被空投到撒丁岛山区，在那里我们必须待上3天2夜，直到一架直升机前来解救我们。我们只拿到一些最基本的装备：徒步鞋、小刀、毯子、锅和打火机，以及足够两个人吃一顿的口粮，这是整个演习中所有的食物供应。于是，在接下来的3天里，我们就在河边临时搭建的营地里露宿，而特种部队则躲在远处观察我们（或者在打盹，谁知道呢）。我们捞鱼的成果是：一条约4厘米长的鱼。当饥饿感袭来，我们只能吃水芹（毫无意外，我对水芹产生了彻底的厌恶），然后煮了一些薄荷茶。我们设下陷阱和套索,希望能捕获一只猎物。第一个(寒冷的)夜晚,卢卡中暑了,吐了我一鞋。早晨,当我们检查陷阱时,竟意外发现了两只兔子,兴奋又满足。我们剖腹、切块并烹煮(后来我们得知,在撒丁岛的野外根本没有兔子;特种部队因为怜悯我们,把两只兔子放进了我们的陷阱里)。晚上太冷了,我们就把一些大石头放在火边取暖,然后试图抱着它们睡觉。总之,我们勇敢地度过了这三天,最后空着肚子强行赶路,来到了直升机附近。但一到空中,有人要求我们穿上救生衣,然后跟我们喊道:

"跳下去!跳下去!"

我们离海岸5公里远,离水面10米远……我们照着指示行动,军人皮耶罗陪同我们。然后,直升机投下了一个求生筏(一种六边形的、可以自动充气的浮筒)后就飞走了……这怎么不按剧本来呢。

我们只好爬上这个狭窄的小艇。

"皮耶罗,这是什么额外奖励?"

"你们的任务是在海上生存24小时。来,吃块压缩饼干!至少,在这个救生筏上有口东西吃。"

你肯定猜测到了,不久之后,我们的船就开始漏水了,我们只能像沙多克[49]一样拿着抽水泵将水不断往外抽。我们寻找船体破洞的地方(当然是在水下,需要我们轮流潜水)。我怨恨地看着几百米外不经意驶过的渡轮,他们肯定被告知在这艘"梅杜莎号"的木筏上没有需要救援的人。修补终于完成(这不在预料之

---

[49] 沙多克(Shadoks),是20世纪60年代末和70年代初的一部法国动画片。沙多克是一种无能且笨拙的生物,它们愚蠢、短视,经常陷入荒谬的情境和荒唐的决策,从而引发了许多笑料。——译者注

中,但确实是个好练习),我们学会了如何使用烟雾弹和信号弹。我的信号弹出了点岔子,它掉进了船舱里,我迅速抓住它并扔进水里,没有给它机会来灼伤我的手。这一幕却成了同事们茶余饭后的笑料,以至于后来每次提及此事,他们总要添油加醋一番。比如说,此刻你若向他们打听,他们或许会绘声绘色地描述我是如何倒着拿信号弹,以一种不可思议的方式将其拉开,甚至编造出更加离谱的情节来!

我们捕到一条鲈鱼,把它做成了寿司。我们挤在一起睡觉(确切地说是打瞌睡)。夜晚来临,我们按照每人15分钟的安排轮流守夜。在这艘随浪轻摇的小舟上,任何一个人的细微举动都能引起全船的晃动。特别是当值的蒂姆认为皮耶罗准备跳入海中进行救援演习时,他直接把皮耶罗压在了身下!这一突如其来的举动让整个小船陷入了混乱,漆黑之中,大家纷纷被无意间踹到脸上的脚惊醒,随即响起了一片混乱的叫喊声:"怎么回事?!""出什么事了?!""紧急情况!"5分钟之后这场混乱才得以结束,然后大家都捧腹大笑。事实上,可怜的皮耶罗,60多岁的小老头,只是想在睡觉前解放一下自己的膀胱,他万万没想到自己会像橄榄球运动员一样被扑倒!终于挨到早晨,直升机来接我们了。生存训练万岁。但如果这是最后一次就再好不过了……

培训进入这个阶段,每个学员都开始被一个越来越强烈的问题所困扰:我何时才能出发去太空?2年?3年?5年?10年?恶作剧制造者们有点焦虑不安。如果我们能够瞬间到达发射台就好了……米歇尔·托尼尼试图劝导我们:

"比起过去的起飞,将来的起飞会好得多!"

学员们对此持极大的怀疑态度……[50] 从我们的角度来看（或者说，从所有人的角度来看），只要我们没有带着任务出发，我们就不算真正的宇航员。此刻，我们的官方身份仍然是"宇航员候选人"。即使获得了毕业证书，但我们既没有飞行经验，也没有在空间站停留过，我们不能实地使用在地面上习得的任何专业知识，我们只是拥有理论知识……总之：无论从哪个角度来看，直到进行第一次任务之前，我们都还是稚嫩的，不管我们之前在欧洲航天局做过什么。我想起《太空先锋》中，1959年美国有一场新闻发布会，一个记者提出了这样一个问题："你们认为谁会第一个出发前往太空？"当然，7名宇航员同时举手！他们都是穿着皮夹克，展示着阳刚气概的飞机试飞员或战斗机飞行员，是非常复古且与我们相去甚远的原型人物，而我们被选中是要执行长途飞行任务，并且需要在团队中协作。但是，不可避免的，恶作剧班的同学们同样充满竞争力，每个人都暗自梦想尽早出发。

各种预测都有。我们必须考虑各种因素。"联盟号"飞船一次只能搭载3名宇航员。考虑到国际空间站中始终有6名宇航员，并且任务持续6个月，因此我们可以合理地采取一种轮换制度，以便一半的机组人员交替换班：每3个月迎来3名新的宇航员，同时有3名宇航员离开。所有预测都记录在一份称为"飞行计划"的文件中，并以此来规划我们的生活。这份计划是一个时间轴，显示宇航员的轮换情况（包括国籍和停留天数），以及各个对接口的连续使用情况，当然还有所有的发射任务（包括货运补给飞船）。它给人一种常规化和规律化的印象，这带有欺骗性，

---

50 然而，10年过去了，我们发现他并不完全是错的：一旦过了终点线，如果没有其他的比赛，胜利的感觉是短暂的。可惜，当我们如此专注于目标时，很难听得进这样的话。

因为事实上它会随着这个复杂计划的现实情况而不断变化。不难明白,那些过早就依赖"飞行计划"的人是很天真的。不可避免地,俄罗斯人和美国人占据了大多数太空任务。然而,美国国家航空航天局会根据加拿大、日本和欧洲对国际空间站的财政贡献程度让出一些名额。因此,平均每两年就有一个名额专门分配给欧洲航天局成员国。对于申请这些名额的成员国来说,这有点像轮流值班,但那些在财政上贡献最多的国家通常处于更有利的位置(这是一个不成文的规则,但几乎没有例外,欧洲航天局必须根据现实政治来行动,如果偏离太远,会受到其他成员国的警告或制裁)。因此,德国人、法国人或意大利人具有一定的优势,这可能会让其他国家的同事感到沮丧。与此同时,如果德国、法国和意大利不像它们现在这样投入大量预算,或是如果没有欧洲航天局,那么欧洲对国际空间站的参与将不复存在,来自丹麦、瑞典或瑞士等国家的宇航员也不太有机会参与长期的太空飞行。

  时间的车轮滚滚向前,但在2010年这个时间点,情况如何呢?法国人利奥波德·艾哈茨在2008年进入太空,比利时人弗兰克·德·维尼在2009年启程。目前,已公布的计划是:意大利宇航员保罗·内斯波利将于12月出发,荷兰宇航员安德烈·库珀斯将在2011年出发。另一件事情也已经得到确认:2013年和2015年的两次飞行任务将预留给意大利宇航员。意大利航天局通过位于都灵的航天公司泰雷兹阿莱尼亚空间资助并建造了空间站的额外版块。这项贡献超出欧洲航天局的框架,也为意大利宇航员赢得了飞往太空的机会。在这种情况下,唯一的悬念就是先出发的是萨曼莎还是卢卡。另一个飞行任务将会在2014年执行。我们知道它将分配给德国。德国作为一个捐助国,已经有一段时间没有他们的宇航员参与任务了。所以亚历克斯不必过于担心。

总之，还有3个新手处于不确定状态，似乎离准备起飞还有点遥远：英国人蒂姆，丹麦人安迪和作为法国人的我。我迅速算了一下：法国在欧洲航天局载人航天项目中的贡献约占预算的25%，丹麦的贡献为2%，英国的为0[51]。因此，大家都认为我会比安迪和蒂姆先出发，但不可能是这四五年内的事情。对此，我没有任何规划，也保持着合理的怀疑……要知道航天任务可能会发生很多变化，无论如何，这似乎需要很长时间。而且，我不知道等待我的将是什么……

---

51 英国在欧洲航天局的其他领域进行投资，但在当时并没有直接为国际空间站项目做出贡献。

七年（最佳情况）

Sept ans (au mieux)

洞穴探险（撒丁岛，2011年9月）欧洲航天局/托马·佩斯凯 供图

训练第一天：一堆要学习的……俄语书（星城，2013年11月）
托马·佩斯凯 供图

七年（最佳情况）

2010年9月，我们已经在莫斯科郊外的星城进行了3周的训练。这是一次针对"联盟号"飞船和国际空间站俄罗斯模块的特别培训。在葱郁的针叶林深处，隐匿着一座独特的封闭城邦——星城，有超过5 000名居民在这里生活和工作。城市的风貌仿佛定格在20世纪60年代，数十栋典型的苏联风格建筑错落有致，与拜科努尔那广袤无垠的大草原形成了鲜明对比。英雄大道和宇航员博物馆静静诉说着过往的辉煌，莱卡小狗的雕像忠诚地守望着，而那些宇航员手抚心脏、骄傲翱翔天际的雕塑，更是将勇气与梦想镌刻在每一个角落。为了纪念伟大的加加林，城市中处处可见他的印记，永恒的加加林精神激励着每一代人。孩子们可以享受到小学、中学的教育，还有一个巨大的体育馆供他们使用，而老年人则有一个东正教教堂。大家都在森林里或如明信片般的小湖周围散步。然而，除了星期四有一个集市外，这里没有其他商店。[52] 因此，只要不是周四，人们为了购物，就得一边堵车一

---

52 这是当时的情况，现在，即使是星城也已经充斥着大型商超。

边前往莫斯科或附近的小城镇。在这个轻松友好的封闭环境中，一个被俄罗斯人称为"领地"的封闭区域里，实实在在拥有着专门用于航天飞行准备的技术设施：培训设施（模拟器、教室、运动场、体育馆等）以及食堂、工作室和行政办公室。我们住在一栋被大家称之为 Profi 的砖砌大楼里。美国人在这里建造了一些像小别墅一样的小木屋，就像是俄罗斯大地上一道独特的美国元素风景线。他们有专职司机接送，而我们则选择骑自行车，下雪天（一年里有一半时间下雪）得用铁钉镶嵌着。尤里·彼得罗维奇·卡尔加波洛夫是我们的负责人。尤里非常受人尊敬，他是一名退休的上校，现在为欧洲航天局工作。他认识所有人，可以为你解决所有问题。在俄罗斯，这意味着很多。我们的课程（包含 40 公斤的教材）用俄语授课，允许翻译陪同。我们唯一的娱乐是在其中一座美国小屋的地下室，这里有一个酒吧。Shep's Bar 可以追溯到比尔·谢泼德的时代，他是 2001 年首位在国际空间站上停留的美国国家航空航天局宇航员。陈旧的沙发、点唱机、钢琴、乒乓球桌以及一台用于电影之夜的电视机。墙上，一头戴着战斗机头盔的野猪盯着我们打台球，各种徽章、纪念品和发黄的照片贴得到处都是。《太空先锋》里的飞行员俱乐部也不过如此。

这是一个和往常一样的傍晚，我们正在慢跑，但我跑完这个"城市"的第一圈就停了下来：

"伙计们，"

我说，

"我不能和你们一起继续跑了。我肚子疼……"

恶作剧制造者们立刻开始了，当他们开始跑第二圈时，他们就拿我开起玩笑来。不过无所谓，我宣布放弃，我真的感觉不是很好。晚餐时我遇到他们，感觉好一点了。当然，忠实于我们的友谊，玩笑不会断。我为自己辩护：

"太好了！我这一次终于有点搞不定了！"

"为什么说'这一次'？"

"到现在为止，我从未缺过课。"

"不可能！"

"真的，你们可以问我的父母：我从未生过病！我有着超强的免疫系统。"

"你撒谎吧！"

"我发誓！除了一两次骨折，我从未生过病！"

结果，半夜里我被一阵剧痛惊醒。我换了16次姿势，但痛苦并没有因此而减轻，甚至越来越糟……我的右侧腹部很痛。虽然我自我安慰明天一定会好起来，但我断定这是食物中毒。尽管我呕吐了好几次，但并无好转，我只好再次躺下，但整晚都无法入睡。

第二天，尤里和安娜（他们俩都在欧洲航天局的办公室工作，负责照顾我们这些新手）为我们安排了一次莫宁诺机场的参观，这相当于俄罗斯版的布尔歇机场。但我无法参加。于是，我发了一条信息："大家好。很抱歉，我肚子疼得厉害，无法跟你们一起去了。回见。托马。"

恶作剧制造者们立刻回复："除此之外，你从未缺过一天课吗？！""是时候展示你那坚如磐石的免疫系统了。"

安娜对我表示同情。她派了俄罗斯医生琳德米拉来看我。

"你疼了多久了？"

"大约12个小时。"

她给我做了检查，30秒钟后，她说：

"这是阑尾炎。"

学生佩斯凯的脑子里冒出的第一个想法是：那么，这意味着我将不能完成我的资格培训了吗？！

"那该怎么办……？"

琳德米拉给尤里打电话，尤里联系了欧洲航天局，欧洲航天局又联系了他们的首席医生，正在休斯敦的他希望能得到在星城的美国医疗团队的诊断意见。恰逢今天，所有人都去了红星公司（生产航天服的俄罗斯国有企业）参加太空服测试，距离这里数公里远。我们可以试着联系他们，但考虑到交通状况，他们至少需要3到4个小时才能赶回这里。而我已经疼了一段时间了。

"来吧，"琳德米拉做出决定，"我们去医院。"

一位俄罗斯外科医生给我做了检查。我犹豫不决。

"是阑尾炎。"

我已经开始熟悉这种检查：医生压住肚子，如果在释放压力时感到疼痛，那看来就是阑尾炎。

"必须动手术。"

尤里再次打电话给欧洲航天局，后者再次联系了在休斯敦的首席医生。医生坚持要我接受美国人的检查。现在是上午9:30了。我只能蜷缩成一团，耐心等待。

16:00，美国人终于回来给我检查了。

"阑尾炎。"

谢谢你，福尔摩斯。

"必须立即手术，否则会引起腹膜炎。"

这位俄罗斯医生，曾在德国生活过，对于我们推迟一个他或许已经熟练完成上千次的简单手术感到颇为不满。西方代表团要求参观手术室。俄罗斯医生勉为其难，带他们去参观了一下。当然，他们同意了（还有其他选择吗？）。外科医生不是很高兴：

"你们以为这是什么地方？这是外交部的医院！不是拐角处的肉铺！"

现在已经是 17:00 了，而我已经痛了整整 24 个小时：

"请问，我们现在能去了吗？"

我被用担架送到手术室。在我头顶上方有人在讨论：两个小切口加内窥镜这种更现代化的、不太具有侵入性的方法被排除了。时间拖得有点久，得按照老方法用手术刀了！我只来得及想，疤痕总让人有点像战士，然后我就睡着了。

我迷迷糊糊地在半夜醒来，迫切地想上厕所。我摸索着找到开关，艰难地站了起来，身体还有些麻木。我全身一丝不挂。然后我发现了缠在我身上的那块巨大的绷带。一股难以言喻的疼痛撕裂着我的肚子，我回想起了一切：那漫长煎熬的等待，还有手术……我距离卫生间 3 米远，我立马意识到自己做了一个非常糟糕的决定：在我站不稳的情况下，我根本做不到。我还没走出两步，就感到身体摇晃，但一个人突然抓住了我。是尤里。

"尤里·彼得罗维奇，您在这里干什么？"

"我在椅子上睡着了。抓紧我！"

65 岁的尤里竟然守了我一整夜……

第二天，我孤独地躺在一个空荡荡的房间里，没有电视，没有互联网，也没有书可读……医护人员还是来看我了。

"别担心，一切都顺利。"

他们递给我一个玻璃瓶。

"这是你的阑尾。你想留下来吗？"

呃……还是算了吧。

他们要检查绷带下的手术成果，伤口处用大量缝合钉进行了细致的封闭。

"我得在这里待多久？"

"多久都行。"

尤里给我带来了巧克力，还有我带在行李箱里的课本和书籍。医生们提醒我：

"你得多走动！这样康复得更快。"

我强迫自己迈开脚步（我想尽快恢复培训）。疼痛难以忍受，痛到恶心。我只能蜷缩着身子，一步步艰难前行。第一次，我勉强绕着床沿踉跄走完了一圈。然后我试着走进走廊。我觉着自己就像是身处闪灵酒店：走廊漫长而幽深，铺着俄式风格的地毯，两旁的墙壁光秃秃地裸露着，透出一股阴森之气。偶尔，一位护士或护理人员的身影会悄然出现在走廊的尽头，如同幽灵般缥缈。但当我艰难地走完一趟，回头望去，他们却又消失得无影无踪。走廊再次恢复了空旷与寂静，只剩下我那沉重的脚步声。这怪异的气氛，让人忐忑不安。

美国医生给了我一根PVC管和一个乒乓球，他要求我：

"您呼气，然后尽量让球在空中停留更长的时间。这样您的腹部肌肉会恢复得更好。"

附上我在医院的日程安排：6:30，吃早餐（一片透明的面包配上10克果酱），我吃得非常慢，因为我知道下一个节目将是13:00的午餐；下午，我和我的PVC管和乒乓球玩一会，消耗一点尤里的巧克力，漫步在空荡荡的走廊。有时我会看到穿着白大褂的人走过。这个场景让我想到自己已经120岁了，生活在一家俄罗斯的养老院里，我不是什么英雄。

我康复了，并按时完成了培训。一个月后，毕业典礼在科隆举行，我的父母和安妮也在场。为期 1 年的招聘和 14 个月的培训之后，我和恶作剧制造者同事们一起正式成为了宇航员。

消息很快传开：卢卡被指定执行 2013 年的飞行任务。而萨曼莎将执行 2015 年的计划。她有点失望，这是可以理解的。作为意大利首位女宇航员，并且精通俄语，大家都以为她会率先出发。至于安迪、蒂姆和我，虽然我们已经毕业，但等待宇航员任务的宇航员不在少数。一个不确定的、也有可能是无限漫长的阶段才刚刚开始……

我们再来预测一下。卢卡、萨曼莎和亚历克斯都已经确定了飞行任务。那么未来的其他飞行任务呢？2016 年无，2017 年有一个，2018 年无，2019 年有一个。所以，我有可能参加的第一个任务在 2017 年，而现在是……2010 年。7 年！而且这是最好的情况！在这段漫长甚至可能无限期的时间里，我们要做什么呢？当然，我们需要继续接受培训和训练，以保持我们各方面的技能。但我想要更多！毕竟我不知道究竟要等 7 年、9 年，甚至更久……如果其间又有新的飞行任务安排呢？这种情况以前也不是没发生过。宇航员的命运就是如此：如何度过这些无法量化的岁月？我能否同时接受试飞员的培训，来满足我那永不满足的渴望，而不觉得自己在等待中浪费了生命？事实上，我并不在意是最后一个还是倒数第二个上天；我只想知道的是，究竟什么时候才能实现。

"托马，你的飞行任务是在 9 年后。"

"好的，那我去读个 MBA。"

这只是想象。我们每年都会面临这个问题，最后总是被告知："明年再来吧。"我们只有在适当的时间才会得知结果。但是我们必须随时待命，即使没有确切的日期，我们也很难专注于真正有意义的事情，或者承担起真正的责任。

在星城的整个培训期间，安妮总是设法每个月至少来看我一次。她通常在周五到达，这样我们可以一起度过周末。现在她在莫斯科已经很适应，并且喜欢这里的每个季节。每次她来，都必须自己处理所有的事务，尤其是在俄罗斯大使馆前，从清晨开始排队6个小时才能拿到签证。过程总是不顺利，令人沮丧：或是缺少某个文件；或是照片必须粘在特定的位置，但又没有提供胶水；或是还需要一个合理的理由……总之，一切都充满了不确定性。

我们经常谈论各种事情：任务的指派、发射、前往国际空间站的旅程……尽可能了解一切是她自我保护的一种方式。所以我会向她解释一切。

这种紧张而悬而未决的生活对她来说也很困难。她希望我尽快被分配任务。她说：

"多希望这一切尽快结束啊。"

但请放心，欧洲航天局对我们的安排可谓井井有条。2011年和2012年将是非常充实的两年。首先是和萨曼莎以及谢尔盖·普罗科皮耶夫（像我们一样，他还没有飞入过太空）一起踏入俄罗斯银装素裹的森林深处，进行（没错，又一次！）生存训练。接下来的项目被称为"洞穴"，这是以团队合作的方式进行的为期两周的洞穴探险。再次踏上撒丁岛，不过这次，海滩的悠闲仍然与我们无缘。虽说我从不畏惧高度，但坦白地说，挤进那幽闭狭小的洞穴之中，并非我所向往。然而，结果却出乎意料——我竟然爱上了那份奇妙！教练们经验丰富、安全可靠，同时，当你勇闯幽深洞穴之时，想想那等待在终点的奖赏吧：40米高的大教堂巍然屹立、地下湖和河流无比精美、蕾丝般的钟乳石精雕细琢、纯净的水清澈见底！我为这珍珠般的壁面和被流水精心雕刻的穹顶拍摄了数十张照片。诚然，宇航员培训需要我们牺牲良多，但也因此拥有很多难以置信的特权。虽还未远离地球，我却已经历了许多奇妙非凡的瞬间。

但是，我为什么要在2012年学习中文呢？我解释一下：中国刚刚宣布要建造一个空间站，并且似乎并不完全排斥欧洲航天员的参与。欧洲航天局因此表现出极大的兴趣。

"只是我们需要一位会说中文的宇航员。请有意愿的人自荐！"

想象一下那军营里搞笑的一幕：众人纷纷退避三舍，唯有一人因错听指令而跃跃欲试……我的同事们都有拒绝的充分理由，只有我忍不住发问：

"学习时间要多久？"

"7周密集训练，外加去一次北京。托马，我感觉您很感兴趣！"

我耸耸肩，心想：为什么不为我的收藏添加一枚新的徽章呢？于是，我就在……波鸿开始了漫长的学习。我一直很想念这样的生活，努力工作，全情投入。接着，欧洲航天局局长弗兰克·德·维尼（他接替了米歇尔·托尼尼）带着我和其他成员一起前往北京的航天员培训中心，这个很少有西方人有机会去的地方。

回到家后，我得知安妮刚刚被联合国粮食及农业组织[53]录用，这个组织总部设在罗马，所以她将前往那里生活。我在科隆的时间越来越少，因此她做出这个决定完全合理，她需要继续她的职业生涯。至于我们的感情生活，不会有太大改变，我们将继续在世界各地见面，主要安排在周末。我为她感到骄傲。这个职位完全符合她一贯坚持的价值观，更是一份极其难得的机会。她开玩笑说她将为拯救世界贡献一份力量，而我则会全力支持他。美好的冒险之路还有很长的一段路要走……

例如，参加急救培训。在这个过程中，我需要对着一个人体模型处理各种紧急情况，例如测量脉搏、心肺复苏、插管等等。一个无法妥协的规则，如果受害者是美国人并且还有交流能力，那么即使执行最微小的操作，也必须先询问他是否允许我为其治疗（美国人就是这样！）。我给顺从的人体模型缝合伤口，给他拔了一颗牙，甚至为他插了一根肾盂管（从下面插入，以防万一他患有膀胱附近的结石）。

"我理解在男士身上练习的必要性，"我对医生说道，"但如果是女士呢？毕竟，她的解剖结构完全不同……"

不在计划内。

关于抽血，善良的医生自愿当我的实验对象。然后他告诉我，最好我能先学会在自己的手臂内侧采集血样。振作起来吧。事实上，并没有那么可怕。我不得不承认，我的血管非常好找。最困难的是，下定决心插入针头，但这就像其他所有事情一样，需要技巧和重复的练习。最后，我被派去科隆的一家医院实习一周。

---

53 联合国粮食及农业组织，成立于 1945 年。该机构旨在提高人民的营养水平和生活标准，改进农产品的生产和分配，改善农村和农民的经济状况，促进世界经济的发展并保证人类免于饥饿。

在急诊科,我目睹了一些不可避免会留下深刻印象的场景,参与其中可能会对人生有所裨益。因此,一旦到了国际空间站,我将更好地理解并淡化一些小的创伤。因为在这里,我学到,人体可以承受很多。他们真的让我为病人缝合伤口(有时候,新手宇航员在空间站里笨拙地飘浮,可能会划开眉弓),我进行了底片检查,插入了静脉导管,还进行了脑电图检查。这一切我还挺喜欢,我对血液并不像我想象的那样排斥,但是外科医生的工作终究不适合我。各有所好。

紧接着,我被派往德国航空航天中心接受缺氧(低氧)对人体影响的实验。我在做飞行员时就学过:在离地 40 000 英尺的高度,气压降低,有效的清醒时间只有短短 12 秒。之后就是昏迷,乃至死亡。想象一下在太空中的情况吧!宇航员需要立即戴上氧气面罩!在这项实验里,我吸入一种氮气和氩气的混合物,同时从 1 000 开始往前减 7 进行计算。起初,我并未察觉异样。但是,不久之后,一种微妙而显著的变化悄然发生:我的思维逐渐变得迟钝(对于有志成为宇航员的人来说,这次必须收起自己的骄傲)。

"您能在这里写下您的地址吗?"医生问我。

我费力地写下了我的地址(之后我才意识到我的笔迹一塌糊涂,但当时我觉得还可以)。

"请问您叫什么名字?"

我困惑地看了他一眼。

我会牢牢记住这个教训:不要盲目相信自己,因为受影响最深的往往是我们自己的判断。严格按照程序执行是对自己最好的保护。

我还被要求测试身体中二氧化碳的过量含量[54]。在每个阶段，我都必须在症状表上指出我的感觉。阶段一：我感觉有点热。阶段二：我的手在颤抖。阶段三：我开始出汗，视野开始变窄。据说，一些人在接下来的阶段会伴随着易怒情绪，甚至焦虑和抑郁的发作。

谈到心情，在基础训练结束后，我们投入到第一次宣传活动中。在欢迎我们加入的新闻发布会上，西蒙内塔向卢卡保证说我们会接受飞行训练。直到那时，欧洲航天局和美国国家航空航天局之间的协议规定，乘坐美国航天飞机的宇航员必须接受双座战斗机 T-38 的飞行培训。为什么是这种超音速飞机呢？因为与像炮弹一样依靠降落伞才能最终减速返回地球的"联盟号"飞船不同，美国航天飞机是可重复使用的，它可以像飞机一样降落在跑道上。因此，宇航员接受飞行培训似乎是合乎逻辑的。只是，这架航天飞机退役了[55]。"联盟号"成为唯一一款能往返国际空间站的飞船，因此，一些人认为对我们进行 T-38 的飞行训练已经没有意义了：这节约了培训我们的时间和金钱。在这一点上，我不需要体内多余的二氧化碳就能激愤起来：驾驶这种战斗机将使我们有机会置身于真实的动态环境中，逼迫我们实时应对可能的危险，并在真实的压力下管理自己的反应！给我们一架战斗机，或一艘船，或一辆赛车，或任何您愿意给的（我告诉他们），但是让我们置身其中！我们准备好在太空中经历危险，但我们的时间

---

54 在地球上，二氧化碳的含量为 0.04%；在国际空间站，二氧化碳的含量为 0.5%。一些人对此非常敏感。

55 继 1986 年和 2003 年的两次航空事故之后（共造成 14 人死亡），乔治·沃克·布什决定在国际空间站的组装完成之后将不再使用航天飞机。航天飞机于 1981 年首次飞行，它的诞生是为了创造一种可重复使用的航天器。然而，至少因为缺乏弹射座椅和机组人员的救生系统，它被证明是危险的。

却花在办公室里、在无害的模拟器里,或者是在由细心教练指导的生存课程中!通过棉花里的不断训练,我们如何知道自己是否能做出正确决定,是否拥有必不可少的反应能力,是否能对要求完成的任务优先顺序进行排序,以及我们是否拥有足够的抵抗力面对压力和疲劳?不,飞机成为最佳的训练工具,并不是因为它的手动驾驶任务,而是因为有很多东西也同样适用于太空,不管是航天飞机还是其他的:在相对紧迫的时间里,对情况的认知能力、决策能力、沟通能力、抗压能力以及在真实情况下团队合作的能力。那时候,有人怀疑我只是想享受几个小时的飞行,但我永远不会改变我的想法:真实情况下的训练对我们的培训是极其重要的。危险是必不可少的。所有其他机构都明白这一点,因此他们进行喷气式飞行的训练。情况有点荒谬:只有自己飞行过才知道这些因素有多重要……但一旦成为飞行员,人们就会认为这是不诚实的,因为据说飞行员总是想飞,所以他们会编造理由……因此,那些真正了解情况的人通常是不被倾听的,这是一种原则上的做法。总之,我没有得到我想要的,但至少我通过法国航空得到了一些时间来保持我现有的飞行资格(当然,我接受了他们飞行员应通过的所有培训)。我甚至通过了 A320 的教练资格考试,并且凭借这些新知识,为我的同事们给欧洲航天局撰写了培训文件,以推动这件事的进展。我很快重新兴奋起来:2013 年初,安迪和我将前往位于美国得克萨斯州休斯敦的美国国家航空航天局林登·约翰逊航天中心进行为期 6 个月的训练。

所以,我们现在身处一个十分神秘的地方,胸前佩戴着一枚镌刻着 Astronaut(宇航员)字样并饰有美国国家航空航天局标志的徽章。这份装扮远超我童年时的任何幻想,令我心潮澎湃!我和安迪共用一个办公室,位于4号楼南边的第六层,也是宇航员的楼层,可以俯瞰着这个占地650公顷且戒备森严的土地,还有一支特警队伍在四周巡逻。这里的氛围让我想起了飞行中队。我们经常能遇见那些刚完成任务归来或是即将踏上征途的宇航员……休斯敦,与俄罗斯的星城遥相呼应,是全球载人航天的核心枢纽。这里设施完善:飞行器、宇航服、机组人员一应俱全,还有能抵御飓风的空间站控制中心。约有3 000人在这里工作。

对于初次到访的人来说,最引人注目的无疑是火箭公园,那里陈列着将美国人送上月球的"土星5号"运载火箭。当我看到它横卧于地面时,内心受到了极大的震撼。我沿着火箭缓缓前行,仿佛永无尽头!更不用说火箭背后那5个直径令人难以置信的发动机了!你还可以近距离观察"水星9号"和"双子座5号"的太空舱,看起来像黑色的储物罐,比"联盟号"的太空舱稍大一点。在那个时代,有一半的火箭无法正常升空,下定决心坐进这些太空舱里需要莫大的勇气……我们参观了以前的控制中心,完全复原了1969年的样子:控制台、巨大的屏幕播放着"阿波罗11号"的图像、老旧的电视机,当然还有那些我们可以想象到在紧要关头会装满烟蒂的烟灰缸。至于国际空间站的控制中心,则让人不禁肃然起敬(怎能不全身心投入其中?):那里有大约30名工程师,他们专注地盯着多个屏幕,屏幕上满是数据和由空间站上的摄像头实时传回的图像,这些数据和图像在他们面前的墙上放大显示,他们的目光在这些屏幕和图像之间快速切换。他们追踪空间站的轨迹,不断检测系统……每天24小时不间断地,有上百人轮流处理海量的信息和数据,这一切都在飞行控制指挥官的统一指挥下进行。

这次令人叹为观止的参观就此打住：是时候开始投入工作了。我们开始详细研究国际空间站上各个系统的运作机制：推进和导航系统、通信系统、电能生成和太阳能电池板运行、环境控制系统、水资源循环利用系统（尿液和身体排出的所有液体都被转化为饮用水）、计算机与数据处理系统……

9号建筑是一个巨大的仓库，集齐了与国际空间站里大小一致的各个模块。我们的模拟训练正是在这里进行。国际空间站装满了电子设备，覆盖着各种传感器，不断监测其运行状况。为了控制这一切，空间站里有上百台计算机，连接到多个网络。我们的屏幕上有不同级别的警报。Advisory 是绿色警报，表示出现的问题不紧急也不会危及生命。Caution 是黄色警报，表示有故障需要处理，但情况并不真正紧急，多数情况，这种类型的故障可以从地面控制中心进行操作，从而远程修复。Warning 是红色警报，我们必须采取措施。例如，可能是空间站缓慢失去方向，从而使电池在几小时内耗尽。Emergency 甚至是没有颜色的。这种情况属于绝对紧急情况，甚至连机组人员的生命也会在短期内受到威胁。我们的培训就是从这些非常严肃的情况开始的，一共分为3种。

首先是火灾。尽管空间站里所有物品都是防火的（且严格禁止宇航员穿合成材料制成的衣服），不过我们还是要做好应对一切灾难的准备。1997年，"和平号"空间站一个研究模块曾发生火情，但机组人员凭借出色的应变能力和团队协作，在短短1分半钟内成功扑灭了火势。虽然这1分半钟在充满烟雾的舱室里显得格外漫长，但他们的表现值得称赞。面对火灾，宇航员们首先要做的就是切断通风系统，以免火势蔓延到相邻舱室。空间站各处均配备了灭火器和口罩。如果火情发生在隐蔽的隔间后面，烟雾探测器和一氧化碳探测器可以帮助我们定位到起火点。我们需要保持冷静、迅速且有条不紊地处理问题。

第二种可能的故障：由于太空碎片[56]撞击或机械事故而使飞船船体上出现漏洞，进而引发减压状况。在此类情况下，空间站无法自己确定故障位置，仅能监测到舱内压力正在下降。机组人员可能会感到耳朵不适，就像身处隧道或飞行时一样。但更多的是，地面控制中心通过实时监控数据看到压力曲线变平，并立即向空间站发出警报。战斗准备就绪：宇航员们立即开始寻找问题的根源。我们计算压力下降的速度，并以此推断我们拥有 3 小时还是 12 分钟的时间来拯救自己和空间站（按这个顺序）。第一条规则：始终站在"联盟号"所在的一侧，永远不能关闭我们和"联盟号"之间的气闸舱[57]。当然，两个模块之间的压力差（相当于几个吨的重力）可能会阻止我们打开气闸舱，我们会因此被困住而无法离开空间站。但是，通过隔离其他模块，我们可以监测到压力下降的位置。在培训中，我们被要求能够在 30 秒内关闭一个气闸舱，整个操作很复杂，并不容易完成。当然，我们也不能忘

56 太空内所有物体都是以极高的速度运动的，碰撞可能会造成灾难性的后果。国际空间站由能够抵御直径达 1 厘米的碎片的防护罩保护着。对于大尺寸的碎片（如即将报废的卫星、火箭残骸等），一直是在控制中心进行监控。我们知道它们的轨道，如果存在风险，工程师们可以调整国际空间站的轨道来避免与它们相撞。平均每年，国际空间站都要机动一次，因为地球上空有 30 000 个长度超过 10 厘米的物体在超高速飞行。据估计，直径超过 1 厘米的小碎片有 100 万颗，而直径小于 1 厘米的微型碎片和残留物则有 1.3 亿颗。其中只有约 20% 最终会坠落到地球，并在数十年后重新进入大气层并完全燃烧殆尽。这是太空探索中一个棘手的问题……我们正在努力不再向太空中投掷任何东西，或者设法让这些碎片在进入大气层时燃烧殆尽。同样，大多数卫星现在都配备了燃料，以便在坠落时将其全部耗尽。欧洲航天局于 2012 年启动了"清洁太空"倡议。我们正在开发新的技术，以减少碎片的产生，预防新的碎片的形成，并清理拥挤的轨道。

57 Airlock，气闸舱是宇航员太空行走时进出太空的"门户"，是居于两个大气压力不同的空间之间的一个舱室，两边装有不透气的门，防止两个空间之间的气体交流。可分为乘员气闸舱和设备气闸舱。——译者注

记检查压力泄漏是否来自"联盟号"本身。幸运的是，如果裂缝被识别，我们可以用不同的方法进行修复：吸盘或树脂，首先，当然，它们得有足够的量。

第三项风险：有毒气体。它可能是我们在科学实验中使用的有害产品，在失重状态下逃逸然后扩散开来。例如尿液与用来处理尿液的酸性液体的混合物。我们还担心空间站外部的冷却系统中的氨[58]。如果氨泄漏到舱内，我们模块的温度和压力会将其转化为气体，而吸入这种气体是非常危险的。如果出现这种情况，我们唯一要做的就是戴上口罩前往"联盟号"飞船避难，同时关闭身后的通道并脱下受污染的衣服（如果有的话）。气闸舱将使我们远离危险。到了这个环节，我们还需要对现状进行评估以及查看空间站是否可以修复：我们有过滤气体的工具，但程度受限。至于最后一种选择，即脱离轨道返回地球，这至少需要 12 个小时……

在经过一系列 PPT 演示和理论介绍之后，我们在 9 号建筑里开展了对这些极端情境的实战模拟。电脑传输着控制中心收集到的信息以及测量数据，除此之外，有气压表、烟雾以及任何能增加演习真实性的元素也被加入其中。当然，有毒气体是很难模拟的。就像在俄罗斯的生存训练一样，所有这些程序都将在我们接到任务时再次重复。对此，我非但没有感到丝毫沮丧，反而深感其必要，我们必须要深入了解，并在最大程度上做好准备。

在休斯敦的另一个重要训练是在世界上最大的室内游泳

---

58 有一点需要区分：氨水是我们厨房和浴室里用来清洁的含水溶液，虽然有点刺激性，但并不那么糟糕。然而，它的衍生气体——氨气在空气中大量存在时却是剧毒且致命的。而空间站正是以氨气的液体形式（压缩、低温的情况下）流过散热器来达到冷却的效果。

池——美国中性浮力实验室进行舱外活动模拟。就像我所有的同事一样，我希望自己也能有幸亲身体验一次真正的太空行走。我知道这既危险又令人筋疲力尽，但对我来说，这代表着终极梦想。我努力想象这幅画面：飘浮在太空中的我看到的不是泳池底部，而是脚下400公里外的地球！

  首先，我们需要一套完全贴合我们体形的舱外活动宇航服。为此，我们全身需测量多达236个关键点。宇航服的躯干部分将采用坚硬的金属盔甲设计，以提供最大程度的保护，而手臂和腿部则采用更柔软、更具灵活性的材料，以确保活动自如。胸部处将安装一个显示和控制模块。此外，我们还需要背负一套复杂的系统，使宇航服成为一个真正独立的航天器个体。这套系统包括无线电、二氧化碳过滤器、氧气供应装置、热控系统、电池，以及必要时使用的微型推进器等等。宇航服的躯干部分有三种尺寸：M、L、XL，鞋子则有大和小两种尺寸。手套是定制的，而其余部分则是通过内置的机械装置、凸轮和皮带进行调节，以确保最佳贴合度和舒适度。为保证宇航员的安全，美国国家航空航天局准备了大约200双不同规格的手套。因此，我们肯定能找到一双适合我们、并能随我们一起执行任务的手套。当我们第一次尝试穿上这套宇航服时，这个重达145公斤的物体被固定在金属支架上。我们先穿上用于调节体温的内衣，然后小心翼翼地穿上约20公斤重的裤子。由于它的内部覆盖着一层类似黄色塑料的防水膜，我们的脚和腿很难在上面滑动。接着，我们要钻进宇航服的躯干部分。我们必须扭曲身体以避开错综复杂的线路，然后小心翼翼地将头扭转45度伸出来，这个过程中难免会在脸上留下轻微的刮痕。头盔就位。最后一步，往宇航服里充气。尽管肩膀和臀部受到保护，但还是哪哪都有点疼，尽管如此，拍照时我感到非常自豪（他们也没有忘记法国国旗）。是时候让我们在巨大的游泳池里进行第一次的舱外活动模拟训练了。练习持续6到7个小时，就像真的那样……

要在不到48小时的时间里组织一次出舱活动非常不容易。首先，穿上宇航服并进行配置需要5到6个小时。其次，还需要15个小时来安装所有的系统，从电池充电到二氧化碳过滤器的准备，再到摄像机、计算机的调整，以及热控系统的排水，宇航服本身各个部件的组装和调整，各种工具的准备……我们接受了国际空间站需要宇航员紧急出舱才能修理的12个主要故障的培训，现在我们要在游泳池里测试技能。为什么要在泳池里？因为阿基米德原理让我们在水里漂浮时处于接近失重的状态，类似于我们会在太空中经历的无重力状态。休斯敦的泳池长62米、宽31米、深12米，呈中性浮力状态。穿好根据我们的身材量身定做的宇航服后，一台吊车将我们吊到一个坚固的平台上（想象一下145公斤重的宇航服加上人的体重）。国际空间站美国部分的复制品就在池底等着我们。我们的任务十分精确：更换某个泵，更换某块电池……这些任务本身也被分成了几个小步骤。这些训练带有双重目的，且贯穿整个培训。一方面，我们进行一般性准备，以应对可能需要我们必须迅速出舱的紧急情况；另一方面，我们将学习在飞行中可能发生的带有具体任务的出舱活动（但那要等到我被分配到这个岗位之后了）。美国国家航空航天局一名非常特殊的工作人员负责设计每次出舱任务，他编写所有程序，跟我们一起训练，制作所需设备和工具。一次出舱任务可能需要两到三年的时间来筹备。

在水下，每个宇航员都会得到几个潜水员的协助；教练们则在视频中跟踪我们的动作。当然，在开始训练之前，他们会仔细检查我们身上是否存在漏气口。我发现空间站的外部简直就是一个迷宫。它的所有节点、平台、机械臂和各种接头都很容易让人迷失方向。况且，一般来说，持续6小时左右的太空行走通常是安排在晚上进行的……再加上宇航服的面罩和系在腹部的电脑，我们的视线受到了很大的限制，尤其是从上往下看，我们甚至都看不到自己的腰带。在水下10米深的地方，我们不能有幽闭恐惧症。我们无法过多地移动。在这里，我们行动受限。我觉得自己仿佛置身于一个装饰着美丽舷窗的棺柩之中，随着它静静沉向未知的水域深渊！我很快就注意到我得多费力才能动一下。初时的感受是挣扎与不适应，我意识到自己正与这套笨重的宇航服进行无声的较量，其难度不亚于一位钢琴家被迫戴上厚重的拳击手套去演奏。最初，我只是试图以同样的方式重复在陆地上能做的寻常动作，却发现幅度大打折扣。更糟糕的是，稍有不慎便可能受伤。毕竟宇航服可是金属制成的，而我们不是；如果硬碰硬，势必它会赢。当我根据它的几何形状限制学会来回移动时，我才开始进行有效的动作。我们经常看到宇航员因为用力过猛而扭伤肩膀或拉伤肌腱。环境温度维持在28℃，不断出汗，手指不断摩擦手套，持续7个小时不间断。因此，没错，指甲脱落的情况时有发生，有时候，当宇航员解下手套才会发现他们手上已满是鲜血……

在第三次模拟中（已经辛苦工作了4个小时后），我注意到安迪漂浮着，没有生命迹象……好吧，教官一定在他的耳麦里要求他装死。这个练习是培训的一部分。我必须尽快把他带回空间站的舱口（最多30分钟，无论我们身处这个"迷宫"的哪个地方）。从那里通过？不行，过不去，背后有机器；换手，注意他的头盔在某个角度上不能被撞到，不然他的护目镜可能会破裂。

沿着外壁漂浮，我带着200公斤的重物穿过下方，终于到达舱口，心跳加速，汗流浃背，推着他进入舱内，将他与机器连接起来……成功！轮到我装死的时候，我尽可能作起弊来：我用了一点小伎俩帮助我的队员推动自己朝正确的方向移动，这样他就不必对抗我的惰性和水的摩擦力了。很快，我的耳朵里就传来抱怨声：

"托马：无生命的队员一定是真的没有生命……"

在休斯敦的培训期间，欧洲航天局召开了部长会议，决定财政预算和分配情况。曾担任空军总司令和F-16战斗机飞行员的比利时宇航员弗兰克·德·维尼自一年前以来一直担任欧洲航天局局长。作为谈判专家，他刚刚成功地为我们争取到了两个额外的任务：一个是2015年将进行的为期10天的飞行，另一个则是2016年的长期任务。对于短期飞行，像往常一样，通常由俄罗斯宇航员来驾驶"联盟号"飞船。此外，英国女歌手莎拉·布莱曼获得了一个席位（显然，她对此很高兴，并且有能力做到这一点）。还剩下一个座位可以给欧洲航天局。又一轮预测：假设这个位置是给蒂姆的（毕竟英国人不直接参与空间站项目），而长期任务将属于我（因为法国一直为国际空间站提供实质性的资金支持）。但是！英国却出乎意料地出了一笔资金，从而获得了长期飞行任务。接替西蒙内塔担任欧洲航天局载人航天项目负责人的托马·莱特给我打电话通知这一消息。好吧，从符合逻辑的角度讲，不应该由我来执行短期飞行任务[59]：从法国的贡献来看，这

---

[59] 有趣的是，如果是几年前，我们中的许多人都会为了一次短程太空飞行而异常兴奋，但当我们周围的人都要离开去执行6个月之久的任务时，一次短途旅行就变成了最糟糕的命运。首先，宇航员也是人……

很难说得通。安迪很快就受到了各方面的打击,因为他觉得自己的处境不公平:丹麦贡献很少,但他一直认为自己处于更有利的地位!无情的任命反映了欧洲航天局想要确保航天计划存在并发展的不变逻辑,而宇航员们只能接受国家之间的竞争,且对此无能为力。情况并不总是乐观,但这是一种代价。我的行程最终确定了:我有五个同事被指定了任务,因此从数学逻辑上讲,下一个任务将属于我,他们也向我确认了这一消息。我的飞行计划是:在2016年底执行2017年的飞行任务。现在是2013年初,我将在4年后出发。

美国国家航空航天局开展的海底任务（佛罗里达州，2014年7月）托马·佩斯凯 供图

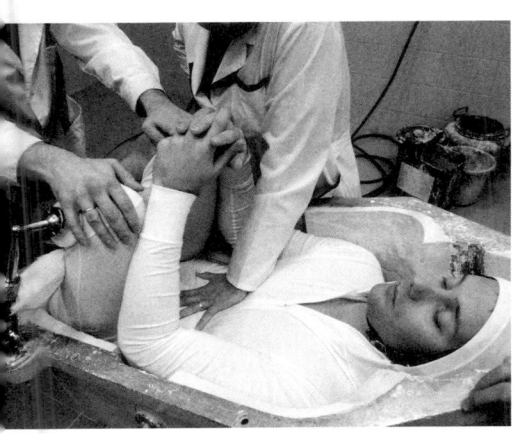

"联盟号"座椅模型（莫斯科，2014年12月）
欧洲航天局 供图

身着宇航服在约翰逊航天中心（休斯敦，2013年5月）美国国家航空航天局 / 比尔·斯塔福德 供图

这仅仅是一个"再见"(拜科努尔,2016年11月)托马·佩斯凯 供图

牧首主持仪式(拜科努尔,2016年11月)美国国家航空航天局/加加林宇航员培训中心/伊琳娜·佩什科娃 供图

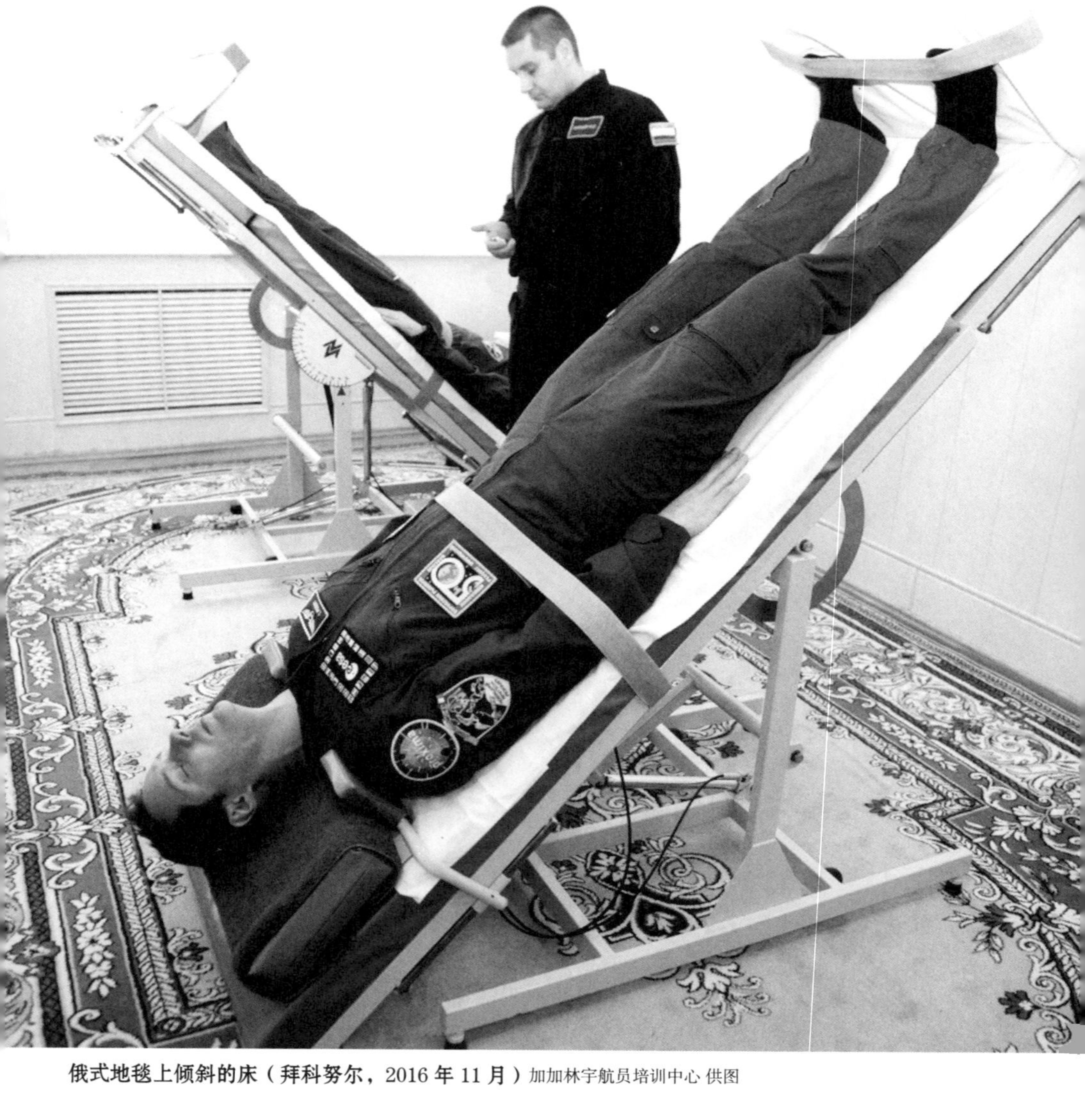

俄式地毯上倾斜的床(拜科努尔,2016年11月)加加林宇航员培训中心 供图

出 发

欧洲宇航员中心,科隆,2014 年 1 月

我敲了敲弗兰克·德·维尼的门,他想见我。他站了起来,跟我握手,并请我坐在他的对面。

"我想和你谈谈飞行计划。"

他说。

我不禁皱了皱眉头。

"但我们的飞行计划已经很清楚了,不是吗?"

我问。

弗兰克看着我的眼睛没有回答。

"2015 年我们有 3 个飞行任务。"

他总结道。

"然后呢?"

"我们面临一个问题。"

我不知道是什么问题。

"那个女歌手没问题,她有后备人员。"

"是谁?"

"高松聪,一个日本富翁。"

"但这对他有什么好处呢?他很清楚自己不能飞。"

"有了培训证书,他可以宣称自己是宇航员了。你知道的,人总是抱有幻想……"

他接着说:

"俄罗斯宇航员的后备人员必须是个宇航员。总之,我们缺安迪的后备人员……"

"我们有很多曾经乘坐过'联盟号'的老宇航员:佩德罗·杜克、安德烈·库珀斯……这可以节省很多时间。"

"我们已经向他们提过了。但是做所有这些准备工作,最后又不出发,他们并不特别感兴趣。"

自飞往国际空间站的航班规律化以来,每个执行任务的机组后都会安排一个预备机组,他们会在 6 个月后出发接替他们执行新的任务。这些预备机组接受的训练极为全面,涵盖了飞船操作、空间站系统管理及出舱活动等关键内容,确保他们能够达到执行任务的理想状态,无需再进行重复培训。然而,对于这个为期 10 天的任务来说,没有人会在 6 个月后执行飞行,它是在机组轮换机制的基础上额外增加的……后备机组只是为了程序的顺利表现而进行所有训练,我想我能理解前辈们的想法……

"我只能指望你来做这次后备任务。"

弗兰克接着说。

我早就感觉到这事会发生。

"但是我 2016 年底就要出发了!如果我要好好准备自己的任务,势必就没有时间来给安迪的这个任务做后备……"

"除非你现在就开始培训。"

"无论如何,时间都很紧张:我之后还得重新做一遍……你知道俄罗斯人的情况。而且根本没办法把所有事情都塞进时间表里。"

"你可不是那种推卸责任的人。"

"单单'联盟号'飞船的实践就需要 28 次模拟,且每次 6 小时……这样的安排意味着这样的训练我得做两遍:一遍为了安迪的任务,一遍为了我自己的任务?!336 个小时!至少到最后我应该非常熟练了……"

"我们已经谈好了,你不需要重修 15 周的理论课程。"

还算幸运。

"但你能想象我的飞行计划吗?通常我们准备一次任务需要 3 年时间。但这次,我只有两年半的时间来准备两次任务。"

"这确实很复杂,我承认。但并非不可能。"

"还不算在正常周期内,我将担任我出发前一次任务的替补。所以,至少有些环节,我要做 3 次……"

"你将是我们所有人中训练最充分的。"

"无论如何,我将是最疲惫的!"

理论上来说,我可以选择拒绝。但实际上……几乎不可能。

我总结一下:刚刚过去的 6 个月里,我远离家乡(我计算了一下:2013 年上半年,我总共只在家里待了 5 个晚上),而弗兰克给我的建议是在我起飞之前,要在俄罗斯待 76 周,在美国待 54 周……这怎么可能呢?简单,非常简单:取消所有假期和本就极少的空闲时间。一般情况下,任务训练的时间表设计得很合理,不至于让宇航员在发射前感到筋疲力尽:虽然很紧张,但我们有时间运动,或是见见亲人……对我来说,唯一的解决办法就是一直到发射时,将两周的工作量压缩到一周内完成。我是如此高兴。

事情的进展如我预料的一样:我在莫斯科和休斯敦之间穿梭了两年半,我拼命工作,很少能见到安妮和我的亲人。

在星城,我和安迪深入研究了"联盟号"飞船。又是一堆堆厚厚的理论手册,且全都是俄语。时值严冬,清晨时分,我们顶着刺骨的寒风,在白雪覆盖的路上骑着自行车赶往课堂,四周被冬日的黑暗紧紧包裹;及至课程结束,夜色依旧如墨,周遭依旧沉浸在无边的黑暗中。然后我花了数小时在模拟器[60]中,听从教练的指示,逐一应对接踵而至的高难度模拟情境。第二次模拟演练,我们一共遭遇了 18 次故障!气密性泄漏,虚假的减压警报,高度计失灵……更有甚者,还模拟了对于任何新手而言都极具考验性的紧急情况:"联盟号"突发火灾。我们犯了好几个致命错误,但俄罗斯人很满意(显然,要做一名英雄,必须苦其心志,劳其筋骨)。在一个装有细长金属臂的离心机中,其末端巧妙地固定着一个柔软的白色软垫,我们进行了一次独特的旋转体验,旨在评估我们在持续承受高达 $4g$ 或 $5g$[61] 的情况下保持认知控制的能力。教练们通过视频观察我们脸部表情及身体反应,以便随时捕捉任何异常迹象并立即终止测试。我们首先阅读显示屏上的信息,记忆一组数字序列,通过无线电通信设备进行反馈,然后模拟手动进入大气层。我们需自己来操纵离心机,它会根据我们

---

60 这个模拟器看起来像是一口锅,这是一艘垂直站立的太空船的复制品,被安置在一个带有 20 世纪 60 年代地毯的螺旋楼梯里,上去时请脱鞋。

61 "g 力"是地球引力的倍数,当我们站在地球表面时,我们承受的 g 力为 $1g$。在这种情况下,我们的重量等于我们的质量。如果承受 3 到 4 倍的 g 力,那么我们将承受 3 到 4 倍于我们在地球表面时的重量。例如,一个 70 公斤的人在承受 $3g$ 的情况下,他将感觉自己的重量是 210 公斤。

的表现做出相应的反应……我们因此得到了与自己匹配的 g！同时，他们指导我们练习一种被俄罗斯人称为"人类呼吸"的方法，也被称之为 AGSM 练习[62]：即尽可能多地吸气，以确保胸腔即使在高达 5 倍重力的压迫下，也不会完全塌陷，维持一种持续的"高位锁定"状态。由于胸部肌肉在如此重力下难以有效工作，因此特别强调利用腹部进行绵长呼吸，以此来维持身体氧气供应和稳定心理状态。

6 月底，我参加了一次在莫斯科附近进行的水上生存训练。"联盟号"飞船通常不会在水上着陆，但在紧急情况下，任何情况都有可能发生。我和安迪以及将担任这次飞行指令长的谢尔盖·沃尔科夫一起参与了此次训练。我们被关在"联盟号"飞船模拟舱里，然后被放入水中。身穿宇航服的我们，必须在一个极小的、还不足一辆菲亚特 500 一半那么大的空间里更换衣服。当我们的教练人为晃动太空舱来模拟海浪的过程中，我们不得不扭曲身体以穿上各种保护层（在冰冷的水域中求生，与在严冬中存活所需的条件极为相似。我们必须采取良好的隔热措施，否则在冰冷刺骨的水中，我们难以支撑太久）。整个过程持续了约一个半小时。一旦穿上密封性极强的宇航服，金属舱内的闷热感便扑面而来，因为整个舱体完全密闭，且直接暴露在阳光的炙烤之下。此时需要确保良好的通风。我们一旦离开太空舱，按照训练程序，我们需要头朝下悬挂，每人带着自己的浮标和一部分生存装备，其中包括 6 升宝贵的淡水。在那种情境下，我们的动作显然无法

---

62 全称为 Anti-G straining maneuver，动作大体为微微弯腰，再吸一口气，憋气，几秒后换气，并同时注意一定要使自己一直处于紧绷状态。AGSM 通过一系列特定的呼吸和肌肉收缩技术，旨在增加血压和血液供应到大脑，以帮助飞行员保持清醒和意识。

与水上芭蕾舞演员的优雅相媲美……

同时,我还多次前往休斯敦准备自己的飞行任务并重新熟悉国际空间站复杂的系统……

经历了两轮考试和资格认证之后,一则重大消息传来:我将与佩吉·惠特森和奥列格·诺维茨基一同出发。

我注意到了一些人担忧的目光。

"佩吉会给你设定一个非常难以跟上的节奏。"

她最初是一名生物学研究员,曾在美国国家航空航天局工作,并在国际空间站初创的黄金时期,参与了与俄罗斯人合作的科学项目。她年龄不像我妈妈那般大,但也比我大了十来岁。她的人生履历满载着令人敬仰的辉煌。她的父母是艾奥瓦州的农民,美国人称这个地方为"灰碗",他们的生活颇为艰辛。佩吉从未放弃奋斗。她嫁给了克拉伦斯,一位非洲裔的美国科学家(在当时的美国,尤其是加利福尼亚州或纽约之外的地方,这种跨种族婚姻无疑显得尤为罕见与勇敢)。她是国际空间站的首位女站长,也是美国国家航空航天局宇航员办公室的首位女领导。她在健身房举起的重量可能比我还要多。她以"铁娘子"般的形象闻名,并赢得了与之相称的赞誉。总之,我承认她的强大气场可能会让人感到有些敬畏。我们初次见面时,她告诉我她刚开始在俄罗斯工作时条件有多艰难:寒冷的房间没有暖气,得用报纸卷起来堵住窗户……她为了赢得俄罗斯同事的尊重而付出巨大的努力(在那个时代,这绝非易事,对女性而言更是难上加难):她甚至不得不在一些会议中愤然离席,这在国际太空合作的文雅外交中并不常见。但她成功了。与我相处时,佩吉马上就展现出温暖的一面。当人们再次对我提出一些警告时,我意识到我们未来的指挥官实际上不仅心地善良,而且是一个极其敬业的人。[63] 作为一个勤奋的人，我知道我们注定会合作愉快。我也见到了奥列格。他出生在白俄罗斯，接受过军事飞行员的训练，曾是空军中队的指挥官。他性格友善，严肃但不失幽默，非常正直，对佩吉有着高度的评价。我觉得我们将组成一个出色的团队。

再次返回莫斯科。莎拉·布莱曼，这位著名的歌手，正在接受培训，她的助手一直陪伴在身边。据传，她此次为期10天的国际空间站之旅，票价高达5 400万美元，尽管这只是一个未经官方确认的猜测，却颇具可信度，因为实际价格从未公开。交易是通过太空探险公司进行的，该公司成立于20世纪90年代，虽然大部分时间处于沉寂状态，但每当俄罗斯提供太空旅游的机会时[64]，他们就会活跃起来，差不多10年一次。我们尽量避免使用"太空游客"这一称谓（毕竟，他们接受了长达一年的专业训练），而更倾向于称他们为"太空飞行参与者"，以区别于专业的宇航员。我正在了解这位在法国知名度不高，但在英国和美国备受欢迎的艺术家。1978年，她凭借单曲《我心归属星舰骑兵》走红，并在诸如《猫》或《歌剧魅影》等经典音乐剧中演唱。她的丈夫安德鲁·劳埃德·韦伯更是为她量身打造了多首脍炙人口的作品。他们必定是非常富有的。但是，她此次太空之行的目的究竟是什么呢？我了解到她正在创作一首歌曲，计划在空间站与身在地球的另一名歌手合唱。她将表演留到她在太空逗留的最后阶段，以便让自己的身体适应太空环境。在那之前，我不知道她还

---

63 在男性主导的环境中，一位女性经常因为像她的男同事一样自信而坚定地表现自己，而被贴上不太好听的暴君的名声，我们对此就不再深究了。
64 俄罗斯拥有一个继承自庞大的苏联时期的太空计划，对于其现代国内生产总值而言是昂贵的。因此，俄罗斯非常重视从太空旅游中获取的收入：到目前为止，已有11名非专业人士搭乘"联盟号"飞船进行了太空之旅。

会做些什么，或许在那打扰工作人员，或者拍照（因为2015年正是自拍风行的时候）。她真的知道上太空会遇到什么吗？那里不仅有比标准摄像头和麦克风更先进的设备，还有通风和温度控制系统持续发出的噪声（高达60分贝，相当于洗衣机运转时的噪声水平），这绝非一个理想的录音环境。

事实上，她是个好搭档，我们相处得相当融洽。在训练过程中，她始终保持着高度的专注和投入。在"联盟号"飞船上，她将坐在指令长的右侧。虽然这个位置并不承担特别关键的任务，比如只需连接自己的宇航服并在升空时操作手动泵。但她对待每一项职责都极其认真，从不以明星身份自居而推脱任何繁重的任务。

一天上午，我走出大楼，正好碰到了几位俄罗斯教练。我觉得奇怪，因为我们从来没有在这里遇见过他们……他们正在热烈地讨论，周遭的气氛看起来很紧张。其中一位问我：

"你今天有见到莎拉·布莱曼吗？"

碰巧，这位歌手也住在这里，就在我们楼下。

"没有……怎么了？"

"她没来上课。她的手机一直没人接听。"

助理尴尬地站在那里，她也找不到她的老板。我本想多一句嘴，但我必须得走了。我跟人约了要定制我飞行任务所需的座椅垫。

红星公司的地下室里，陈列着宇航员们穿过的宇航服，包括加加林穿过的那件，有些皱巴且颜色已经褪成了橙色。此外，还有英雄小狗莱卡的展品，它的头部被一个布满灰尘的面罩包裹着，仿佛在诉说着那段光辉的过往。整个上午，一些有些年纪但仍风韵犹存的女士们在忙碌着。她们中有些人自豪地告诉我曾见过这位国家英雄。她们用各种尺寸的器具测量着我，然后将我浸泡在石膏中：先是上半身，然后是下半身，这样做可以在模具的两部分之间留下一些空隙，因为身体在失重状态下会拉长几厘米。在告别这些和蔼可亲的俄罗斯"老奶奶们"之前，我注意到走廊上存放着……所有宇航员的臀部模型……多么古怪的画面啊！

待我回到星城，消息已经迅速传开来。就在前一天晚上，大楼的门卫据称在凌晨3:30看到莎拉·布莱曼搭乘一辆出租车离开了！接着，助理承认，她知道莎拉打算逃跑，但选择掩护这位歌手。这给俄罗斯人带来了难题："联盟号"飞船将在3个月后发射，绝不可能只带两名乘客。然而，莎拉的后备人员，那位日本商人，绝不可能真的花数千万美元去太空！而且很显然，这样的客户并不是每4天就能找到一位。而且，如何在3个月内培训这位不知是否存在的冒险家呢？就在此时，我萌生了一个想法：作为后备人员，我已经完成了所有的训练，我的宇航服已经准备就绪，我熟记安迪的科学项目，我替代这位歌手的位置是可行的……毕竟，后备人员就是为了这个目的存在。越思考，我就越觉得从技术上说这是合乎逻辑的：在所有的宇航员中，我是唯一一个不需要从零开始的人，而且我的时间安排就是为此而设计的：我可以先去执行10天的任务，然后回来继续准备我自己长达6个月的任务。当然，我们需要与俄罗斯人达成财务或物资安排上的一致。考虑到他们当前的困境，我们有可能以远低于其价值的价格获得这次飞行，这可能是一场世纪交易。我给欧洲航天局打了电话，对方告诉我：

"事实上，西班牙已经有很长时间没有进行太空飞行了。我们正在考虑召回佩德罗·杜克。"

佩德罗十分出色，也是我的朋友，但他从未明确表示过愿意成为安迪的替补！

"但是佩德罗上次飞行是在2003年……这几乎是从零开始。"

"是的,但是考虑到西班牙的情况,实际的政治考量也是需要的。"

"所以,如果我没理解错的话,你们准备召回一个多年未执行太空任务的宇航员,而我已经在前线工作了几周,远离安妮和家人,只是为了欧洲航天局的利益作安迪的后备人员?"

原本我打算这样回应,但考虑到在首次飞行前制造不必要的纷扰并非明智之举,或许还有更为妥善的方法。而且所有这些决定都不是我这个层级可以做的 65。

正在这时,俄罗斯人突然提到了一位哈萨克人:艾丁·艾姆贝托夫,他曾在2000年初接受了宇航员培训,但2008年的金融危机使得他的国家有了其他优先事项,因此他只能回国了。我们来回忆一下,拜科努尔位于哈萨克斯坦,后者自苏联解体以来一直是一个主权国家,为此,俄罗斯需要向它支付(我认为是相当大的)租金。虽然没有官方确认,但我们怀疑俄罗斯指定艾丁为宇航员,作为暂停支付租金的交换条件。即使微不足道的开支也不应忽视。

所以,接下来,我们和完全不会说英语的艾丁一起进行训练。至于莎拉·布莱曼,她最终未能成行的原因始终是个谜。我们听到了各种各样的传言,想到了各种可能性:临时胆怯、家庭问题或无法支付所需金额……几个星期里人们议论纷纷,但随着时间的推移,这个话题逐渐被人遗忘,我们也不再提及。

现在是2015年的夏天。这场马拉松已经持续了2年。安迪将于9月初起飞;我们前往拜科努尔,将我后备人员的角色扮演

---

65 之后,我与我的领导进行了一次这样坦诚的谈话。

到最后。

宇航员被隔离在宇航员酒店时,后备队员要代替他们参加正式仪式,如颁发勋章、签署金色名册,或在宇航博物馆前合影留念等。一切都很传统,宇航员们会按照相同的顺序做相同的事情,这非常的俄罗斯。

感谢欧洲航天局邀请安妮参加这次发射活动。这可以让下一批出发的宇航员的亲属们能在见证亲人登上火箭前至少目睹一次发射的过程,以在心理上做好准备。发射过程很像爆炸,提前观摩无疑能减轻家属们的心理负担。安迪的伴侣塞西莉也和我们一起,我们关系融洽,氛围愉悦。然而,与安妮的积极态度截然不同,塞西莉自始至终都刻意回避着与发射有关的一切问题。她似乎并不愿意过多了解,这或许是她独特的一种自我保护方式吧。毕竟,未知的事情何必过早去担忧呢?这样的心态,在过去两年的时间里,一直很好地帮助她保持着内心的平静。然而,今天,这份压抑已久的压力却在瞬间涌上了她的心头。她说她不想和大家一起观看发射,因为这太让人焦虑了。我理解她的感受,也希望能为她做些什么。尤里显然有解决办法。他带我们来到了搜救塔,这是一座3层楼高的小建筑,有一组工作人员在那里跟踪火箭的起飞情况,并通知沿着火箭轨迹分布的应急力量(他们有10部固定电话,随着"联盟号"火箭的飞行轨迹,他们会轮流与新西伯利亚、伊尔库茨克、符拉迪沃斯托克通话)。多亏了尤里,我们得以站上狭窄的阳台。我们距离发射台大约1 500米,天气晴朗。塞西莉站在我和安妮之间。

在发射前5分钟,其中一根补给臂缩回,浓烟在火箭周围卷起。

"发生了什么？！"

塞西莉惊叫了起来。

"没事！这是正常的！火箭运行正常！别担心。"我立刻回答道。

"从现在开始，麻烦你告诉我一切是不是正常！拜托了！"

她说着，眼泪涌上眼眶。

安妮和我扶着她的肩膀，感受到她不住的颤抖。发动机启动，令人震撼。火焰喷射出来，地面传来巨大的震动，刺耳的噪音划破周遭的空气。从发动机火焰出现到实际起飞之间大约有6秒钟的时间——这一刻被无限拉长，以至于我们觉得火箭在发射台上燃烧了。事实上，这宝贵而令人担忧的几秒钟是用来确保发动机正常运行的。我不得不大声说话才能让塞西莉听见，而她早已泪流满面：

"火箭运行正常！火箭运行正常！"

然而，我的内心在不停地重复：这枚火箭要发射了吗？！火箭终于开始升空，缓慢而稳定。我们仰望天空，看着安迪渐渐远去……而塞西莉的泪水在她凝视着迅速升空的火箭时不断流淌。

"别担心，一切都很顺利！"安妮说道。

"火箭运行正常！"

我和安妮分别站在她的一侧，在火箭漫长的升空过程中，我一遍又一遍地朝她的耳朵里喊着这句话，因为我们几乎听不见彼此的声音。

"谢谢。"

她含着泪水轻声说。

这是我第一次亲眼见到火箭发射，而里面还载着我的一位朋友。突然，这种真实感比以往任何时候都来得强烈。

出　发

现在是 9 月中旬，我进入最后的训练阶段。嗯，如果说得更直白些，明年夏天我将不得不再次扮演后备人员的角色。在此期间，我将继续在莫斯科和休斯敦之间穿梭，完成我的训练以及数不清的资格认证。在这最后一年里，我要与佩吉和奥列格密切合作，这是培养我们默契的最佳方式。我们一起参加在星城附近进行的生存训练，一起参与模拟器的训练，一起学习操作 17 米长的加拿大机械臂。这条机械臂功能强大，可以用来捕获补给货运飞船、移动和安装货物和设备，甚至在宇航员太空行走期间提供助力。简单来说，加拿大 2 号机械臂是用操纵杆来操作的：一根控制旋转，另一根控制平移。具体操作时需两人配合：一人操控操纵杆，另一人负责程序，通过专用控制台发送指令，处理与地面指挥中心的通信，并在屏幕上监视机械臂的运作。按照规定，机械臂与空间站之间的距离不能少于 60 厘米，以免发生碰撞。在特殊情况下，可以将要求放宽到 30 或 20 厘米……但这真的是非常棘手的情况……我还与佩吉和奥列格一起复习了应急程序，并学习如何让我们仨协调起来，迅速、有效地应对各种突发状况。在航天领域，灾难的情景从未断过，所以我也在虚拟现实中体验了一些情境。戴着面罩的我就像真的在进行太空行走，就像在电影《地心引力》中一样，我失去了与空间站的所有通信而且连接我与空间站的缆绳也断开了（真是倒霉！）。在太空中漂流的我必须部署一个小型控制模块并操纵我背后的集成推进系统，以便返回空间站舱口并确保自己的安全。[66] 这有点像钢铁侠，但推

66　据我所知，还未有人在那么高的地方使用过这个系统。

进剂只够尝试一次……绝不能失败。最后，我穿着舱外活动宇航服，在休斯敦的真空舱中模拟太空条件进行练习，测试所有系统。舱外活动宇航服在约 0.3 个大气压的纯氧中保持压力，并配有吸收二氧化碳的滤芯。它还配备冷却系统，通过水循环确保我们的身体与外界之间的热量交换。为了让我更真切地感受到真空环境（或者说在地球上尽可能接近真空的状态），我进行了一项既基础又壮观的实验：我手握一颗铅球和一根羽毛，同时释放它们，它们以……相同的速度下落！我们还在真空舱中的一个碟子里留了水，由于压力极低，水在室温下就沸腾了。感谢伽利略，感谢牛顿，以及我们上过的物理课。

最终，我在每个领域都获得了 3 个资格等级之一：用户、操作员或专家。为此，在执行太空任务期间，我将主要负责生命支持系统。我必须能够修理与氧气、水、气体相关的所有设备，我还将负责计算机系统以及它的维护和修理工作（安妮对此表示怀疑，毕竟我在家时，我几乎不怎么动手修东西……）。

我、佩吉和奥列格，我们三个人已渐渐熟稔起来。他们勇敢坚韧、耐力十足，还很好相处。我们乐于探讨我们之间的文化差异，但也有趣地发现我们的代沟有多大。例如，1969 年，佩吉在电视上观看阿姆斯特朗和奥尔德林登月的壮举，当时的她 9 岁。到后来，当像莎莉·莱德或朱迪斯·雷斯尼克这样的女性被美国国家航空航天局选中时[67]，她的心中才悄然燃起了对太空事业的憧憬与梦想。而我自己，在美国完成第一次登月任务时还没出生，

---

67 最初，在美国，宇航员都是白人飞行员。随着 20 世纪 70 年代解放运动的推动，美国国家航空航天局意识到自己必须扩大招募范围，鼓励女性和少数族裔参与。在 35 人的招募中，首次出现 6 名女性、3 名非裔美国人和 1 名亚裔美国人。而且职业不仅仅是飞行员，还有 1 名外科医生、1 名电气工程师等等。到 2013 年，美国国家航空航天局招募的新成员首次实现了性别平等：50% 的女性。

但在美国航天飞机垂直升空的时代长大，目睹了航天飞机被固定在中央油箱和助推器上升空，然后像飞机一样在地球上降落。在闲聊中（我们的聊天似乎关于所有方面，又似乎与任何方面都无关，但主要还是关于工作），我从佩吉那里学到了很多东西：

"从太空中看地球，肯定是一种特别的体验……"

"我觉得，就像我之前一直生活在一个黑暗的房间里，突然间房间被点亮了。周围的颜色是全新的，鲜艳且独特。一切都更加明亮，我们能更清晰地感知各种质地……"

"佩吉，就咱们之间说说，在国际空间站完成了3次任务后，不会有些审美疲劳吗？"

"这就像回家一样！你会看到，在经历了令人精疲力竭的'联盟号'飞船之旅后，我们进入空间站就感觉非常自由、轻松。在那里生活很愉快。然后，所有人都朝着同一个目标努力，感觉自己如此有用，这是一种令人满足的感觉。"

她看我认真听她说话，不禁大笑起来：

"我觉得和首次执行太空任务的人一同训练并启程，这个主意真是太棒了。对奥列格和我而言，这无疑是一种巨大的鼓舞。当然啦，我很希望能把我所知道的都传授给你，但有些事情，真的是只有亲身经历才能真正领悟……"

她的话语中带着几分庄重，于是我半开玩笑地打趣道：

"我们又不是星球大战里的绝地武士，佩吉！"

但不可否认，她是对的。

回到俄罗斯后，我在红星公司试穿猎鹰宇航服。这将是我在飞船太空舱内穿的宇航服，据称在火灾或减压等极端情况下也能为我提供生命保障。设计它的工程师向我解释了所有功能，然后进行了压力测试。我必须蜷缩在座椅里 2 个小时，体验即将在旅途中面对的各种不适。这是一个传统而有些特别的时刻，虽然与生存训练或模拟太空行走相比可能微不足道。然而，在通往太空的漫长道路上，象征的力量至关重要。到目前为止，我签署了一份合约，规定作为宇航员的我是为欧洲航天局工作。穿上刻有我的名字首字母缩写的猎鹰宇航服，并第一次试坐专为我定制的座椅，我有了一种真实的感觉，我就像是向前迈出了更加坚实的一步，比模拟训练更具有现实意义。要实现这个梦想，我深知还需付出更多的努力。然而，我已经踏上了这条征途，并且深知，在这条道路上，总有一些里程碑式的时刻，它们比其他的更加闪耀，更加值得铭记……

除了技术层面的训练，准备太空飞行还涵盖许多其他方面。首先，按照欧洲人的传统，我需要为我的太空任务起一个名字。卢卡把自己的任务命名为"飞翔"；萨曼莎选择了"未来"；亚历克斯选择了"暗淡蓝点"，以此来致敬 1990 年由"旅行者 1 号"探测器在 60 亿公里外拍摄到的那张著名的地球照片。至于我，我对"赫尔墨斯"非常感兴趣，他是诸神的信使，也是一颗有时会靠近地球轨道的小行星。我开始跟周围的人谈论这个话题。我知道"赫尔墨斯"是由法国国家空间研究中心于 1975 年发起的一个欧洲航天飞船计划，但却在 1992 年被放弃。这个雄心勃勃的计划，无论从技术上还是财务上，在当时都无法实现。多年的努力白费了，法国的工作人员也因此受到了一定程度的创伤。对此，我完全可以理解，但正如我所说的，这难道不是翻开崭新一页的机会吗？赫尔墨斯或许能成为一个积极的名字，而不再是一个不被允许提及的词语！欧洲航天局对此并未表示强烈反对，尽管他们的法律部门对于潜在的版权问题有所顾虑，这让我感到有些意外，毕竟与欧洲航天局现有任务同名的商标不是没有。而法国国家空间研究中心表示强烈的反对。没关系，我们将组织一场竞赛，我会选择我最喜欢的提案。我们一共收到了1 300份回复。欧洲航天局建议先进行初步的筛选。我很感激，但我很固执。几年来，我见证了同事们的任务，我不想有任何意外，所以这1 300份回复，我都想看看。我的决定是正确的，因为有些提议确实很有看头。例如"佩斯凯鹦鹉"（是的，有一种鸟叫这个名字）还有：

"希拉克快车"

"火星沙滩"

"迪耶普牛仔"

"国际空间站土拨鼠"

这些作品时而令人毛骨悚然（"希特勒复活计划"），时而又滑稽幽默（"诺曼底太空""城市和轨道"）。还有，至少在我看来，很令人信服的提案：

"卡吕普索"

"克罗诺斯"

"德拉卡尔"

"普罗克西玛"

"探索"

"地平线"

"普罗米修斯"

"欧瑞卡"

我最终选择了"普罗克西玛"，它是离太阳最近的恒星（约

4光年），位于半人马座中。我要感谢一个13岁的图卢兹少年给出了这个建议。选择一颗星星或一个星座来为自己的太空任务命名是法国宇航员一直以来的传统，这个传统也影响了我最终的选择。1992年米歇尔·托尼尼的飞行任务被命名为"安塔尔斯"。随后一年，让–皮埃尔·艾涅雷的飞行任务被命名为"阿尔泰尔"，而他1998年的任务名则是"珀尔修斯"。克劳迪·艾涅雷在1996年飞行时使用了"卡西奥佩亚"的名字，2001年的飞行则被命名为"安德罗梅达"。至于莱奥波尔德·艾哈茨，他在1998年使用了"飞马座"的名字。我喜欢参与到这一系列中。普罗克西玛（Proxima）中间的字母X提醒我是第10位前往太空的法国人。同时，这也是数学中的未知数，是探索和知识的象征，是我们想要解开的谜题……"普罗克西玛"与法语中的"邻近"（proximité）这个词很接近，特指人与人的亲近，因为从某种程度上讲，我们是以人类的名义在工作。我很幸运能够参与太空探索，但我希望这种探索有利于所有人，我也想成为太空探索的代言人。我会向人们解释我的任务是什么，我们在太空进行的科学实验与在地球上进行的其他实验一样重要（我将有200项任务要完成，其中有62项由欧洲航天局和法国国家空间研究中心共同协调，涉及生命科学、材料科学和医学等各种领域）。然而，我之前就说过：在我们国家，仍然有一部分人认为载人航天和人类在太空中的存在必须根据其成本来证明其必要性。[68] 我们扮演着一个为大众服务的角色；作为教师的儿子，我对此格外注意。我们需要讲清楚这笔钱的用途。我拒绝留在象牙塔中，我选择用简

---

68 当时，整个欧洲载人航天年度预算为6亿欧元！（每位公民约为2欧元）而巴黎圣日耳曼足球俱乐部的年度预算就接近5.5亿欧元，而法国国家彩票的年度预算达到了140亿欧元。

单的语言解释复杂的概念。沟通存在于所有工作、所有任务,但宇航员们有时对这种行为不太感兴趣,认为这似乎是最不重要的事情。我并不想成为舞台上的焦点,但我的沟通能力不错,我发现自己具备教学和演讲的天赋,或者至少对此有兴趣。与许多同事不同,我将在进入太空之前就制定向大众传播这个领域的计划和策略,并且我也在这一方面做了很多努力。

经与欧洲航天局协商,从现在开始,将有两支拍摄团队跟随我,记录我的日常训练和在空间站的生活。我必须立即就开始,因为尽管纪录片追求即时真实,但也包含着一些场景的重建或者至少需要一定的编导。而导演们也希望能拍到更个人化的视角,也就是幕后花絮。于是,时常会有这样的情景:课程或训练结束后,我会出现在海滩上眺望远方(一次、两次,"开始!""重来!"……这次,情感再饱满些!);又或是清晨6点,我在小路上慢跑,只为捕捉那被誉为"最美光线"下的身影……总之,我感觉自己仿佛在不断地踏入一个又一个设定的角色之中,尽管这并非我本意。这就像出去旅行时拍照一样,当时很烦人,但过后确因为这回忆而感到愉悦。

除了上述努力,我还尝试覆盖所有的受众和媒体类型,包括电视、广播和纸媒,力求为每种媒体都提供一个高质量的项目,且不必分散注意力去回应所有的需求。我们是否可以找到一些独特的渠道?比如漫画!一次偶然的机会,我发现了玛丽昂·蒙泰涅的博客,这是一名才华横溢的科普艺术家,她以大胆、诙谐又不失科学性的方式描绘了宇航员的日常生活。2015年1月19日,我在她的页面上留了一条评论,随后我见到了她,我的想法也逐渐成形。尽管在推进过程中遇到了欧洲航天局内部的一些质疑("这些小米老鼠真的合适吗?是否缺乏严肃性?"),一个名为"在托马·佩斯凯的宇航服里"的项目（中文版引进书名为《我是如何上天的：宇航员托马养成记》）诞生了。除了摄制组，现在还有亲切的玛丽昂跟随我从休斯敦到莫斯科。我经常听到她在训练中咯咯笑（是的，玛丽昂总是微微笑着，因为她总能从每种情境中发现幽默的一面）。很快，导演艾丽丝·威诺古尔也将参加进来，为她即将拍摄的电影 *Proxima* 搜集素材。这是一支活力满满且欢乐的队伍。

除了这些，社交媒体也是我不容忽视的重要渠道。也许会让你有些吃惊，但这确实不算在官方任务中：航天局并不会指派宇航员在国际空间站上专门进行社交媒体工作。结果有点尴尬，由于计划中没有设置专门的时间和资源，一切都取决于个人意愿。我们需要利用自己的空余时间，且需要很多的临时发挥。一些宇航员选择不做，因为他们已经非常忙了，这是正确的选择。另一些人选择做少量工作。而我，从一开始就认为这很重要，值得我花费大量的空闲时间（导致我现在入睡越来越晚）。我花了很多时间来学习摄影技术，希望能从国际空间站的穹顶舱（那里可以俯瞰地球的全貌）拍摄照片，并及时发布在网上。我研究了前辈宇航员们所做的内容，并在此基础上制定了我的行动计划和主题。事实上，我发现直接从国际空间站发帖并非最方便，有时候通过电子邮件发送文本和照片给地面工作人员，请他们从地球上发布更为便捷。我需要地面支援，特别是需要有人能够用完美的法语重新表达信息（我绝不允许我的帖子中出现任何拼写错误或不准确之处，这是作为教师之子特有的执着！）。欧洲航天局的朱利安负责这项工作，他之前与我的同事合作过，因此很有经验，但他用的是英语。考虑到我们机构的国际性质，我们之间最好用英语交流。当然，我们也会用英语撰写帖子供全球阅读。但是，这次出发的是一个法国人，是近十年来的首次，所以我希望能用法语与法国公众交流，尤其是……还没有学习外语的法国年轻一代。因此，我坚持，我们所有的帖子都要是双语的。我们绝不能只针对那些英语流利的人（40%？50%？其他人怎么办，我们就置之不理了吗？）。[69] 在欧洲航天局，我们必须努力用每个成员国的母语与他们沟通，无论这种语言是什么。而且这是我们作为欧洲专业人士的责任，也就是说要将我们自己的发言翻译成其他语言。这种努力应该由我们自己来做，而非公众。否则，我们可能会被视为技术官僚主义者。对此，我一直坚持，也多亏了我的领导法兰克和其他同事的支持，欧洲航天局最终在其网站上发布了一则招聘通知，用以招募一名实习生专门负责我的任务。于是，我遇到了阿德莱德，一位对太空充满热情的地理学毕业生，一段持续数年的成功合作就此开始。

我还在寻找可以与我的这些出版物相关联的大型活动，这是整个计划的重要组成部分。2017 年初地球上会有哪些活动？很遗憾，冬天并没有太多事情发生……没有法网公开赛，没有戛纳电影节，也没有世界杯或环法自行车赛这样的盛事。好吧，可能会有一些 NBA 比赛。不要忘了欧洲橄榄球六国赛，还有法国旺代环球帆船赛。这很好，船长和宇航员有众多相似之处。法国远洋赛队"心之倡议"及其船长唐吉·德·拉莫特对与我一起合作表示赞成。媒体方面，好消息接连而来。我计划为《天空与太空》杂志撰写太空日志，法国电视 1 台希望跟随我前往俄罗斯星城和拜科努尔发射基地，法国广播电台也表现出浓厚的兴趣。我的计划逐渐成形，欧洲航天局给予了我极大的支持，帮助我将这些设想变为现实。然而，我同时也在思考自己是否能够履行所有这些承诺……

---

69 当然，原则上欧洲航天局是同意我的方案的，但当时没有法国人在做这个事情，也没有招聘的意愿。

对于任务徽标的设计,我也投入了很多心思(这是一个将会伴随我去往太空的视觉形象)。我与欧洲航天局的两位设计师卡伦和莎拉进行了一个半月的沟通,每一个细节都蕴含特殊的意义。从中心延伸出去的线条象征着科幻电影中的光速。普罗克西玛(Proxima)的 x 位于中心,浅蓝色则代表着地球,寓意着我们对宇宙的探索将最终造福于地球和人类社会。国际空间站的轮廓以红白蓝三色呈现,彰显了我的法国身份。最后一个细节,圆形的徽标,我们 2009 级的所有宇航员的任务徽标都是圆形,我也选择了圆形,我钟爱这种的团结的归属感。

最后,我得考虑一下在任务执行期间要吃什么。空间站里的食物要么是美式的,要么是俄罗斯风味的。星城组织了一次品尝活动。每个人都在一张小桌子前,用一周的午餐时间来品尝菜单中所有的菜肴。俄罗斯菜多为脱水食品或是类似猫粮的罐头,所幸味道完全不同——甚至有些菜美味的令人惊讶。我们还要给这些菜肴评分,范围是 1~10 分。容易满足又有点贪吃的我给所有菜都打了 9 分。但很快工作人员就跟我联系让我打分稍微严格些。大西洋的另一边,休斯敦的食品实验室也提供了类似的品尝活动。美国人把所有东西都装在铝箔袋里,可以加热食用,有些是脱水形式。在选出我最喜欢的菜肴之后,就要开始组建这个略显自负的"机组特定菜单"了。我们每个月可以得到一个容器(大概有一个大鞋盒或是一个公文包大小),可以在其中存放我们选择的菜品(但遗憾的是,没有新鲜食材)。有点怀旧的我迫不及待地订购了草莓味 BN 饼干和黄油饼干。根据法国的传统,我们通常会向大厨(自 20 世纪 90 年代以来,阿兰·迪卡斯一直是其中一员)预订一些菜肴。我选择联系蒂埃里·马尔克斯。他拥有我所欣赏的一切特质:柔道黑带、颠覆传统的同时又不失人文关

200

怀。他答应为我准备三道菜。我会留着这些菜在节日时享用，并会邀请我的同事们一同品尝。我事先告诉他我喜欢的口味，如杏仁、香草、苹果、大蒜、黄油；以及我不喜欢的口味，如橙花、肉桂、生洋葱……我还告诉他我喜欢吃杏仁奶油饼、布丁、杏仁长蛋糕、卡纳莱小蛋糕、羊肉、意式烩饭、西芹、各种奶酪（毫无例外）……蒂埃里需要按照极其严格的卫生要求来制作这些菜肴，并且还要面临一个挑战：如何在包装条件的限制下保留风味。他需要与罐头技术人员密切合作，而这项任务由法国著名的罐头生产公司爱纳福负责完成。

2016年1月的一个周六的上午，时任法国总统弗朗索瓦·奥朗德在爱丽舍宫接见了我和安妮（我穿着蓝色的连衣裤，在这种正式场合下没有比这更好的选择）。法国国家空间研究中心主席让－伊夫·勒·加尔和欧洲航天局局长约翰·迪特里希·沃尔纳陪同我们一起。奥朗德总统耐心地与我交谈，并将《巴黎协定》的副本交给我。这份协定是在 COP 21 会议后，由近 200 个国家共同签署，旨在携手应对全球变暖的严峻挑战。此外，他还赠予我一面特殊的法国国旗，这面国旗上镌刻着 2015 年 11 月巴黎恐怖袭击后，人们为表达和平愿望而创作的独特符号。我将把它们带到国际空间站。

"记得在太空中用力摇晃这面国旗，"

总统嘱咐说，

"这样我就能从地面上看到它了！"

"我会按照我们传统，让它在我们的欧洲实验室中飘扬。"我微笑着回答说。

他们同意我携带一个 1.5 公斤的包裹，放置我的个人物品。

我们不能携带签名艺术品、任何形式的货币,以及……邮票[70]。另一个包裹将在我出发之前(即10月底)乘坐"天鹅座号"[71]货运飞船到达,其中包括我的衣物、睡袋和我需要完成的法国国家空间研究中心的首批科学实验。我决定带上家人的照片、泰迪·里纳送给我的法国柔道黑带、我的法航飞行员肩章和徽章、圣埃克絮佩里完整的作品,凡尔纳的《从地球到月球》、我哥哥的手表……在我的行囊中,还放有一副我非常珍视的牛角骰子。我当然不会在太空中玩它们(在失重状态下这可能会很复杂)。这是几年前安妮从马达加斯加带回来给我的,自那以后它们就一直在旅途中陪伴我,以免我在等待公交车和飞机时感到无聊。也许它们给我带来了好运,但我并不迷信。最后,我还让人制作一些小奖牌和普罗克西玛的徽章,从太空回来后我会把它们分发给参与我任务的人们,这些小礼物的象征意义在于它们曾经跟着我前往太空。它们将附有由我的主管和我签名的证书(并附有不得转售给第三方的要求)。

为了训练,我不断出行。2016年3月,我在东京郊区的筑波航天中心待了一周时间,参加日本"希望"实验舱的培训。在那里,我们是在与实物等大的模型舱内进行操作练习。这是国际空间站唯一的出口,可在舱外安装设备并进行实验,而无需太空行走。首先,我们准备设备并将其放置在滑轨桌上。设备随后滑入

---

70 这条乍看起来很奇怪的条款起源于1971年"阿波罗15号"邮票事件。当时的3名宇航员携带了600多封已贴邮票的信封登月,并在返回后以高价转售。他们因此每人仍然赚了7 000美元(相当于今天的45 000美元),算是美国国家航空航天局的丑闻。尽管他们没有违反任何正式的规定,但这也标志着他们职业生涯的终结。

71 "天鹅座号"(Cygnus)是一种美国的货运飞船,用于向国际空间站运送补给物资和实验设备。——译者注

气闸舱,进入太空。机械臂会精准地定位并抓取设备。该系统还可以发射尺寸相当于一个或两个魔方大小的纳米卫星。培训就是为了练习操作这些设备。我喜欢筑波的一切,日本人热情,且工作一丝不苟、无可挑剔。

2016年7月快到了,距离我前往拜科努尔担任后备人员还有6个月!但是……我被诊断为:尾骨窝囊肿。这已经是我第二次遭遇类似病痛了,上一次也是位于尾骨附近的感染。那种剧烈的疼痛和坐立难安的感觉至今让我心有余悸。从来不生病的佩斯凯?这次,我需要重新审视这个神话……回想起第一次手术后每天更换绷带的情景,我疼得只能咬着一根木头。另外,我本应该在今年11月飞行并很快要担任后备人员……真是世界上最糟糕的时机了。

我的任务就像在噩梦中慢慢溜走。医生首先给我注射了抗生素。欧洲航天局内部一片忙乱。要知道,我们的医生通常都是面对健康的宇航员,但这次情况非常严重,谈话越来越令人担忧:

"我们能让他继续飞行吗?"

"如果这个病情没有在那之前治愈呢?"

他们讨论起来,并不在意我是否在场……

"或者延迟手术?"

"将他安排到下一次飞行?"

但这些都不是真正可行的选择,对此他们和我一样清楚。

"托马,你必须得动手术。在国际空间站里吃6个月抗生素是不可能的。"

最好的情况,在距离发射只有6个月的时候打乱时间表;而最坏的情况……

"考虑过并发症吗?外科医生说有50%的病例会伤口愈合不良……"

"我以前得过,我的伤口愈合得非常好!"

"必须得动手术。同时,我们会为11月的飞行找个替补。"

我面色苍白。在做了这么多牺牲之后,我有一半的概率无法出发。除了掷骰子,我别无选择……

与冲动相比,我向来更欣赏理智。7年来,我清楚地知道可能会阻碍我进入太空的因素有很多。因此,我一直小心翼翼,从不过于高兴或提前设想。在真正进入太空之前,我不允许自己完全相信这件事……我有同事经过10年的努力后,太空梦因身体原因而破灭,他们再也不能前往太空。这是尼古拉·蒂霍诺夫真实又悲伤的故事。他是一位年轻且非常出色的宇航员,在等待了14年之后终于迎来了他的首次太空飞行(主要是由于俄罗斯的预算限制,以及之前机组的发射事故)。然而在他即将飞行的前6个月,他在森林慢跑时一根树枝刺入眼睛,所有的牺牲和努力都化为泡影……他再也无法恢复到原来的水平。我也见过一些同事,他们准备了多年的太空行走在最后一刻被取消。所以我深知,在我们这个行业中,一切都是假设的,直到真正实现之前都是如此。我始终保持着谨慎,不去想"我的"任务,也不去想"我的"太空行走……就像奥列格说的那样,在太空领域只有两件事是确定的,在你出发之后可以确定你的出发日期,而到你返回之后才能确定你返回的日期。我也知道应对各种可能性也是我们的任务之一,而且这样规模的项目从来都不会完全按计划进行,所以随时都要做好各种准备。出于所有这些原因,多年来,我内心深处一直都列着可能会威胁到任务的一长串问题:政治波折、任何形式的技术故障、意外、任务延误、取消……仔细想想,去太空需要每天都发生一系列奇迹，而这些奇迹的发生概率终究比它们的反面要低得多……但是，现在，离目标如此之近……而我，一直拥有好运和健康的体魄，却难以置信地在此时陷入了困境。仅仅为了一个小小的囊肿，一个我完全无能为力的问题，就没有一丝战斗的机会！

我最终还是前往拜科努尔担任后备人员，背后新鲜的伤痕让我不得不花无数小时仔细检查术后的愈合过程，一群俄罗斯、美国和欧洲的医生组成的庞大委员会给我进行检查。因为手术的位置，我的自尊心受到了一定打击，但这个问题已经被我排在最后。我的好运仍在，我恢复得比预期更快，我的任务并没有最终失去，一切进展顺利，我甚至计划每年都向为我动手术的德国外科医生送上鲜花表示我的感谢。作为备用人员，我的任务更多是装饰性质的，为的是对外展示，在这种情况下，我绝对无法在2016年7月去太空！我们双手交叉，比以往更加虔诚地祈祷，希望主力机组成员不会发生任何意外。每个人都尽力帮我保守秘密，也尊重医疗数据的保密性。而我们的俄罗斯朋友似乎不太了解对此类事情需要把握的谨慎性：在一群人面前，我听到了有人说了这样一句话：

"明天，我们将进行'联盟号'试飞。不过，托马因为他的伤疤坐不进座位。"

幸好，火箭发射正常。现在，主要机组人员换成了我们，也就是说，下一批出发的就是我们。

2016年11月，我恢复得比预期快，训练一分钟都没有耽误，我们在最后6个月里进展神速。这是我这一年半内第三次到拜科努尔，所以，我已经非常熟悉这里了。唯一不同的是，这次是真的发射准备（至少在我心中，潜在的问题已大幅减少）！现场洋溢着紧张而充满活力的氛围。在宇宙飞船正式安装之前，我们进行了首次测试，巨大的机库里有数十名技术人员。我置身于真正的"联盟号"内，属于我们的"联盟号"，感觉真是奇妙。它似乎比模拟器更窄。除此以外，还有一个区别，在模拟器里，我们通过一个非常宽敞的侧门进入，而在现实中，我们是从上面滑入，然后落入舱内。这里的布局仿佛让人穿越回了20世纪70年代，到处布满了按钮和显示着单色西里尔字母的显示屏，一切都显得那么程序化。虽然从人机工程学的角度看，它或许略显过时。然而，飞船的性能还是非常出色的，这一点毋庸置疑，乘坐它进行航行让人安心[72]。这是去年7月推出的新版本，新增了卫星导航功能（美国的GPS、俄罗斯的格洛纳斯、欧洲的伽利略）。由于仍然需要进行测试（特别是地面跟踪站的更新），俄罗斯工程师建议将前往国际空间站的行程延长至2天，而非自2012年以来一直采用的6小时短途旅程。佩吉感到非常失望，因为她已经经历过这种无聊到令人发指的经历。据她说，在每两天进行一次轨道调整的漫长间隔里，"联盟号"上根本没有任何事可做，没有图书，没有电视，没有收音机，也没有音乐。即使是我的骰子也被深深埋藏在一堆货物中。然而，我并不在乎，即便要在堆满针的推车上坐上三天三夜，我也心甘情愿。我已经等待得太久了。

我们在拜科努尔的日子颇为单调：每天去健身房锻炼，还有就是在宇航员宾馆和"七套房"周围指定的范围内慢跑。每天都有数百张照片等着我们签名。不要怀疑，所有为太空计划工作的

---

72 140多次载人任务实现零事故。

俄罗斯人都会收到来自宇航员以某种形式签名的照片，甚至可能包括他们远房的表兄妹都有，可以想到数量之多了吧。这些工作被安排得非常有条不紊，我们在传送带上处理着堆叠在一起的200张海报，这几乎演变成了一场速度与效率的较量。为了让我们更好地适应即将面临的感官错乱，我们被安排坐在一张相当朴素的旋转椅上。在这个过程中，我们被要求不断摇晃头部，时而前后摆动，时而左右晃动。这些组合的旋转给人一种整个船舱都在翻滚的感觉，成功引发了一种奇妙的恶心感，类似于一些人在太空中会经历的晕船症状。此举旨在让我们的前庭系统为飞行和国际空间站上可能遭遇的感官冲突做好准备。在这种情况下，内耳会向大脑发送一些被视觉和本体感觉所否定的信息。一开始，我坚持3分钟就会头晕眼花，后来变成5分钟，再然后10分钟。实际上，这种训练并不能告诉我们太多在太空中真正的感受。根据弗兰克·德·维尼自己的说法，他从来都不太能忍受旋转椅，甚至相当难受，然而在太空中却从未晕过，如鱼得水的他。相反，我们也知道一些宇航员可以保持旋转的状态，就像没有内耳一样，然而他们仍可能会经历严重的太空晕船。最后，我们进行倾斜床训练：顾名思义，我们的双脚被固定在空中，与地面成10度或20度的倾角。血液大量涌入身体一些不经常被流入的部位，例如头部。我们每天至少训练10分钟。事实上，并没有真正的科学依据证明这有用，所以美国人不参加，但俄罗斯人却很重视。对于我的首次任务，我愿意尝试所有的事情，毕竟一切都是未知……

到了媒体日，升旗仪式之后，我们身穿整洁的太空服，为摄影师们模拟我们在拜科努尔的日常生活。他们要求我们下象棋（事实上，我们从不下象棋！），打羽毛球和乒乓球（穿着太空服还是挺方便的），脸上尽量保持微笑。再来一次！向来如此，这样的表演我们只能配合。我们已经开始习惯了。

接着，我们穿着执行任务时穿的宇航服进行"联盟号"的最后一次测试（此时它已经被安装在护罩下，但尚未与火箭进行组装）。我们首先检查了载荷舱内的所有物品，确保每一样必需品都已妥善装载并固定。然后，我们检查了一些接口，尤其是与地面的通信系统。就我个人而言，我在头盔里听得很困难。我将音量调到了最大，可还是听不太清楚，但他们向我保证"一切正常"。然而，到了这个阶段，一切都应该是运作完美的，任何细微的瑕疵都可能酿成大祸，我岂能掉以轻心？我执拗地用俄语说道：

"不，真的，我向你们保证我听不清楚！"

众人于是忙碌起来，进行额外的测试，并为我更换了新的耳机。他们向我保证问题已被找到，一切都会在起飞前解决。真的吗？我不喜欢这种悬而未决的感觉……

无论如何，有一点让我始终惊讶，那就是我们对飞船了如指掌。没有一个系统是我们没有研究过的，没有一个指令是我们不了解的。就像奥列格说的，我们甚至可以在花园深处再造一艘。但是我们对运载火箭几乎一无所知。我们只知道各个级别分离的程序，还有精确的时间安排，仅此而已。一旦我们被密封进去，我们别无选择，只能任由它自动完成所有工作。这就有点像是在游乐园，我们必须信任它，并相信这个旋转木马已经被检验合格了。有人可能会提出异议，说运载火箭的事故……相当频繁。见鬼，谁怕谁！现在就让我们去封闭隔离吧。

"托马，"心理学家说，

"我问过所有即将飞行的宇航员一个问题：如果地球上发生

了一些事，嗯，比如一些不好的消息，你想知道，还是不想知道？要知道你无论如何在任务结束之前都不可能回到地球。"

我已经料到了这一点。

"我希望是我的女朋友安妮告诉我这个消息。"

"如果正好是她发生了什么事呢？"

这真的是一个友善的对话吗？

"那么，就让我的哥哥告诉我。不要有任何保留，我想立刻就知道一切，即使是非常糟糕的消息。除非我在执行太空行走任务。这时候，等我返回舱内再说。"

这是佩吉给我的建议。她经验丰富，我十分信任她。确实，执行太空行走任务，或多或少是冒着生命危险的，我们会置身于危险的环境中，不可能不感到害怕，所以最好采取一切必要的预防措施。

每次面对心理医生，我都会想到一个问题，一个孩子在我从太空回到地球时也会问的一个问题：如果我们中有一个人在太空中去世了会怎么样？尽管我们已经进行了各种急救和医疗程序的训练，但没有人告诉过我们如果事情变得不好该怎么办。我理解人们不愿意过多考虑这种可能性，这是一种轻微的禁忌（我们不会说"爆炸"，而会使用"任务提前结束"等委婉语）。而且，我们已经被监视了好几个月，好几年了。但是，零风险是不存在的。我们该怎么处理遗体？在客机上，我们准备了一种专门的大的黑色拉链袋。在空间站里应该也有相应的东西，中央控制室会在有人发生死亡时告诉我们。但是当把我们可怜的同伴放入假设的袋子里后，我们该怎么办？我们将他带回地面吗？尸体僵硬了怎么办？我们如何让他坐进"联盟号"飞船中？或者我们将他放入太空中？这显然是不可能的，除非我们与他一起通过舱门出去，亲手操办这一切……

"嗯，托马，你还好吗？"

事实上，没必要过多强调消极的一面，数百人都在尽力确保一切顺利进行。

"嗯，当然。我只是迫不及待想要出发了。"

我还能回答什么呢？难道你能想象一名宇航员会在这种情况下解释说："嗨，既然你问了，我昨晚开始感到有点难受，而且越来越频繁地出现恐慌……"不，我在做飞行员时就知道，医生和心理学家在这里不仅是为了我们的健康，还要签署允许或禁止我们飞行的文件。所以，针对他们的问题，答案只有一个，那就是：一切都好，谢谢。我可从没听说过有什么不对劲的地方。

距离发射还有不到一周的时间：我们的家人和朋友已在莫斯科逗留数日，他们由欧洲航天局负责家庭事务的法国工程师罗曼和卢卡照顾。安妮扮演着同样重要的角色。与其他宇航员的伴侣不同，她对俄罗斯非常熟悉，知道应该带我的亲人们去莫斯科的哪些地方。我在2 000多公里外拜科努尔的隔离区里远程关注着他们。她带他们参观了星城、办公楼、Shep's Bar酒吧等，让他们想象我们在这里的日常生活。弗兰克和卢卡回答了一些技术性的问题。然后他们前往拜科努尔，观看火箭的推出仪式。当然，他们也参观了加加林的房间。与此同时，我们透过一扇宽大的玻璃窗，见证着评审委员会上各位专业官员宣布我们全员已整装待发。典礼热烈而隆重，我几乎忘记了在离开莫斯科前，我们曾在克里姆林宫加加林纪念牌前献上康乃馨花圈。这是一次朝圣，也是一段艰难的旅程。

为确保安全，所有与我们接触的人都必须戴口罩，我们也不允许和任何人握手。[73] 我甚至无法与亲人面对面相见，只能通过那扇著名的玻璃窗遥望对方。不过，我每天都可以近距离接近安妮两次，因为她每天都会接受医疗检查（虽非愉悦之事），并在离开法国前她接种了一系列疫苗。给她检查的是塞万医生。美国人称他为"诺医生"。他有点吓人（尤其是对不会说俄语的人），而且喜欢在这一点上故意捉弄人，但不妨碍他其实是个相当友善的人。他测量体温，问一两个标准问题，然后假装犹豫一下，最后说"可以了"。除了在周围散步之外，安妮还可以进入宇航员酒店的某些区域，俄罗斯人为我们提供了一个房间供我们白天使用。那里铺着俄罗斯式的地毯，放有一张桌子、一张床，还有……一台电视。我们曾多么渴望能并肩躺卧，在这最后的时光里共同观看一部心爱的电视剧啊……

　　起飞前一天。我所有的亲人都聚集在一起参加一场大型的新闻发布会（当然，仍然在玻璃房里）。现场人头攒动！这是近十年来法国人首次前往太空，媒体竞相报道。我们每个人都收获了热烈的掌声。我发现，一群法国航空公司的飞行员自发前来为我们加油。那些我认识的、还曾经一起飞行过的伙伴甚至在后面挥舞着他们的帽子。在场还有很多法国记者，包括那些从一开始就对我跟踪报道的熟悉面孔，比如克里斯汀·查普尔。当我看到坐在第一排的亲人和朋友们，我很感动。他们都穿着统一的蓝色Polo衫。为了我，他们自费完成了这一趟长途旅程！还有我儿时的伙伴和Supaéro的朋友们……新闻发布会结束后，大厅逐渐空旷，我们依旧隔着玻璃窗相聚。此刻，言语似乎显得多余，这就像个悖论。为了见我，他们长途跋涉。见面后，我们都很高兴，

73　此时是2016年，还没有新冠肺炎疫情。

但情况过于特殊（而且略显尴尬：每个人轮流拿着麦克风跟我说话，否则我什么也听不见），以至于所有的话题都显得有些不合时宜……幸运的是，他们准备了……一场音乐会（这在拜科努尔的历史上应该是头一遭）。他们从法国带来了萨克斯管、长号、吉他和贝斯，并在到达这里时租了一套鼓……他们用自己的方式演绎了本纳巴尔[74]的《晚餐》，将其改编为《火箭》，当然，融入了属于我们的玩笑：

我不愿启程

乘坐那艘火箭

电视上有篮球赛

我还要练柔道

我不愿启程

"太空先锋"已然结束

那个吹着萨克斯的帅哥

那些迷失了方向的女孩

那些满心忧虑的母亲

这一次，伙计们，

休斯敦的号角已经吹响……

他们还改编了 Family of the Year 乐队的歌曲 *Hero*。在歌曲开头，有这样的一段：

让我远行

我不想成为你的英雄

尽管安妮并不太喜欢这种表演，但她独自一人唱着，朋友们为她伴奏：

---

74 Bénabar，法国流行音乐歌手、创作人和演员。他以其轻快的旋律、风趣的歌词和生动的表演风格而闻名，深受法国乐迷的喜欢。《晚餐》是他的一首歌。

出 发

我送你远行

但你不必成为英雄

她的声音有些颤抖,却深深打动了我。所有人的眼里都饱含着泪水。能被这样一群人包围,我深感荣幸。同时,我也意识到即将离开他们,心中涌起一股莫名的感伤。

最后一个晚上,我在为我们特意布置的房间里见到了安妮。他们准备了茶。我感觉她有点疲惫。在这个我们都无法掌控的舞台上,她为我的家人们承担了一个非常重要的角色,且表现得非常出色。更何况,焦虑的气氛已在四处蔓延开来。

"刚刚的音乐会真的很棒,"

我说,

"但那鼓是怎么弄来的?"

"拜科努尔音乐学院借给他们的,他们甚至还在那里排练了几次。"

"他们问你关于明天的事吗?"

"当然了。因为我对这方面有点了解,所以我会给他们解释。如果问题太难,卢卡会帮忙。"

"最终你决定在哪观看发射?"

她皱起了眉头。

"我原以为我会想要像塞西莉一样远离所有人,在搜救塔里观看。"

"但是?"

"嗯,卢卡的妻子让我有些犹豫了。大家在一起的感觉也很好……而且,我觉得离控制中心近一些我会更安心……"

我拿起纸笔给她写我的密码（银行密码，还有其他的）。

"你在重写遗嘱吗？"

她开玩笑说。

是的，几周前我确实写了遗嘱。

"我只是把重要的密码记下来，这样你就都能操作了。"

"你在抛弃我。"

她突然说道。

我的手停在纸上。

"你在说什么？我要离开6个月。虽然时间不算短，但我会回来的。"

"你在抛弃我。你把我丢在后面。连银行密码和所有烦心事都留给我。"

"你为什么这么说？"

"你至少要说一次，至少要承认一次！你要去追求你的梦想，你抛弃了我们所有人，你抛弃了我！"

痛苦的时刻！她显然是有道理的。重复保证我很快就会回来有什么意义呢？其实根本不快。而且，有一件事是从一开始就没有人提起过，无论是同事、亲人、安妮还是我，但所有人都会想：6个月后我会回来……或者回不来。

我们的隔离区被铁丝网紧紧围住。然而，在纷传的谣言中，总有那么一丝缝隙透露出不同的信息，例如铁丝网上有一个洞……7月来这里时，我特意去找了一下，果然被我找到了。

夜幕低垂，我悄然离开旅馆，朝着秘密出口走去。隔离区就在锡尔河边上，四周是后苏联时期特有的萧瑟景象，到处都是破旧的工厂废墟和荒地。安妮知道这个秘密，我给她在谷歌地图上标记了位置，她应该和朋友们一起过来。

晚上十点多，尽管穿着厚重的羽绒服，我还是冻得瑟瑟发抖。我在黑暗中踱步，试图让自己暖和一点，同时焦急地等待着我的朋友们。这个地方弥漫着猫尿的味道。我抬头仰望，星空璀璨，心中暗自思量：明天，我将会在那上面。真是疯狂……

我很快就听到安妮和朋友们的声音了，他们因铁丝网的阻隔而不得不绕行。不知何处的野狗察觉到了他们的动静，开始狂吠。因为看不见，我只好压低声音给他们指路（我祈祷此刻安保人员不会巡逻）。他们来了，大团圆的时刻！我们像一群 12 岁的孩子一样开心。当然，我们不能过于亲近，毕竟我正在隔离。他们带来了威士忌，这里只有这个。我先喝了一口，然后把瓶子递给他们。一个朋友激动得说不出话来。另一个朋友则对我说：

"加加林，你准备好了吗？"

"必须的！你们能来真是太酷了。"

"我们从没想过，有一天你会把我们带到这样一个难以置信的地方！"

"安妮有没有跟你们讲过发射的过程？火焰从发动机下喷涌而出，火箭要在几秒钟后腾空升起。但你们不要担心，它不会烧毁！"

我再一次感谢他们来到这里。我抱着安妮说：

"明天见。明天会是漫长的一天。"

最后，我小心翼翼地返回房间，心中默默祈愿时间能加速流转。闭上眼，再睁开时，发现自己已经身处"联盟号"，并以每小时 28 000 公里的速度飞往太空，奔向无垠的宇宙。

在轨
En orbite

在太空做实验（国际空间站，2016 年 12 月）欧洲航天局 / 美国国家航空航天局 供图

远征 51 号队伍的自拍照（国际空间站，2017 年 5 月）欧洲航天局 / 美国国家航空航天局 供图

在　轨

　　头几秒钟，一切都是未知。火箭喷射出炽热的火焰，推力逐渐增强，我紧盯着仪表板上的参数，深知我们正处于最关键的阶段。在火箭低速爬升的阶段，任何意外都可能发生。幸运的是，逃逸塔随时待命，一旦有需要，便能将我们迅速带离险境。当我们飞得更高更快时，我们就有时间做出反应，利用发动机以弹道方式返回地球（是的，我已经和我妈妈谈过所有这些，此刻她应能安心——至少暂时如此）。然后，说说我自己，此刻的我和在模拟器里感受到的氛围是完全不同的，这也合乎逻辑，这是我第一次被发射升空：所有这些声音、这些振动和从未有过的冲击，是指发射进展顺利，还是……相反？我有些无助，完全不知道如果出了问题会是什么感觉，也不知道如果顺利进行又会是什么感觉！5秒、6秒、7秒，我尽力判断时间，奥列格和佩吉看起来很平静，太好了，我明显感觉到我的身体开始陷进座椅里。15秒，同样的振动在持续，但显然我们还在上升，我感觉很不错。加速越发明显。F1赛车从0加速到100公里每小时需要2.5秒；而我们，只需要1.8秒。很快，我就紧贴在座椅上了。这种状态持续

了 8 分 48 秒。重力加速度不断增大，我承受着一种牛踩上胸膛的感觉。我迅速运用训练中学到的呼吸技巧：锁住胸腔顶部，努力用腹部进行深呼吸。

"1 分钟，"

无线电中传来地面的声音，

"参数正常。"

"收到，"

我们的指挥沉着镇静地回答说，

"机组人员状况良好。"

我不禁纳闷，如果情况不是这样，我们会怎么样，我们身处一枚火箭中，以超过 2 000 公里每小时的速度向太空冲刺。此时我希望有人能扶稳安妮，大声告诉她："火箭运行正常！"即使她完全有能力自己判断这一点。

突然，一阵沉闷的巨响传来，同时带来一种类似刹车的感觉。理论上讲，4 个助推器刚刚以交叉的方式弹射出去了。原本作为中心部分的组件，现在充当了第二级火箭的角色，继续推进。重力加速度再次不可避免地增加。

"参数正常。"

地面再次通知我们。

"机组人员状态良好。"

奥列格回答道。

在我们的飞行过程中，地面控制中心可以监视一切，唯独无法窥见我们的感受。然后，随着一阵巨大的轰鸣声，爆炸螺栓释放了飞船头部的保护罩。我稍稍扭转脖子，想透过舷窗看一眼，但外面漆黑一片。我继续承受着加速度。就在此时，发射器的第二级完成任务，突然停止了。我们从 3.5g 的加速度里陡然变成了……0。即使被紧紧束缚，我仍感觉自己像是被一股无比巨大的抓力向前拽去，差点要撞向控制板。我不禁笑了起来（紧张且/或像乘坐刺激游乐设施时的感觉？）。随即，第三级火箭接管并开始推进[75]，我再次被压在座位上。

"机组人员感觉很好。"

家人们，其实我不是很确定自己是否感觉很好。当第三级火箭完成其工作并分离时……只有沉默，毫无过渡。我们仍以高速前进，但没有了加速度，我们感觉不到任何东西。就像魔术一样，舱内所有的东西都飘浮起来。从奥列格挂在绳子上的小玩偶开始，绳子在之前一直是拉直紧绷的状态。要知道，这是"联盟号"的另一个传统，非常俄罗斯式的精妙：小玩具的仪式性存在比任何仪器更好地表明我们已经进入了轨道；我们也戏称它为"失重指示器"。我试着放开手里的笔，它确实在绳子的另一端飘动！我们刚刚达到了轨道速度，理论上讲，可以在10分钟内完成一次巴黎到纽约的飞行。实际上，我们正从拜科努尔出发，沿着51.7度的航线飞向中国北部边境。俄罗斯人精心选择了这个倾斜角度，万一出现问题，我们也不会降落在他国的领土上。

地面的同事们对我们表示祝贺。我听到有人说：

"欢迎来到太空，托马！"

飞船内，我们欢欣鼓舞。

我趁机松开安全带，稍微调整一下我那痛苦不堪的膝盖，感觉好多了。但是我们没有时间放松，立刻就得进入整个旅程中最占用时间的阶段之一，即执行我们熟悉到能够背诵的程序：展开太阳能板以获取能源、检查电池是否充电正常、逐个测试引擎包

---

75 事实上，第三级在第二级还未完成工作时就已启动，只是感觉上像我在文中描述的那样。

括手动控制系统,尤其是太空舱的密封性。到目前为止,一切顺利。佩吉的任务虽然相对较轻,但十分重要:我们呼出的湿气会沉积在太空舱的各个地方,需要收集并通过手动泵将其定期发送到一个储罐中。

感觉很奇怪:首先,我全神贯注地专注于我要完成的任务,我紧紧地坐在座位上,在一个我已在模拟器中遇到过千百次的环境里,我并没有觉得自己已经身处太空中。另一方面,我深知发射并不意味着终点:我告诉自己,只要我们还未与空间站对接,还有很多事情可能发生……现在还不是高兴的时候。比赛还没结束,我们还要继续奔跑!

我们成功完成了定向操作任务。奥列格借助两个操纵杆,结合外部潜望镜捕捉并显示在他面前屏幕上的实时图像,精准控制飞船的方向。其间,我们两次使用了主推进器来增加速度(每次约增加 30 米每秒)。

我们要如何到达国际空间站呢?提醒一下,任何脱离大气层并进入真空空间的物体并不是自由运动的:它会受引力的影响,尤其是地球引力。这种重力吸引力,实质上就像一根连接着万物的弹簧,将我们拉向地球。也就是说,地球在某种程度上留住了我们,即使我们以每小时 28 000 公里的速度飞行,我们也会按照某种轨迹环绕着地球前行,这被称为轨道。我们仍然受到地球引力的影响,仍然处于自由落体状态,只是由于我们的速度极快,使得落体轨迹弯曲成与地球表面相吻合的弧形,从而保持了与地面的相对高度不变。就像一个被射出的炮弹一样(速度比步枪子弹的速度快 5 到 8 倍),以至于其轨迹的弯曲与地球的弯曲相吻合。"联盟号"将这样绕地球飞行约 30 次,并且通过其间歇性的推进,在不同的关键时刻将自己抬升到更高的轨道。总之,这意味着要连续跨越不同的阶段,直到抵达国际空间站的轨道并与其对接。我们会紧密观测这些自动操作,以确保一切都按计划进行。然而,我们也清楚意识到,通过模拟器的大量实践,任何意外事件都可能迫使我们重新手动掌控飞船以进行下一步的升空,或者紧急返回地球。因此,我们必须时刻保持警惕。

透过舷窗,我凝视着外面壮丽的景象:太棒了,我们正在靠近地球被阳光照亮的那一面。太阳绽放出一道耀眼的光线,勾勒出地球表面弯曲的轮廓。佩吉的话又一次回荡在我脑海中:"等到下一次天亮,你将飞向太阳……"到了!很快,一弯亮光出现了,紧接着,整个地球都出来了。我惊叹于地球的璀璨光芒。佩吉的话再次被证明是正确的。地球的蓝色不仅仅是一种颜色,而是一种特别明亮的荧光。我凝视着这片浩瀚的蓝色。我已经有 2 500 小时的飞行经验,我习惯从高处看地球,但从这么高还是第一次!一种强烈的感觉涌上心头,我感觉自己仿佛是一颗石子,一粒尘埃。

一开始,我只能看到蓝色和白色,这是海洋和云彩。我试图寻找大陆的踪迹。却深刻体会到地球上超过 70% 的面积被海洋覆盖这一事实,它不再只是书本上的知识,而是亲眼所见的震撼。最终,我看到了一座孤立于太平洋中央的岛屿。奥列格有一台平板电脑,但他坚持让我保留所有文档的纸质版本以防电子设备故障;于是,我开始在我厚厚的手册上绘制我所看到的东西。但愿我能够通过画出的图像来确定那是哪个岛屿,但这个愿望从未实现过(我画得不好,而且那个岛屿太小了)。

在我们最终从紧束的牢笼中解脱出来,换上更舒适的服装之前,我们必须完成两个舱内的压力测量,并确认没有任何泄漏,我们的飞船是完全密封的。最后,在起飞一个多小时后,我们终于可以轮流脱下宇航服。现在，我们可以穿着蓝色飞行服自由地在轨道舱内活动了。

"联盟号"飞船虽然配备了一套GPS系统，但目前还处于测试阶段。所以现在，我们能够确定飞船的姿态（即它在太空中的方向），但我们无法确定它的离地高度以及相对于地球的轨道位置。只有当飞船掠过俄罗斯领土时，地面控制中心才能通过其庞大的天线捕捉到我们的信号，并通过多普勒效应计算出这些信息。我们根据接到的信息做出相应的操控。然而，每次获得俄罗斯发出的信号需要一个半小时的时间（即完成一次绕地球飞行的时间）。再加上地球自转，所以每90分钟就会使我们的位置相对地面移动22.5度。简而言之，每天16次绕地球轨道飞行中有至少6次会处于"盲区"，这意味着零通信。这时候，基本就无事可做了。我们处于一个稳定的状态，朝向太阳，用以充电，而所有设备几乎都关闭。对于像我这样的飞行员来说，在关闭的飞行器中飞行是非常奇特的体验！屏幕上一片漆黑，无线电完全静默，只有偶尔传来的氧气喷射声……为了防止紧急情况发生，我们是不会占用指令长的座位的。另外两个座位则用来放置我们的宇航服，我们将它们连接到通风系统来保持干燥。我们会简单吃点东西（我在生存训练中就特别喜欢俄罗斯李子味的谷物棒），再喝些饮料（用吸管喝盒装橙汁）。当然，在轨道舱中是可以使用厕所的，这为我们带来了莫大的便利（第一次使用一定要小心谨慎，我听过很多关于失重状态下液体流动引起的趣事）。

我很想透过轨道舱宽大的舷窗往外看一看，但又担心眼睛与前庭系统之间的感觉冲突会引发晕船症状……"联盟号"通过与陀螺仪相同的原理来保持其静止姿态，即缓慢地自转（每秒钟缓慢旋转3度，这意味着我们看到地球的时间比实际晚2分钟左右）。我谨慎地进行尝试：我先看 10 秒，转头，没问题；再看 15 秒钟，转头，一切都好。我很快意识到自己竟幸运地不晕宇宙飞船。于是，我得以透过舷窗尽情欣赏地球的壮丽景色，就像在观看一部震撼人心的纪录片。我觉得特别的不真实……为了这一刻，我已经等了 7 年，现在终于梦想成真了！但是我们还没有到达目的地。到达这里，距离地球表面 200 公里，确实是一个了不起的里程碑。在我心里所列的问题清单上，剩下的可能会发生的问题不多了，但是……我们见过对接失败后需立即返回地球的情况。眼前的景象如此宏伟广阔，甚至给人一种荒谬的感觉，以至于我所感受到的不仅仅是仰慕，还有一种对于自身脆弱的绝对意识，就像是一叶漂浮在海中央的孤舟。尽管我们已经推进到这里，但我们面对的仍然是比我们大得多且远超我们认知的存在。

我们三人分配睡觉的地方。奥列格留在下面，尽可能地挤在座位之间。佩吉和我睡在轨道舱内。没有固定装置，我们尽力寻找一个合适的位置。疲劳袭来，我一觉睡了九个半小时。

尽管如此，待在如此狭小的空间里整整 54 个小时，还是太久了……第二天，我在我随身携带的包包最上层发现了我的 iPod nano。于是我听着音乐直到电池完全耗尽（这里无法充电），同时凝视着窗外的景象。简单的午餐、晚餐、偶尔的交流。经历了第二个 9 小时的夜晚之后，我们终于确定了准确的到达时间。

我们再次穿上宇航服，并系好安全带。一切都需要精确计算，以确保飞船与空间站对接时正值白昼（为避免刺眼，会选择背光，而不是正面）。在这种情况下，当太阳升起时，"联盟号"将距离国际空间站 47 公里。接下来的靠近、对接和与空间站的全面整合（电力系统、数据、通信等各方面），整个过程将花费一个半小时。

起初,仪表板的屏幕上,我们的目标只是一个小点。它逐渐变大,越来越清晰……这一幕,我在模拟器上已经看过无数次。而我焦急期待的,是透过舷窗亲眼看到国际空间站的出现。我应该要向奥列格传递大量信息,但我忍不住扭动着身体去看外面……300米……150米。越接近,空间站在控制屏幕上的影像就越大。这时,我透过左侧窗户瞥到了一块橙色的太阳能板,它看起来非常遥远,然后我隐约辨认出了空间站的一些结构轮廓!这绝对是个庞然大物,就像《星球大战》中的死星,太不可思议了! 108米宽,74米长,30米高的东西悬浮于天际!最先映入眼帘的是那根长长的水平横梁(即桁架),两端各有8块太阳能板(共计2 500平方米),它们随着太阳的移动而不断旋转,为空间站提供源源不断的电力[76]。生活模块呈圆柱形,被巧妙地组装在与整个结构垂直的轴上。这就像是天空中的城堡,金属表面在阳光的照耀下熠熠生辉。其结构之复杂、功能之强大,令人叹为观止!我曾看过模型,也看过照片,并尽力发挥想象力,但事实上,亲眼所见之时,我仍被这份魔幻般的景象深深震撼。这将成为我生命中最为难忘的体验之一。我们继续绕空间站飞行,最终将飞船定位在其下方,对准预定用于对接的位置。

我们已经可以通过无线电与空间站里的机组人员进行通信了。他们跟我们打招呼,看起来很是兴奋。

在最后的进近阶段,我发现雷达信号中断了:"联盟号"开始摇摆,试图重新捕获空间站的信号。这让我感到有些不安,因为我们与同样停靠在国际空间站下的"天鹅座号"非常近。

"奥列格,也许我们应该进行手动操作……"

---

76 当太空站被阳光照射时,太阳能电池板为其提供能量并储存能量。一旦背朝太阳,电池将继续为其提供电力。

"不,没问题的。我们继续使用自动模式。"

好的……要相信指令长……此时,我注意到佩吉(自发射以来几乎和我一样的作息时间)又睡着了。很快就要对接了,而她……已经睡了一会儿了。

"你觉得,佩吉没事吗?"

"当然,当然没事!"

我决定不乱担心,她可能服用了一些用来对抗太空眩晕的药物,让她有点昏昏欲睡,她应该很快就会醒来的。

而此时我们头盔里,地面控制中心正在向我们逐步宣布飞船接近的各个阶段。

"往目标方向旋转1度。对齐已基本完成。距离空间站25米。速度为0.10米/秒。即将接触。"

在这一阶段,"联盟号"看起来像一个锥形结构,前端装有一个机械臂,它将插入对接口结构中,嵌入并收回,以精确定位飞船。一个双钩系统将闭合在周围,使飞船和空间站牢牢固定并确保其密封性。

"捕获系统已对齐。"

一声回响——

"确认捕获。"

我终于松了一口气。干得好,指令长。

各项机制运行良好,我们安全到达目的地。

我们可以再次卸下宇航服,但我们必须要等待"联盟号"和空间站达到相同的温度以平衡压力后才能出去。我们听到机组人员在敲击舱门,我们给予了同样的答复。压力稳定了,舱门缓缓打开。国际空间站,我们来了!

我们从俄罗斯对接口一侧进入空间站。迎接我们的是国际空间站站长——美国宇航员谢恩·金布罗，以及俄罗斯宇航员谢尔盖·雷日科夫、安德烈·博里先科。他们准备好了摄像机和照相机来记录我们的到来。我们依次从"联盟号"舱口里走出来，热情地拥抱迎接我们的宇航员们，同时小心翼翼地避免在失重环境中到处碰撞。谢恩建议带我们到美国舱段用餐并进行简单的洗漱。我们飘浮着跟在他后面。这种笨拙的状态可能会持续几天。虽然我进行过抛物线飞行的练习，这对我来说也不是完全陌生，但我们经历的毕竟只是持续 20 秒的失重阶段。我紧紧抓住沿途的扶手，有时灵活，有时笨拙，就像在藤蔓之间移动一样。

　　我事先已经被提醒过，但空间站内部还是让我眼花缭乱。墙上、天花板上、地板上，到处都是东西和设备……上下左右，所有这些概念都变成相对出现。根据我们的方向，某个东西可能在右手边，但如果我们旋转一下，它可能就会出现在左边或者天花板上。特别是，当这个模块有 4 个出入口时，情况就更复杂了：就像是一个错综复杂的迷宫……经过几次旋转后，我到底是从哪进来的？通过灯光的设置、设备的总体定位以及各种标记，我逐渐找回了一些方向感：舱内底部朝向地球方向（天底），而顶部则位于相反的方向（天顶）[77]。我本以为这里会有些闷闷的气味，但实际上一点也没有。美国舱段甚至还散发着一种淡淡的香味，可能是二氧化碳控制系统加热后散发的气味。经过厕所时，谢恩还特意向我们指了指这个关键的地方。

77　在航天领域，天顶（zénith）指的是舱内与空间站或飞船顶部相对的方向，通常指向太空中的顶部。天底（nadir）则相反，指的是舱内与空间站或飞船底部相对的方向，通常指向地球。——译者注

几分钟后，我们戴上了配有麦克风的白色大耳麦，准备进行抵达空间站后的首次新闻发布会。美国航空航天局电视台正在进行直播。我们的家人正在莫斯科控制中心焦急地等待。我们完全可以理解他们内心的焦急。距离上次见面已经过去 54 个小时了，当时的我们消失在一片火焰中。

"喂，托马，我是安妮。我们都在这呢。"

看到她出现在屏幕上，我心中涌起一股难以言喻的激动。但一想到要等 6 个月才能再见到她，就感到心口堵得慌……我从她的声音里听出一丝颤抖：

"我很难相信你正在空间站的轨道上跟我通话。你们终于都到达了，这太棒了。我希望这次的旅程不会太漫长。对我来说，等了两天才能和你通话，这太漫长了……"

"我也一样……我很难相信这一切，但这确实都是真实的……"

我的脑海里没有太多想法，这是我们交往 7 年以来第一次通过这种形式交流。

一个更为柔和的声音从话筒传来，我能听出她的紧张：

"喂，托马，是妈妈。你在那里让我很骄傲。祝你们在那里有一段愉快的旅程和美好的经历。祝一切顺利。上次在拜科努尔看你们起飞，这就像是一场难忘的演出。我祝福你们大家。"

"谢谢你，妈妈。我们有一个超级棒的团队。不用担心，一切都会顺利的。我会定期给你们报平安。再过 6 个月，我们会安全着陆，给你们带来一个不那么壮观但同样精彩的'演出'！"

轮到我父亲了，不知道他是怎么想的，此时竟跟我提吉尔伯特·贝考德的《娜塔莉》这首歌……！最后，轮到我的哥哥。我被这一切深深感动了。其他家庭也一样表达了他们的想法，还有一些官员。会议一结束,谢恩就带我们按照"紧急模式"路线参观国际空间站。我们找到了灭火器、氧气面罩和其他重要设备,复习了一系列紧急程序。这显然是排在首位的事情:想象一下,如果我们把这件事推迟到明天再做,然后在第一夜就遇到了严重事故……在此期间,我回顾了整个培训过程,不同的是,这次是实地操作!

最后,我们穿过了由凸面玻璃制成的穹顶舱,从那里可以俯瞰整个地球。那一刻,我突然意识到:这一次,我真的进入了太空,我竟到达了这里。

带景观的穹顶舱内的萨克斯风表演（国际空间站，2017 年 4 月）
欧洲航天局 / 美国国家航空航天局 供图

普罗克西玛（第一幕）
Proxima（acte I）

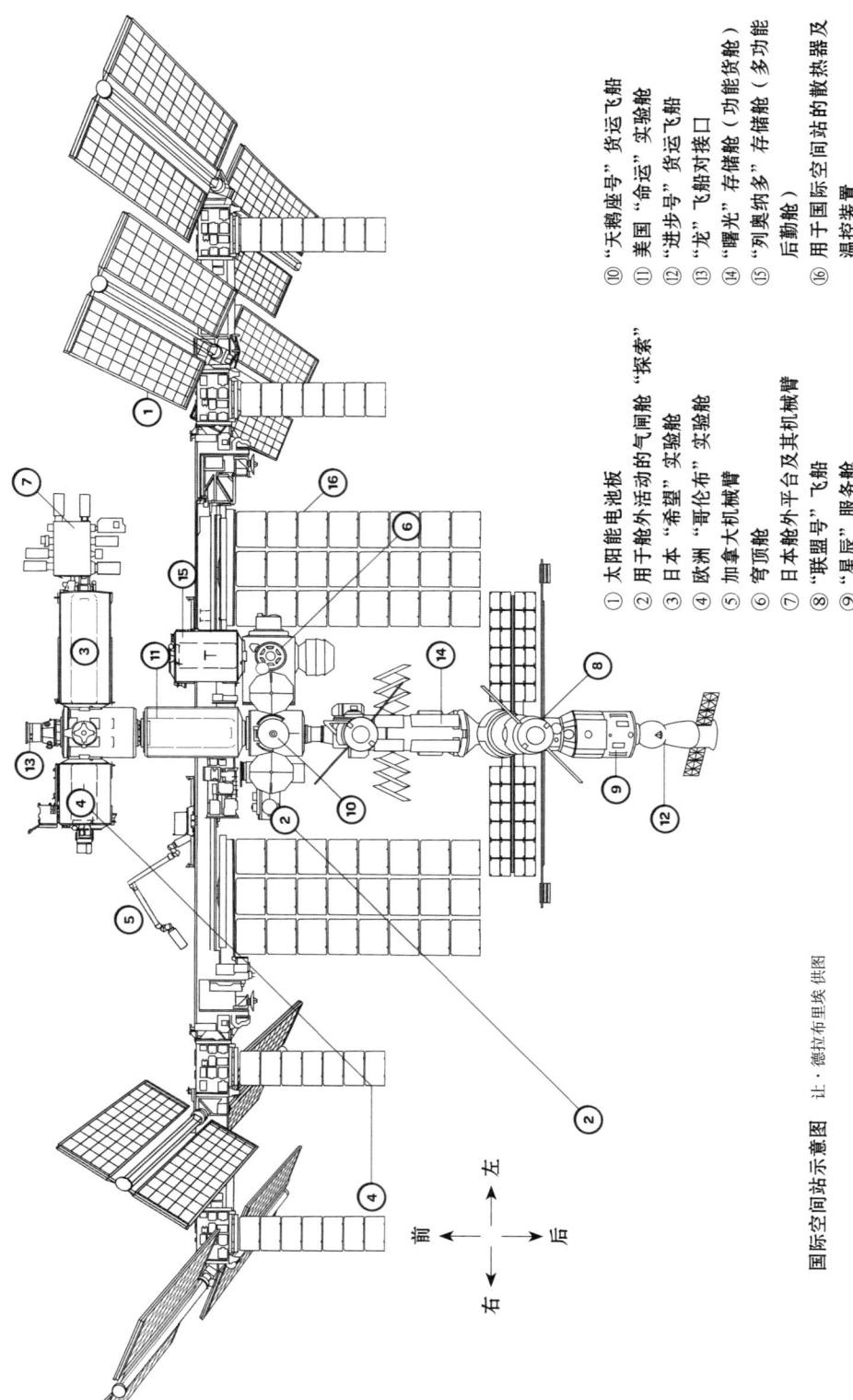

国际空间站示意图 让·德拉布里埃 供图

① 太阳能电池板
② 用于舱外活动的气闸舱"探索"
③ 日本"希望"实验舱
④ 欧洲"哥伦布"实验舱
⑤ 加拿大机械臂
⑥ 弯顶舱
⑦ 日本舱外平台及其机械臂
⑧ "联盟号"飞船
⑨ "星辰"服务舱
⑩ "天鹅座号"货运飞船
⑪ 美国"命运"实验舱
⑫ "进步号"货运飞船
⑬ "龙"飞船对接口
⑭ "曙光"存储舱(功能货舱)
⑮ "列奥纳多"存储舱(多功能后勤舱)
⑯ 用于国际空间站的散热器及温控装置

普罗克西玛（第一幕）

"你看起来一点不像个新手！"

看到我飘过，佩吉称赞道。

我承认，现在我飘得挺老练。一开始，这感觉挺奇怪：我发现自己会下意识地想要游泳。但其实完全是徒劳，白白挣扎却毫无进展。秘诀就是作用和反作用：在扶手或墙壁上轻轻一推，我们会朝着反方向前进，然后飘浮到一个新的支撑点停下，或者朝另一个方向推动而继续前进，依此类推。我很快变得非常自信（可能有些过分），最棒的是在转弯时。我快速到达一个接近交叉口的扶手，抓住，然后绕过转弯，以更快的速度朝另一个方向前进。最常见的情况就是不小心错过了扶手，直接冲出去，然后就完全错过了弯道。在这里也无法刹车，除非抓住什么东西。另一个常见情况就是觉得自己已经是专家，但实际水平还不够。所以，这是令人兴奋的，有点像是在探索极限，我也经历过一两次偏离原定道路的情况！最后，我发现飘浮要比在陆地上行进更容易，简直如鱼得水。失重的感觉很难描述，但是除了极少数例外（那些拒绝放手并紧抓着的人），这是令人愉快的。这有点像突然脱离了自己的身体，或者正如让-弗朗索瓦·克莱尔瓦说的那样，就好像我们全部的重量突然被吸走一样。休息中的四肢以一种在地球上不太常见的角度摆放，而整个空间站也变得像一张柔软的沙发一样舒适，前提是你能够在飘浮时将脚或手臂卡在扶手下以保持稳定……这种感觉就像是永久性的身体休息（但一旦试图使用什么物体，它就变得不那么方便了）。我很喜欢失重的状态，以至于到了晚上，当大家都已熟睡，灯光也已熄灭，我会花几分钟让自己在微光中悠然飘浮。一些指示灯发出微弱的光芒，我完全放松，无需动用任何肌肉，这会带来一种令人难以置信的宁静的感觉。

至于其他方面，我来这里以后，还没有过恶心、头痛或呼吸道充血的症状。我感到很幸福，也非常惊奇。工作的空闲时间里，我总是脸贴着舷窗，看窗外壮丽的景色：乌兹别克斯坦的一些地区看起来就像是克里姆特[78]的画作，法国的田野像是一块近乎抽象的渐变绿的马赛克，澳大利亚的一些地区让我想起秋日落叶的纹理，而巴哈马的水就像是明亮清澈的蓝色水彩画……当我们的眼睛适应了黑夜，有些夜晚我们可以非常清晰地看到月亮和火星，繁星织就的地毯温柔地抚慰着我们的心灵。这里的美丽无穷无尽！

美国国家航空航天局和欧洲航天局为我和我的父母组织了一次视频连线。比之上一次的视频会议，这个时候，我妈妈以更为个人化的视角讲述了她对发射的体验：

"我坐在你爸爸的右边，你哥哥的左边，前后各是一位医生！我简直要晕倒了，孩子！噪音震耳欲聋，光芒刺眼，气流汹涌……我真害怕火箭会偏离轨道！"

---

78 Gustav Klimt，19世纪末和20世纪初知名的奥地利画家，他的作品以其独特的风格和丰富的色彩而著称，常常描绘了女性、自然和神话主题。——译者注

"但你不后悔去了那里,对吧?"

"当然不后悔!我不想要听别人转述,我更想要自己亲身经历。"

第一周,像我这样的新手有一个叫做"适应时间"的待遇。在这段时间里,有时半小时,有时一小时,我们可以归置下自己的东西,适应下情况,熟悉下空间站。

至于我的房间,你可以想象成一个嵌入地面的电话亭。我的睡袋挂在墙上。我在那里睡得非常好,每晚都能享受 7 到 8 个小时的睡眠,不会半夜醒来也不会做梦,完全和在地球上一样。不过感觉还是有点奇怪,比如手臂会不自觉从睡袋里飘浮出来,伸到脸前。第一次醒来的时候看到这个场景,我甚至吃了一惊!通风设备让我们避免被自己呼出的二氧化碳闷死,因为失重状态下气体无法很好地混合。对我来说,怀念的大概是可以枕着枕头或感受被子重量的感觉。一些人可能会受到噪声干扰。尽管房间有一定隔音效果,但绝非寂静无声……对我来说,这些干扰不足以让我无法入眠。有些早晨,当闹钟响起时,我睁开眼睛,等待大脑启动,一两秒钟内我甚至有点不知道自己在哪里……直到我离开舱室,悬浮在空中时,我突然想起来:我在国际空间站!一股肾上腺素涌上心头,为新的一天注入活力。在我小小的私人空间里,配备了两台电脑,一台用于工作,另一台主要用于发送电子邮件和整理照片。我还有一块平板电脑和其他办公必需品。当然,所有这些都得牢牢固定好。我的"衣橱"则是一排固定在舱室入口处的货物转运袋[79]。

---

[79] 这种软而方的袋子是飞船上用于测量装载和接收货物体积的单位。一个货物转运袋相当于 54 升。有双层、三层还有半层的货物转运袋……

我每天晚上都会给安妮打电话。

"最后有点过了,"当我们讨论火箭发射时她说,"我们至少说了一万五千次告别!"

"显然是的。"

"我只想着一件事:你要离开了。这让我深感疲惫,但我又很害怕。"

"最后你在哪里观看了发射?"

"与大家在一起。我不后悔。那样很好。我们都处于一种恍惚的状态,完全无法应对发生的事。起飞时,现场鸦雀无声。所有人都盯着火箭,眼里含着眼泪,我没有骗你……我觉得那一刻持续了很长时间。我们看到四个助推器成十字形离开。虽然它们变得渺小,但我们看到了。随后,火箭消失在天际,我们都说:'太好了!一切都按计划在进行!'我心中的大石头终于落地,一切都放松下来。但很快又开始紧张了,因为还有对接。你到达空间站后,我感觉好多了。跟你说个有趣的事:在对接成功后的新闻发布会上,你给我们的压力太大了,你妈妈甚至跑过来两次让我听她读她的发言,征求我的意见!"

"提前做准备还是很重要的,对吧?毕竟听的人很多。"

"而且,俄罗斯飞行控制中心真的有点像情报局!有一天凌晨一点,我们在地下室……我们紧盯着屏幕上的操作,但某个时刻,可能是由于连接不良或其他原因,操作没有进行得很顺利,我当时紧张极了。你妈妈却突然说:'好了!'我差点对她发火:'不,还没好,还缺了一些步骤!'我差点就责备她了……!"

"第二天呢?"

"我们就分开了。那感觉有点艰难。我一个人回到罗马。但最让我感到空虚的是你们前往空间站的那两天,没有任何沟通渠道。现在,至少我们每天都可以交流。你呢?说说吧。在那边怎么样?"

国际空间站就像是一个布满了成千上万电缆和货架的庞大迷宫,一个 400 立方米的可居住空间。乍一看,人们可能会以为一切都很杂乱,但事实并非如此。要知道,在国际空间站中,实用性和功能性远比美观更为重要(事实上,在这里,美观甚至从来都不在考虑范围内)。我们巧妙利用每一寸空间,用尼龙搭扣、挂钩、钢丝索或磁性系统将各类物品牢牢固定住。在这片繁复之中,寻找特定物品无疑成了最大的挑战。幸运的是,地面拥有一个庞大的数据库,记录了超过 70 000 个物体及其位置……记得我刚抵达空间站的次日,想寻找欧洲航天局的旗。他们立即给了我一个代码,便可以确定旗帜在哪个抽屉里。

在带您参观空间站之前,我们先来聊一点历史背景。尽管美国人自 20 世纪 60 年代初就萌生了建立国际空间站的想法,但直到 1983 年才由罗纳德·里根正式发起。两年后,欧洲航天局以及加拿大和日本的航天机构纷纷响应并加入。1986 年,"挑战者号"航天飞机的爆炸以及国会的犹豫不决(空间站的首次估算成本为 245 亿美元),使该项目陷入停滞。政治风云变幻莫测,俄罗斯竟被邀请加入合作。之后协议达成。"质子号"火箭、"联盟号"火箭以及"进步号"货运飞船对于国际空间站各部件的运送发挥了举足轻重的作用,而俄罗斯人在"和平号"空间站上积累的宝贵经验更是提供了有力支撑(1995 年至 1998 年间,十余名美国宇航员在"和平号"上轮流工作)。历经十余年,从 1998 年至 2011 年,国际空间站终于组装完成,总重量达 450 吨，用了大约 40 次飞行才得以完成。首批宇航员于 2000 年出发，欧洲宇航员们也会在那短暂停留。第一个在国际空间站长期停留的欧洲人是德国宇航员托马·莱特，2006 年他在那度过了 6 个月。

除了桁架和太阳能电池板之外，国际空间站主要由大约 15 个加压模块组成，分别隶属于俄罗斯与美国部分。它们以 5 个模块为一组，依次相连，形成了一个长度为 50 米的主轴。其他模块则连接到这个主轴的左侧或右侧，或上或下，构成一个非常复杂的乐高模型。

空间站的前方[80]有两个实验室：右舷上的欧洲"哥伦布"实验舱，左舷上的日本"希望"实验舱。"哥伦布"实验舱长约 7 米，直径 4.5 米。相邻的日本实验室稍大一些，长约 11 米，并难得地配备了一个储物间，这在国际空间站上空间有限的情况下显得尤为珍贵。国际空间站共有三个节点舱，它们是其他多个模块之间的交叉点和连接点。"哥伦布"实验舱和"希望"实验舱共同通向 2 号节点舱，长度略超 7 米。它配备了对接日本"白鹳号"货运飞船、美国"龙"飞船和"天鹅座号"货运飞船的接口。此外，我们的四个房间也在这里（一个在天花板上，我的在地板下，另外两个分别位于左舷和右舷）。这个节点还通向被简称为"实验室"的美国实验舱[81]，长度为 8.5 米，内部设施齐全，除了配备了一台专用的健身自行车外，还配备了冷冻器、培养箱、用于研究合金的熔炉、水分配器以及加拿大机械臂操作站。更为

---

80 在空间站的轨道上，我们飞行时通常保持相同方向，但与船或飞机不同，这只是为了方便而设置的惯例。事实上，我们可以倒着飞，仰躺着飞，甚至将太空站旋转任何角度：我们仍然会朝着相同的方向前进。

81 美国"命运"实验舱。——译者注

关键的是，这里还集中了一大部分国际空间站正常运行所需的航天电子设备（计算机、电子设备），以及三台主计算机，堪称空间站的"大脑"。继续往后，我们来到了 1 号节点舱。这里是我们的厨房和餐厅，包括烤箱和共用的桌子。我们在这里储存一部分食物。"天鹅座号"货运飞船可以在下面停靠。同时，右舷上还设有专门用于太空行走任务的舱外活动气闸舱"探索"。我们在一个宽敞的圆柱体内（即设备气闸舱）准备和穿戴舱外活动的宇航服，然后从一个较窄的舱门进入，这个舱门通向太空（这个部分称为乘员气闸舱）。再往前行就是 3 号节点舱，与 1 号节点舱靠得很近，我们的健身房和左侧卫生间就设置在这里。同时，生命支持系统也在这里：废水回收、氧气生产和大气再生的系统。在这里，我们将尿液和汗水转化为饮用水，以尽可能减少对地球的依赖[82]。3 号节点舱连接着一个通常装满杂物的存储舱。这个模块主要用于存放我们的垃圾，然后等待货运飞船将它们带走[83]；同时还有存放衣物的货物转运袋、各种备件、耗材和设备，以及食物（每期约消耗 1 400 公斤食物）。最后，3 号节点舱还通往穹顶舱，可以看到外部机械臂的部分操作区域。以上便是美国舱段的情况。

我们再来看看国际空间站的俄罗斯部分，那里停靠着两艘"联盟号"飞船，同时也可以停靠"进步号"货运飞船。1998 年发射的"曙光"存储舱主要用来储存物资，同时也是宇航员们的

---

82 尽管听起来可能不太令人愉快，但实际上我们的水非常干净，甚至比地球上的自来水还要纯净！唐·佩蒂特曾以哲学的方式描述了这一点："今天的咖啡将成为明天的咖啡。"

83 与"联盟号"宇宙飞船不同，补给船没有热屏蔽板，因此它们在返回大气层时会燃烧成灰烬。这是一种方便处理垃圾的方式。当你看到流星时，可以想想这一点……

浴室。这是空间站中最具历史意义的组成部分（从其略显岁月痕迹的内饰壁毯便可见一斑……）。该舱段的32个引擎可以在必要时重新为空间站定向。转向"星辰"服务舱，这是俄罗斯板块的核心部分，包括计算机、导航系统、生命支持系统和厕所[84]。宇航员们在这里生活、工作、用餐和睡觉。他们的居所设有窗户，虽然这在一定程度上牺牲了外部的辐射防护。这里还有几个直接面向地球的观测窗口，我经常在那里拍照。最后，服务舱还配备了数台推进器，用于操作空间站，尤其是在需要时提高其轨道高度。上述两个舱段各有13米长，但比美国舱段略窄一些。俄罗斯人也有自己的存储模块，安装在顶部，可以存放所有可能的东西，包括宇航服，也可以在这里进行对接。与之相对、且朝向地球的是"探索"实验舱，也是俄罗斯的舱外活动出口。最后，在空间站底部还有"黎明"实验舱，这是一个细长的模块，我们的"联盟号"飞船就停靠在那里。

至于国际空间站的外部结构，其复杂程度令人难以置信，堪比《星球大战》中飞船的表面：各种对接口、平台、电缆、沿着横梁滑动以达到尽可能多位置的机械臂、天线、计算机、泵以及非常重要的热控制系统。事实上，由于不受大气层的保护，国际空间站可以达到极端温度[85]。阳光直射下，温度可能达到120℃以上，而在阴影处可能会降低至 −150℃。因此，维持舱内适宜的温度成了能耗的主要原因。

---

84 和美国部分一样，包括压力控制、温度控制、二氧化碳过滤、湿度循环利用、氧气生产和控制等，所有这些都是为了维持人类生命所必需的。

85 在国际空间站周围的太空中，我们无法谈论温度，因为温度是由分子的运动所定义的（而我们处于真空中，因而这里没有分子！）。然而，在这种环境中，任何物质都会被太阳照射并迅速升温，或者处于阴影中而迅速冷却。空间站外部就是如此。

我是那种不到最后一刻绝不起床的人。我跳进我的裤子里（是的，在失重环境下，这是可以实现的）。此时大约是早上 7:30，每日例会时间。这是每个工作日都要与休斯敦、亨茨维尔、慕尼黑、筑波和莫斯科的各大控制中心联动开展的会议。我们首先查阅由地面团队制作的每日总结，它详细记录了空间站当前的状态和一些重要参数。文件高度专业化，充斥着各种缩写词。机组人员聚集在实验室后方，对我们将要执行的任务进行最后梳理。

"托马，早上 8:45，你独自承担安装肌肉萎缩研究与运动系统[86]的重任。虽然安装程序写着需要两个人，但我们觉得你应该可以独自完成。欧洲航天指令员[87]会给予你支持。"

每日例会上，地面团队有时也会对我们前一天提出的问题给予答复：

"对了，你要的 12 号扳手，我们昨晚找到了，它在'哥伦布'模块天花板[88]的第 4 块，储物柜 D5 里。"

这是一个非常奇妙的例子（即使所描述的位置是真实的），每次实验都需要一些非常特定的设备。因此，地面团队会帮助我

---

86 肌肉萎缩研究与运动系统是一种用于生理研究的机器，用于监测宇航员的肌肉活动。该项目由位于图卢兹的微重力与太空操作支持中心监督。
87 美国国家航空航天局的舱内通信员（Capsule Communicator）负责管理国际空间站的美国舱段乃至整个空间站，而欧洲航天指令员类似于欧洲版的舱内通信员，是"哥伦布"实验舱与地面科学家之间的中间人。他们驻扎在慕尼黑的哥伦布控制中心和欧洲宇航员中心，负责解答我们的疑问。他们既是宇航员又是工程师兼训练师。他们从早到晚轮流负责对我们的活动监督。
88 为了方便定位，我们会使用以下术语：overhead（天花板）、deck（地面）、forward（前方）、aft（后方）、starboard（右舷）和 port（左舷）。每个舱段被划分为几个部分，而每个部分都有这四个面。

们收集所有我们可能需要的工具。如果 12 号扳手不在固定位置，那必然是我们的责任（昨天肯定有人放错了地方）。地面团队将会倒退时间来确认最近一次使用该扳手的情况。就像一个绝不会有受害者的精妙侦探游戏[89]。

例会通常简短高效（2 到 15 分钟之间结束）。然后，每个人都去忙自己的事情。我们的个人日程安排精确到分，并会根据实际情况不断更新。为了让每个人都能跟上进度，我们在操作过程中会在一个类似于复杂网页的界面上标注每个任务的进行和完成情况。这个界面的每一行代表一个机组成员，有图形和各种颜色的标注。各个控制中心都会实时显示这个界面，作为日常工作的参考。

这是一份超级复杂的日程表，顶部有一个黑白相间的条形图，显示我们当前所飞越的地球区域是白天还是黑夜。表格上充满了很多晦涩难懂的缩写词，这在太空领域很常见。但不得不说要寻找相关信息并按照指示行事却很方便。我们只需点击相应的格子，就可以获取这项任务的完整名称、补充信息以及由专家编写的操作流程。规划员们在制定合理的每日计划时，需要面对并解决众多限制。例如，某些任务需要两人共同完成，这两人就必须在该时间段内同时有空。又如，很少能在 3 个实验室中同时进行不同的实验而不互相干扰（打个比方）。电能不足以同时进行所有任务；运动会让空间站轻微振动，某些实验无法适应这种情况；而且设备也可能不足：所有人只有一把 12 号扳手等等。更糟糕的是，当通信卫星与空间站的轨道不匹配时，国际空间站与地面团队之间的无线电联系就会中断。这是一个巨大的难题。

---

89 我回到地球后还接到美国国家航空航天局的电话，他们问我是否记得收拾过某些设备……我，整理不当？对于佩斯凯家族的人来说这是绝不可能的……

11月23日,周三,我们刚抵达就遭遇了意外:厕所出了故障。我是第一个发现的。这改变了所有人的优先事项。在国际空间站,卫生间出了问题意味着机组人员都得停工。

首先,让我解释一下它的工作原理。这个装置是俄罗斯制造的。我们在一根管子里排尿,管子的末端连接着一个漏斗。一个开关控制着风扇,这个风扇产生负压,并吸入液体,然后将其储存或回收。之后,使用清洁湿巾擦一擦,过程就结束了。至于排便,程序要稍微复杂一些。马桶装置是一个金属容器,我们坐在上面的狭窄座位上。开关会启动吸力。关键是如何正确坐在马桶圈上,因为孔径只有10厘米,而我们处于失重的飘浮状态,所以接触点并不那么明显。两个脚踏板和一些把手帮助我们稳定姿势。安装在马桶上的一个小袋子收集我们的排泄物和用来擦拭的湿巾。通过简单的操作,这个带有弹性的袋子就被封闭起来,并吸到容器底部。这里需要特别注意的是,我们千万不能忘记为接下来的同事准备一个新袋子(是的,有时候会忘记这一步……那就麻烦了)。固体废物不被回收。一旦容器装满,它就会被封闭并存放在货运飞船里,最终在大气中烧毁。然后我们换上一个空的容器,循环再次开始。

这个厕所的仪表板设计比较老式:LED灯显示"V",表示一切正常。在每次使用前一定要检查是否显示为"V"。然而今天,这个"V"看起来像一个"Z",还有LED亮了红色……情况紧急,我打电话给控制中心。他们告诉我要戴好口罩和手套(因为尿液中稀释了一种化学添加剂——预处理剂;最好不要接触这种"令人愉快"的混合物)。我去检查机架后面的墙壁。在那里,我发现了一个漏洞。很容易识别:尿液和预处理剂混合在一起形成了一团不太好看的绿色物体。在佩吉的帮助下,我按照地面团队的指示执行了相关程序。但是，我发现少了一个替换零件。我被指派去日本实验舱寻找。我花了40分钟仔细搜查，但还是没有找到。显然，在这里清空一个柜子比在地球上要复杂得多：要一件一件地系好每一样东西，以免再次丢失。经过多次尝试，我终于找到了它。我们完成了厕所的修理，生活终于恢复正常。这对我来说是一次不小的考验。现在，是时候继续工作了。

在国际空间站上，时间是最宝贵的资源，这有些讽刺。我们有充足的食物、水和氧气，但我们从来都没有足够的时间。大约50%的时间用于科学研究，但有一些例行的维护工作需要完成：检查水循环系统，确保通风系统的空气流量不会下降，测试和更换零件，更换过滤器，每天都有这些例行事务要处理。再加上俄罗斯同事（他们没有废水循环系统）经常会把他们的尿液容器交给我们处理，我们必须把它们送去回收。

当我忙于实验时，就很容易错过大家的动态。我们都在不同的地方工作，有时候甚至几个小时都碰不到任何人（尤其是我们午餐时间匆忙，通常各自解决）。我听到我的同事通过无线电与地面讨论任务，傍晚我会与他们一起参加日终例会，并一起吃晚餐。

我们按照每个国家或地区的财政参与比例参与所有的研究计划。我的时间中，15%用于欧洲航天局的项目，超过50%用于美国国家航空航天局的项目，大约20%用于日本宇宙航空研究开发机构的项目，以此类推。因此，我的工作会在"哥伦布"实验舱、美国和日本的实验舱之间切换。

回忆一下，我们的大多数实验都利用失重状态去完成。我们研究的现象要么被地面的重力效应掩盖（如重量、沉淀），要么根本无法获得，因为重力的存在。在所有可以在实验室随意控制的物理参数中（压力、温度、pH、亮度等），重力是在地球上唯一不可改变的。只有在太空中，我们才能摆脱重力的束缚，从而打开可能的新领域。

在出发太空前，法国国家空间研究中心曾询问我是否在研究方面有什么偏好。我只回答说："请优先考虑让我进行对地球有快速效益的实验。"微重力和太空操作支持中心的主任塞巴斯蒂安·巴德竭尽全力（可谓不遗余力）寻找资金，以增加法国在欧洲航天计划中的新实验项目。在那个时候，谈到国际空间站任务时，即使是（尤其是？）在法国国家空间研究中心，也很少表现出积极性来。

在国际空间站中参与科学研究有两种方式：作为实验室技术人员和作为实验对象。

从技术方面说，我们远没有掌握所有的研究课题，因此我们在空间站的工作需受到程序的指导，并且要与地面控制中心负责该任务的人员和欧洲航天指令员保持联系，他们有时会通过视频监控我们的操作[90]：

"慕尼黑[91]，国际空间站。我正在执行 1.5.230 程序／步骤 4.5，确认已将绿线连接到绿色按钮，将红线连接到红色按钮……"

"国际空间站，慕尼黑，感谢提供的信息。后续指令将从地面发出。"

我抵达空间站后要进行的首项任务是测试一种叫做 AQUAPAD 的技术，这是一种创新的干微生物技术，能大大简化水质分析。

---

90 摄像头只在我们进行科学实验的时候使用，我们在失重环境下的生活是不会被拍摄的。
91 此处指位于德国慕尼黑附近的奥伯普法芬霍芬的哥伦布控制中心的无线电代号。

无论是在空间站还是地球上,都能够比现有设备提供更易用、更快速的诊断。在国际空间站,我们饮用的水有90%以上来自我们汗水和尿液的循环利用,因此我们需要定期检查水质。如果使用AQUAPAD技术,我们只需在一种特殊棉片上注入1毫升水,等待两天后观察有多少个彩色点出现。这些点对应细菌,其数量决定了水的饮用安全性。节省下来的时间可以用于其他科学实验。而在地球上,这样的工具在许多地方都将非常有用,尤其是在水资源匮乏的地区,或是灾后水质监测。

另一项重要实验是MATISS,旨在测试具备抗菌属性的材料。这类材料具有疏水性,会排出细菌繁殖所需的水分。我负责管理的四个样品架分布在通道、通风口的出口等处。在太空中,湿度和微生物不会像在地球上那样落向地板,而是会在各处固定下来。使用这些材料不仅能保护我们免受微生物的侵害,还能防止腐蚀。这些材料在地球的应用也非常广泛,我们可以用它们来清洁公共交通工具的扶手、电梯按钮或公共空间中的接触面……在医院,或者在流行病爆发时尤显宝贵。

在太空中,细菌的生长速度比在地球上更快,同时也更具侵略性。为了进行医学实验,我们携带多种菌株进入太空,并对其进行观察。我们发现,一些菌株会生长和繁殖,而另一些则不那么活跃:这些菌株被单独隔离出来,可在未来用于地球疫苗[92]的研制。

我曾说过,实验人员经常会变成实验对象。这是一个重大的挑战。就像前文中提到的那样,我们在太空中会失去一部分骨骼和肌肉的质量,心脏功能下降,动脉变得僵硬……总之,出现了

---

92 疫苗通常是某种疾病引发的病原体的一种弱化形式,注射疫苗相当于训练免疫系统来应对它。

所有的衰老症状（我们大约老了10岁）。然而，回到地球后，我们（总体上）都会恢复！科学家们想要揭开这种可逆性的秘密。这对于如何延长地球上人类的预期寿命必然存在着某些启示！

我开始研究精细动作技能，研究在失重环境下精细运动能力的适应情况，也就是小肌肉的协调能力。平板电脑上的一款软件通过控制我的速度、反应时间以及动作的准确度来测试我手部的灵巧度。我开始安装肌肉萎缩研究与运动系统这个折磨人的装置，这是为SARCOLAB-3实验做准备。该实验旨在了解肌肉如果很少被使用或萎缩时的机制。这台机器的复杂程度与其多功能性不相上下，将其配置起来并非易事。经过数小时的工作后，系统终于运作起来，我成功坐在一个配备了超声波、肌电图和电刺激器的座位上接受测试。我的腿和整个身体被各种带子紧紧捆绑，以确保测量的准确性。我的俄罗斯同事谢尔盖协助我。我的右腿被带子固定住，上面布满了各种传感器，我在接受电击的同时必须尽全力做出重复的肌肉努力。这大概算不上是我生活中最愉快的时刻。新的测量计划在10天后进行，最后一次测量将在4月进行，也就是在我回地球前的一个月。这项研究的结果将有助于地球上长期卧床的病人的康复和肌肉疾病的治疗。

我们在国际空间站也进行神经学实验。早在几年前，科学家们就发现，从某个年龄开始，成年人就很少会像孩子学骑车或游泳那样能形成深刻而持久的记忆或技能。但也有例外，例如我们宇航员。这种现象发生在我们到达太空的最初几个小时里，我们在这个阶段学会了如何在失重环境中移动。由于身体运动方式的变化如此彻底，以至于我们在适应过程中，大脑中会建立新的连接。就像学会骑车以后，我们将不再遗忘，因为这种学习深刻地印在我们的心里。科学家们要求我们做各种测试。他们在发射前用特定的磁共振成像绘制了我的大脑图像,并会在地面收到各种测试的结果。他们发现,这一尚未被人类充分了解的器官,其功能和可塑性十分惊人。

每天两个半小时的体育锻炼是必不可少的。长期在失重状态下,我们的肌肉使用量大幅减少。因此,如果希望回到地球后还能站起来,我们就需要锻炼。锻炼需要全体人员良好的配合,根据计划,我们轮流使用健身器材。当然,这些器材都是分开的,以尽量减少振动。

我们背上系着束带,脚上绑着弹性绳,这些装备帮助我们在跑步机上奔跑。我们还使用实验室里的健身车进行锻炼。它看起来可能和你家里的一样,唯一的区别在于没有座椅。我们只要把脚绑在踏板上,双手握紧车把手,无需坐下。在失重环境中骑车颇为费力:我们必须奋力踩踏才能使踏板上升,而踩下去也需要很用力。相比之下,地球上的重力让这项运动轻松很多。为了打发时间,我(其他同事也是如此)一边骑车一边在平板上看电视剧(我刚开始看《办公室》的第一季)[93]。为了隔绝舱内持续的噪声,我们每个人都配备了定制耳塞。最后,我们在一台名为"高级阻力运动设备"的机器上进行力量训练,这是一台非常先进的器械,可以通过对我们的身体施加全面且可调的力量,助力我们完成深蹲、卧推等动作,并能训练我们的二头肌、三头肌、腹肌、肩膀等多个部位。这台机器被安置在穹顶舱的正上方。毋庸置疑,这绝对是世界上景色最美的健身房!

在太空中运动感觉会很奇怪,因为汗水不会滴落,只会停留在皮肤表面,形成一层绝缘层。然而从生理学上说,汗液被认为

---

[93] 美国国家航空航天局在空间站上有一个可通过局域网访问的硬盘,其中包含500部电影和电视剧。

是通过液体的流动来排出体内的热量。因此，我们必须时不时擦拭一下以便除去这层令人窒息的"面具"。接下来，咱们来聊一聊国际空间站里的卫生问题。洗衣服？不要想了。因为这里没有自来水，也不可能手洗，因为那样会散发大量水滴，可能会损坏周围的电子组件（是的，水也会飘浮）。因此，我们只能穿一段时间后就扔掉衣服，但美国国家航空航天局很慷慨：我们每两天可以换一条内裤，每三天一双袜子，每周一件T恤，每个月一条裤子。运动装备方面，我们每周可以换一条短裤和一件T恤。连续七天、每天两小时锻炼后，结果可想而知……再来说说洗澡，这纯粹是个技术活。我们把涂抹过肥皂的干毛巾存放在铝箔袋中，洗澡时将这块毛巾稍加湿润以便清洁，每周可以使用一块小海绵来擦干身体。理论上，我们的洗发水不需要冲洗……刷牙时，尽量少张开嘴巴，避免漱口，牙膏是可以吞咽的（地球上的也是如此……）。理发时，只要有人愿意，就可以给你理发，这就解释了为什么我们最后都会顶着一头奇怪的发型回到地球！你也可 以尝试用剃须刀自己处理，但吸尘器必须随时待命，以便吸走头发，因为在这里，头发的散落也可能会对我们的设备造成噩梦般的影响。最后，在公共卫生方面，每周六都会组织六名宇航员清洁空间站的各个角落。在失重环境下，灰尘不是落在地上，而是主要堆积在通风设备的过滤器中，空间站有几十个这样的过滤设备（这里的灰尘主要是死皮和头发）。因此，我们每次都要使用我们的飞行吸尘器和它们长长的电源线在每个模块中穿行，这些电源线时常打结或是卡住。我们用湿巾擦拭我们可以触摸到的所有表面：电脑键盘、通信麦克风、机械手臂的控制器、操纵杆、相机，当然还有墙壁上的扶手。

每天，宇航员在国际空间站上的工作通常会在晚上八点结束。这时,我们会与地面控制中心进行最后一次联系,也就是晚间例会。这是一次总结会,以确保一切都井然有序,每个人的计划都已完成,并解决最后遗留的问题。我发现,佩吉和我一样,都追求高效率。我们经常会提前完成任务,并开始第二天的工作,这使得地面团队不得不调整计划……但这样我们也赢得了更多的时间,空间站的科研成果也随之增加!

我们每周至少安排一次聚餐,或是在俄罗斯同事那里,或是在美国同事那里(其他时间,佩吉、谢恩和我三个人一起用餐)。上周六,佩吉给我们品尝了她亲手种植的新鲜莴苣。在品尝之前,我们征得了地面科学家的许可,毕竟这是实验,不是菜园。他们同意了,但提醒我们得留一些叶子给他们!在这里能吃到新鲜的东西真是太好了。

我们第一次聚餐时,我惊讶地发现每个人都穿着一件让人怀疑的、不太干净的 T 恤。而我,特地换上了一件整洁又时髦的 Polo 衫。很快我就明白了……大家愉快地传递着打开盖子的食物盒,每个人都拿自己的一份,然后传给下一个人,好似一场飘浮的芭蕾舞。友好的氛围,但也无法避免地会在各处留下污迹。在毁了一两件 Polo 衫之后,我最终屈服于这不成文的着装惯例。

让我们来谈谈如何在国际空间站上吃东西。我带了不少黄油饼干和童年零食。由于航程颠簸,在打开包装袋时很难不让碎屑四处飞扬……米饭同样棘手:虽说米粒是聚在一起的,但人类无法做到(一代又一代的宇航员证明了这一点)不让它们四处散落。因此,我们很少选择米饭作为主食。由于我们不能在桌子上放任何东西,因此尼龙搭扣也在这里派上了大用场。我们把它贴在餐具上、裤子上、食品盒上、饮料袋上……经过一些训练,我们甚至能达到杂技表演的水平。例如，我们轻轻一甩就可以交换酱料瓶；又如，有人在享用食物时突然想喝口水，只需放下盘子片刻，然后在它缓缓漂移的过程中迅速抓住它。与很多人预想的相反，我发现我的味觉并没有退化。我觉得许多低钠低脂的美国食品味道很淡。但……这是因为它们确实味道太淡！我想我应该控制自己，但我还是选择在这些食物里添加大量的盐、胡椒和辣椒酱来唤醒味觉。同样，我认为我的嗅觉也没有减退。在日常生活中，国际空间站并没有什么特别的气味……当然，除了在某些地方，如存储模块的底部，那里积累的垃圾比平时多。十二月初，"进步号"货运飞船在途中意外爆炸。它携带着两吨设备、食品和给俄罗斯同事的材料。当然，我们互相分享了一些必需品，奥列格很高兴地穿着我和谢恩的裤子，但那些本应该跟着货运飞船返回地球的东西（垃圾等废弃物品）仍然堆放在我们存储模块的底部……

说到我的俄罗斯同事，我已经对奥列格相当熟悉。我得去了解一下另外两个俄罗斯同事。谢尔盖，42岁，曾是军用飞行员。他非常虔诚、正直且爱国。他非常热爱历史，有各种纪念日要纪念：

"今天是苏联成立纪念日！"

"今天是拉斯普京[94]的逝世纪念日！"

"今天是美国废除奴隶制度纪念日！"

他每年都会记得国际妇女节、宇航员日、火车司机日以及邮差日（在俄罗斯，各行各业都有自己的节日，人人都有份），这

---

[94] 拉斯普京，全名格里戈里·叶菲莫维奇·拉斯普京（Grigori Yefimovich Rasputin）是一位俄罗斯农民出身的宗教修士，也被称为"沙皇顾问"，他因其神秘的精神力量和对俄罗斯皇室的影响力而闻名。——译者注

种习惯有点奇怪但很友善。

安德烈,是个经验丰富又从容不迫的家伙。他之前是一位军事工程师,52岁。他看起来并不是十分迷人,却结过五次婚。他性格有点难以捉摸:虽然面带微笑,但在餐桌上却总是一言不发(或许是因为当大家聚在一起时默认使用英语,他并不感兴趣),不过他在公共关系方面表现得非常出色,深受俄罗斯国家航天集团新闻部门的喜爱……我和谢恩轮流尝试过跟他说话。但无论我们问什么,他总是含混地回答道:

"嘿嘿……"

他的嘴角总是含着一个拿铁咖啡的袋子。在美国舱段更宽敞的空间里,他飘浮地似乎并不完全适应。在转弯时,好几次我们都差点撞上,而他并不尝试通过一些灵活的动作来避让,而是卷成一团,等待着被撞击,同时嘴里喃喃道:

"对不起,对不起!"

偶尔,我承认我们在他途经的路上会放一些不太严重的障碍物,他时不时会无法避开。

"对不起,对不起!"

碰撞的金属摩擦声响起,就像动画片里的场景一样有趣。这让我们忍俊不禁,而他也是:一个情绪稳定的好伙伴。

晚餐过后,每个人都可以自由地去做自己的事情。对我而言,时间过得飞快:我需要撰写交给媒体合作伙伴的日志,为两部纪录片拍摄片段,还要给正在设计漫画的玛丽昂发消息……

在空间站,我接不到电话,但我可以给任何人打电话。有时我会联系朋友。但由于显示的号码很奇怪,有些人不接电话,以为我们是推销商品的。我只好给他们写电子邮件:"接电话!我是从国际空间站打来的!"

我和安妮每晚都通电话。[95] 她要是出差，联系起来就不那么容易。她尽力在每个地方都买当地的 SIM 卡，但有时我只能试试往她入住的酒店打电话。有一天，她在厄瓜多尔的首都基多的街上走着。太疯狂了，因为我们正好飞越这个国家。我在她上方 400 公里的高空给她打电话！最近，她在埃塞俄比亚。我给她的房间打了 5 次电话，但都没人接听。我只好联系前台，但他们似乎不太在意，所以我使出了绝招：

"听着，我从国际空间站打来的电话。所以我真的希望你能帮忙找到我的女朋友。"

电话那头沉默了一会儿。我不确定他们是否真的相信了，但他们把电话转接到了酒吧。

"这里有一位叫安妮的客人吗？"

安妮呛了一口鸡尾酒，我们终于联系上了。

"抱歉，我和同事们在庆祝研讨会顺利闭幕，我忘了时差。"

她说，自从我去了空间站，她处理起分别来越来越得心应手：

"事实上，现在我们联系起来比你在俄罗斯和美国之间奔波时更容易！因为只有一个时区，一个规律的时间表……"

"幸好你去了埃塞俄比亚，为这一切增添了一些变化！"

在娱乐方面，美国国家航空航天局会实时转播一些重大比赛：超级碗[96]、法国橄榄球队比赛……我每天还可以在平板电脑上阅读发送给我的《队报》[97]……但由于需要美国国家航空航天局的环路

---

95 在这个持续了 196 天的特殊任务里，这就像一种仪式。
96 超级碗（Super Bowl）是美国橄榄球联盟（NFL）每年举办的决赛，也是美国体育界最重要的比赛之一。通常于每年的 2 月初举行，吸引了全球数以亿计的观众观看比赛。——译者注
97 《队报》（*L'Équipe*），法国的体育报纸，成立于 1946 年，是法国最受欢迎的体育报纸之一，涵盖了各种体育项目的新闻、评论和报道。——译者注

输出，所以会有一天的延迟。

佩吉总是很早就睡觉（同样也很早就起床。早上5点，她已经开始锻炼了）。我经常和谢恩一起熬夜。他真是个典型的美国绅士，性格沉稳，从不发脾气，真诚地关心他人。战斗直升机飞行员出身的他毕业于美国著名的西点军校[98]，相当于法国的圣西尔军校[99]，但西点军校的规模更大。49岁的他对我来说就像大哥一样的存在。他热爱高尔夫，我常和他一起观看比赛。由于我对高尔夫一窍不通，所以他给我做解说，我则以解说篮球比赛作为回报。

在国际空间站，每24小时就会经历多达16次的日出日落。因此，要确定什么时候该睡觉了并不容易，尤其对于像我这样的夜猫子来说。我们以格林尼治标准时间为准，这与西欧的时间大致相当。在午夜到凌晨1点之间，我会关闭穹顶的灯光并拉上了百叶窗，然后钻进我的睡袋，享受应得的睡眠。

12月13日，这一天绝非寻常。我们的任务是用加拿大机械臂拦截一艘日本"白鹳号"货运飞船（一个重达10吨的漂亮家伙），并将其对接到2号节点舱。这艘飞船运载着空间站的新电池，我们将在之后的舱外活动中把它们安装到太阳能电池板的底部。佩吉不喜欢这种类型的操作，所以由我协助谢恩，同时我期待着可以亲自动手操作机械臂。

---

98 西点军校（West Point Academy）是美国的一所著名的军事学院，正式名称为美国陆军军事学院，位于纽约州的哈德孙河畔西点。这所学院是美国军队中最著名、历史最悠久的军事学院之一，培养了众多军事领袖和政治家。——译者注

99 圣西尔军校（École spéciale militaire de Saint-Cyr）是法国的一所著名的军事学校，位于法国的坎布雷。该校培养法国陆军军官，提供全面的军事、学术和领导训练。——译者注

我们坐在穹顶舱内，谢恩负责操控，而我则与休斯敦控制中心通信，并管理整个操作流程。如果遇到困难或是故障，负责辅助的宇航员必须能迅速翻阅厚厚的手册，调整操作并做出正确的决策。同时，我们拥有一个可以向"白鹳号"发出指令的控制面板。太阳十分刺眼，我们不得不根据是观察窗外还是注视屏幕的需求，频繁地戴上或摘下墨镜。看着这么大一个庞然大物逐步接近，十分震撼。气氛有点紧张，我们不能出错（这一趟需要数百万美元的成本）。操控机械臂需要多项技能。首先，需要具备良好的心理技能，即在专注于主要任务的同时能考虑外部影响，能整合多种不同类型的信息。其次，在空间方面需要非常良好的侧向定位能力，因为此时我们并不是在驾驶一种总是沿着前进方向运动的机器，比如飞机。我们不能完全依赖视觉判断，例如，当我们命令手臂向左或向右移动时，由于它相对于我们的位置和控制方式，我们可能会看到它执行完全不相关的动作。因此，我们还需一种优秀的空间认知能力，能够通过手部动作来操控机械臂的移动。一切都进行得非常顺利。当"白鹳号"离空间站距离适当时，我们展开机械臂：对准、插销、捕捉、对接、放松。现在，我们只需将其装载的 2.6 吨货物转移进空间站，有食物、衣服、实验设备，还有电池。此时此刻，我们更加感激我们所在的失重环境：多重的货物在这里都不难搬动。

任务之余，我按照之前的计划进行摄影工作。当然，不在工作日，而在晚上和周末。我不是第一个在社交网络上发布国际空间站照片的人，先驱人物是唐·佩蒂特，我之前提到过他。但第一个使用社交网络的是加拿大人克里斯·哈德菲尔德，发生在 2012 年。他的 Twitter 和博客都经营得非常成功。这在美国国家航空航天局内部引起了一些小的骚动,有人在各处说他执着于进行个人宣传活动,工作不如其他同事那么努力。我不这么认为,不可否认他的传播做得确实非常出色。亚历克斯也拍摄了一些漂亮的照片。我也在尽我所能地跟上这个趋势,努力做好这件事。

空间站配备了相机以备在出现故障时使用,换句话说,与其向他们解释问题,不如将相关问题的照片发送到地面。可以说,宇航员所需的摄影技能并不高。若地面发生自然灾害,我们也可能收到消息,要求我们用长焦镜头拍摄受影响区域的照片,以尝试协助救援工作。但仅此而已。

但要拍出好照片,需要学习的东西可不少。我很快就发现,穹顶舱并非拍摄地球的最佳点,因为玻璃的光学质量并不理想,这着实出人意料。对于一般的景观拍摄,如果使用200毫米以内的镜头,效果差强人意。但一旦超过这个焦距,图像就会模糊,所以不可能在这里拍摄放大的地球照片。为此,唯一的选择就是去俄罗斯舱段。我通常会携带一台配备了800毫米大镜头的单反相机,有时甚至会带上另一台相机以备不时之需。我尽量避免撞到它们。俄罗斯舱段的舱窗是朝下开的,可以俯瞰地球。我还有个竞争对手——谢尔盖。我喜欢拍摄欧洲,尤其是法国。而谢尔盖则对中东非常着迷,以色列、西奈山、戈兰高地……但大致上是在同一轨道上。他经常占据那个很难容纳两个人的大圆窗。他没有我那么留意航线,甚至在我拿着相机往后面走的时候也跟着我:这是一个好机会。所以我和谢恩制定了一个策略:当我示意他的时候,他就与谢尔盖聊天,让我可以悄悄朝俄罗斯方向溜去。但他很快就察觉到了我们的"阴谋"……

夜间拍摄成功的概率更小。几个方面的原因:首先,缺乏足够的亮光(即使是一个灯火辉煌的大城市,在400公里之外看起来也只是一个被黑色笼罩的小亮点），这种情况下，我们需延长曝光时间以保持感光度，但增加了图像模糊的风险。此外，还要考虑国际空间站的飞行速度（每小时28 000公里），即使我们设法保持静止（在失重状态下这从来不是一件容易的事），也有可能模糊。另一个困难是国际空间站的舷窗，七层的结构会产生大量反射。特别是空间站和穹顶舱里电子设备发出的各种光使这种情况更为糟糕。

头几天，我只是满足于拍摄一些元素，单这些就足够震撼：地球的曲线、初升的太阳、燃烧般的地平线……有太多令人惊叹的事物。飞越撒哈拉，一望无际的红火可能会让人误以为自己正在飞越火星。它的面积如此辽阔，是澳大利亚和新西兰的总和，甚至超过了美国东西海岸之间的距离（5 000公里）。当我看到澳大利亚半干旱的内陆时，那种广袤无垠的红土和荒芜的景象让我联想到了世界的起源。飞越沙漠后又撞上了红海的珊瑚礁和红树林，这蕴含着另一种奇妙。但迄今为止最令我印象深刻的事物之一，毫无疑问是呈现出千变万化蓝色的巴哈马群岛。这个由七百多个岛屿和两千多个礁岩组成的岛屿国家在大西洋中熠熠生辉。

我在网上发布了我的第一张太空照片，并在配文中如实写道："这是我从太空中拍摄的第一张夜间照片，然而，我不确定这是哪座城市……你们能认出来吗？"尽管我带着一丝自信，但有种还未真正掌握飘浮之前一样的感觉……12月8日是里昂的灯光节，我本想记录下这座城市的璀璨夜晚。照片发布后，人们点赞不断，我也收到了很多诸如"我来自里昂，谢谢你的照片！"的留言。直到有一位细心的网友提出了疑问："呃，里昂有两条河，对吧？罗讷河和索恩河。但照片上只看到了一条……"此时，有人善意地指出，其实我弄错了。事实上，我发布了一张罗马的照片，这座城市在同一轨道上稍远一点的位置……阿德莱德有点慌张,并建议我删除帖子。而我选择承认我的错误并做出道歉:"显然,宇航员也在地理上一窍不通:我关于里昂的照片实际上是……罗马。是的,我弄混了 SD 卡#对不起了,伙计们。"

事实上(为我自己稍作辩解),城市和城市的轮廓非常相像,除非是我们非常熟悉的地方……你可能认为我们可以借助高性能的 GPS 和 Google 地图,但事实并非如此。我们经常要凭肉眼来判断我们的位置。当然,会有一个软件告诉我们下次轨道飞行我们将经过哪些地方。当我看到一个有趣的、会经过法国的轨道时,我会记下大概时间,然后尽可能在舷窗前等候。接下来,我要通过地理标志(河流、海岸)来识别这些高速掠过的城市。尤其是当我在电脑上整理当天的照片以选择最好的照片时,我需要仔细识别。就是在这个大致的情况下,我把罗马和里昂弄混了。这就是专业技能的体现。

我从来没有完全的自信认为自己能拍出好照片。当我站在窗前,情况只有两种:要么天气晴朗,要么天空被云层遮蔽。谷歌地球上的画面总是很清晰,但在现实生活中,雾气、雾霾和云雾常常会遮挡我看向地球的视线,这种情况占了约三分之二。尤其此时的北半球正值冬季,只有撒哈拉沙漠从不被遮蔽,因为极度的干旱阻碍了云层的形成。在这种情况下,我只能欣赏这些多样的"云层怪兽"。它们在高空形成高积云,在低空形成庞大的雨云,密集的网状结构让人不禁联想到厚厚的冰层或巨大的羊毛球。而在亚马逊丛林的上方,我时常会看到另一种截然不同的画面:点点白云点缀在翠绿的背景上,宛如一幅精美的画卷……偶尔,我会把头贴近舷窗,那时的我似乎忘记自己身处国际空间站。

看着地球缓缓滑过,我觉得自己就像在独自飞行……地球的弧度总是完美地映衬在宇宙这个黑色背景之上。尽管如此,即使没有云,大气也会是一个天然滤镜,灰色的尘土和悬浮的湿气会在一定程度上妨碍了我的拍摄。当天气条件良好时,"狩猎"就开始了。最理想情况是我处于拍摄目标的正上方。记得有一次,我决定拍摄马丘比丘[100],在下午15:30左右有一个良好的视角可以拍摄。我站在穹顶舱里。那里的视野范围是左右各2 000公里。要在这种情况下找到微小的马丘比丘,无疑是一场挑战,祝我好运吧!可以想象,我错过了很多目标……

出发前,我曾列出很多不想错过的地方。首先是我心目中的世界奇迹:诺西贝岛无尽的海滩和碧绿的海水,澳大利亚中部的乌鲁鲁巨石[101],以及大堡礁……当然,还包括对我个人意义重大的地方:迪耶普、图卢兹、蒙特利尔……和发射基地:卡纳维拉尔角、拜科努尔、库鲁……而作为法国人,我不打算局限于法国本土,我还希望能拍摄留尼汪岛、瓜德罗普岛、马提尼克岛、波利尼西亚、圣皮埃尔和密克隆群岛、圭亚那、克尔格伦岛[102]……

然而,有些地方由于轨道的限制,我无法拍到它们的照片。这是简单的几何学:如果我们沿着倾斜0度的轨道飞行,我们就是沿着赤道飞行。如果我们倾斜90度,我们就会飞越北极和南极。而国际空间站的倾斜角度大约是52度。尽管地球自转,我们也无法飞到超过52度纬度的北半球或南半球。所以,我列的

---

100 马丘比丘(Machu Picchu)是位于秘鲁的一个古代印加遗址,被认为是印加帝国时期的宫殿和庙宇之一。它位于安第斯山脉的高山上,海拔约为2 430米。马丘比丘被列为世界文化遗产,是世界上最著名的旅游目的地之一。——译者注
101 乌鲁鲁(Uluru)是世界最大的单体岩石,有"澳大利亚的红色心脏"之称。它同时也是澳大利亚原住民安娜玛人(Anangu)的圣地之一。Uluru是世界著名旅游景点之一,因其壮丽的景色和文化意义而闻名。——译者注
102 全部指法国的海外领土,它们位于大西洋、太平洋和印度洋等各地。——译者注

清单里没有南极和北极，也没有阿拉斯加和莫斯科。

我发现，正如一个摄影师朋友所言，摄影就像打猎或者钓鱼。我的意思是，摄影不仅仅是打猎，还有追踪和预谋。当然，也有意外的惊喜：周末我坐在舷窗旁，看看能不能捕捉到什么。我曾偶然地拍摄到大块的盐矿和绿色的锂矿，还有巨大的沉淀池，它们就像蒙德里安[103]的画作一样，由红色和白色构成，充满了不可思议的美感……农业操作留下的痕迹就像是一副抽象的图画：在墨西哥和美国南部，灌溉使得农田里留下了各种圆形和方形的痕迹，让人联想到建构主义或原始艺术。我事后进行了一些调查以确定这些地点。这里的网速很慢，因此我更喜欢用那本陈旧的纸质地图集。身处欧洲航天局办公室的阿德莱德和朱利安为这项调查做出了很多贡献，我社交平台的关注者们也是如此。前几天，当我们飞越澳大利亚时，我偶然发现了一种像奶白色生蚝一样东西，闪烁着珍珠般的光。我在网上发了张图，并承认我不知道自己拍到的是什么。来自当地的关注者们告诉我那是弗罗姆湖。

每天晚上，我都要在我的舱房里花上几个小时整理照片（在一个好的轨道上，我有可能拍到数百张图像，成果颇丰的一天可能要用上七八张 SD 卡，包含一两千张照片）。我迅速处理选中的照片，修改对比度或颜色，使得大气的灰色不会淡化我拍到的东西。然后我通过邮件发送给阿德莱德和朱利安，当我有灵感时会用法语或英语撰写一段文本，或拟一个简洁的标题，有时我也让他们自己拟定。我们也间或发布一些有关科学实验和失重状态下生活的帖子，以增加内容的多样性。毕竟，科研是我们前往太空

103　彼特·蒙德里安（Piet Mondrian）是一位荷兰艺术家，是 20 世纪最重要的抽象艺术家之一。蒙德里安的作品以简化的几何形状和基本的颜色块组成，表现了对自然和现实世界的简化和抽象，以及对形式、线条和色彩的探索。——译者注

的真正目的，尽管它不像美丽的地球那样吸引人。他们收到照片后，会立即发布一部分内容，其他的则会在与地面上某些特定事件相关联时再发布。据我所知，我的关注者数量不断增加。我的分享引起了人们的兴趣。这太好了：这正是我们坚持的理由。

世界之美不言而喻，但它也有脆弱之处。我早有所料：从太空观察，这份脆弱更是显而易见……每一位从太空回地球的宇航员都会对气候变化及其他对地球的威胁有更深刻的认识，要知道，我们在这里看到的远比在地球上看到的更为清楚。

对我来说，有一个事实显而易见：我们的能力太有限，难以把握那些超越我们时空感知范围的问题。当然，理论上，我们可以接近它们，但缺乏切身的感受，它们便难以触动我们。我们需要亲眼见证（或触摸）才能相信。

我们从本质上只适合与有限的人群和周围的环境互动，也就是说，在一个有限的范围内。我们通过知识结构——比如科学或哲学——来应对超出这个范围的事物，但这通常还是停留在理论层面……我们本能地清楚 1 和 100 之间的区别，因为我们可以轻松地数到这么多：这就是我所谓的有限范围。但是要能够真实地想象出 100 万和 1 个亿之间的差别……我自己无法做到：这些数字对我来说没有真正的意义，尽管我知道如何使用它们。通过数学和抽象的能力，我们能够处理超出我们感官和尺度的量和概念，但这些知识结构该如何与我们在日常生活中面对的实际情况相联系？

我们继续以"近距离"的方式存在：唯有能想象的，能感受的，才能真正触动我们，激励我们改变或采取行动。世界另一端发生的地震造成了成千上万的受害者，这只会短暂地触动我们，但在我们眼前发生的小小的悲剧却会深深地震撼我们。我们是敏感的动物，世界通过我们的感官和情感和我们交流,而不是通过所谓的理论。

　　我们对地球的认识亦是如此。理论上,我们深知它的资源并非无限,而且甚至受到了严重的威胁,但从我们个人的狭小视角来看,一切似乎又是取之不尽的。气候变化的时间和全球范围的尺度对我们而言是无法感知的,只能通过我们的大脑来理解。因其遥不可及,因此相对容易忽视它。

　　到了太空,我们突然间拥有了用自己的感官来感受地球规模的机会。整个地球就在我们眼前。在这里,我可以亲眼看到洋流是如何从地球的一边流到另一边,一切都在我可以触及的范围内。我看到了白色的冰川正在消融,大西洋或太平洋上的油轮正在排放废气,河流正在被棕色的沉积物污染,我还看到了伐木场,尤其是在亚马孙地区,沿着河流和道路留下一块块像被剃刀剃过的痕迹。有些城市甚至因为污染而无法拍摄其照片。然而,通过自身感官来亲身体验地球的有限性让我们感受良多。从地面观察地平线,我们总以为地平线的那一边总存在着另一些东西。例如,海洋之后,还有海洋。地球如此辽阔,我们似乎永远无法真正伤害它。但是,站在国际空间站,我看到的是一个完全有限的球体。尽管它很大,但它仍然是有限的。很早前,我就想到过这个类比:我们的地球和国际空间站都像是被发射到太空之中的,两者有何不同?没有不同。我们和并非自己选择的人一起生活,我们必须节约有限的资源,悉心照料这艘飞船,这样它才能飞得更远、更久……最让人印象深刻的就是大气层:它就像一个薄薄的肥皂泡(大气层的厚度约几十公里,而地球的半径达到 6 371 公里!)。这个薄薄的表皮包含了一切生命,也使生命成为可能。而地球周围呢?空虚、黑暗、虚无,一直延伸到遥远的光年之外。地球就像是在最恶劣和广阔的沙漠之中,一片令人难以置信的绿洲。这都要归功于大气层这个似乎可以在一瞬间爆炸成虚无的"肥皂泡"。[104]

当然,我们没法把所有的地球人都带到国际空间站上去!但我坚信:要使人们真正普遍地认识到这一点,就必须引发一种"感知"。越来越多的人正在努力,研究人员、非政府组织、国际机构以及专家们都在不懈奋斗。他们提供的事实和数据不容忽视,但更需要触及人们的内心。我有幸能够在这里拍摄到地球的照片,因此,我强烈希望通过这些照片将我的视角分享给他们。我也真诚地希望这些图片能够激发人们的感知。

---

104 人们将宇航员对地球的这种认识描述为"全景效应",这是一种顿悟,当我们第一次在太空中看到地球时,就像是一种魔法般的感觉,让我们立刻就能感受到它的脆弱。总的来说,这只是对我们在几周内经历的这种感想的相对夸张的描述,有些人比其他人更深刻一些。

普罗克西玛（第二幕）
Proxima（acte II）

俄罗斯同事邀请我们庆祝除夕（国际空间站，2016 年 12 月）欧洲航天局 / 美国国家航空航天局 供图

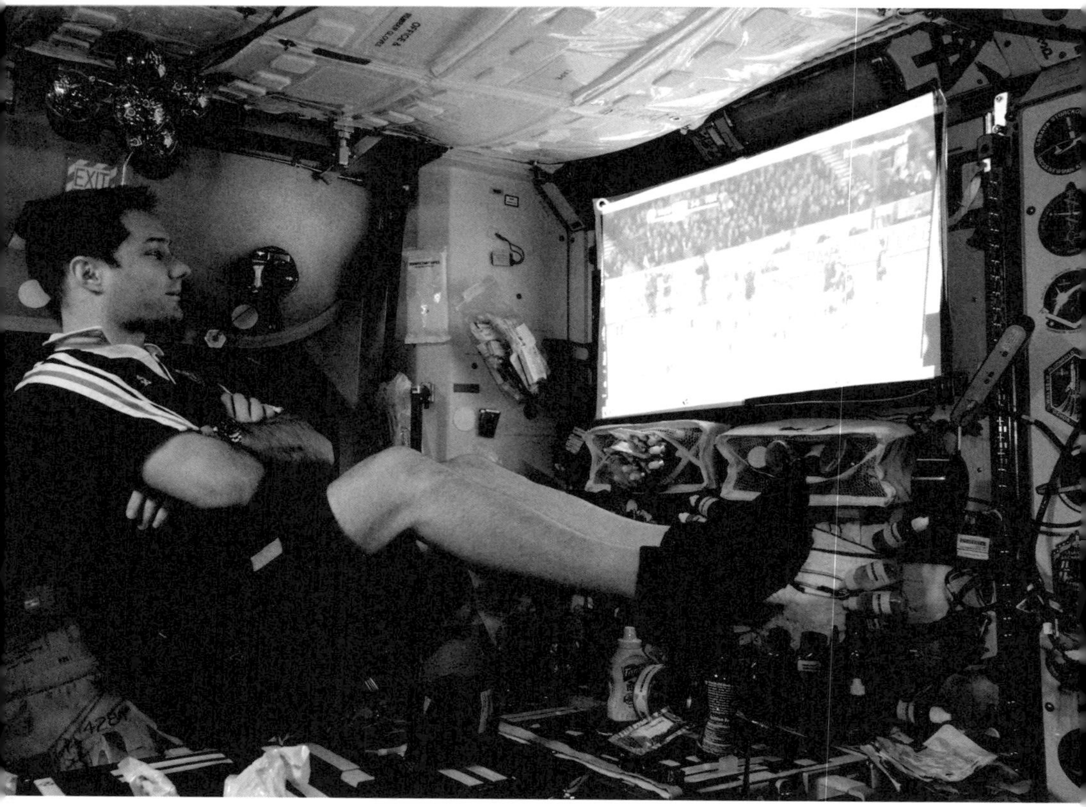

无论如何都不能错过的橄榄球六国赛（国际空间站，2017 年 2 月）欧洲航天局 / 美国国家航空航天局 供图

2017 年 1 月 5 日

这一次,我拍到了埃及金字塔!借助 800 毫米的长焦镜头,我可以非常清楚地看到它们矗立在开罗这个庞大城市的边缘。我费力寻找狮身人面像,但它可能太小了(或者是我的屏幕太小)。现在是晚上九点,我正在舱内查看拍摄的照片,确定明天要发布的内容。突然,警铃响起……我立即走出舱外,正好碰到了佩吉和谢恩。

"火警!"

站长宣布:

"红色警示灯闪烁。"

火警毫无疑问。

我的心开始快速跳动。难以置信,国际空间站已经运行了 20 年,而在我的任务期间竟然发生火灾?谢恩率先行动:我们首先需要检查"联盟号"宇宙飞船,这是我们的生命之舟。他拿起灭火器,我拿起大气分析仪,佩吉则拿起紧急程序手册,我们都带上面罩。失重环境中,我们尽可能快速地飘向俄罗斯舱段,那里停泊着我们的飞船。警报持续了几秒后，为了沟通需要，被我们关闭了。一路上都没有见到烟雾……我仿佛被带回到了几个月前，那时我们一遍又一遍地练习紧急救援的操作，内心希望永远不会用到。我的幸运之星去了哪里？

我们钻进飞船，仔细排查每一个角落：表面看似一切正常……这时，奥列格探出头来说道：

"问题出在我们这边！"

我们立即返回，与俄罗斯同事一同排查。在不同寻常又带点诡异的沉默中，我们检查所有可能的电气系统。所有通风系统都自动停止……突然，空间站恢复了熟悉的嗡嗡声……大家彼此对望着。安德烈飘向我们，差点像往常一样错过扶手，但最终他扶稳了，并告诉我们：

"一切都好！"

"一切都好吗？！"

"是我们的一个烟雾探测器出了故障，这种情况偶尔会发生[105]。"

虚假的警报，莫斯科控制中心也通过无线电跟我们确认这一场虚惊。

我不能说自己松了口气，因为在肾上腺素的作用下，我们并没有时间用来害怕，但每个人都在此刻安下了心。我试图平复自己狂跳的心，告诉自己：危机已过，一切都好！

和努力转向中的安德烈一起离开之前，谢尔盖突然说了一句：

"明天是鲁道夫·努里耶夫[106]逝世纪念日！"

---

105 我的整个任务期间，这个情况发生了大概四五次。
106 鲁道夫·努里耶夫（Rudolf Noureev，1938—1993）是一位在苏联出生的著名芭蕾舞者和舞蹈教育家，他被认为是 20 世纪最伟大的芭蕾舞者之一。——译者注

新年快乐！

这是我第一次不能跟家人一起过圣诞，这种感觉有些奇怪。佩斯凯家族以及我母亲的戈塞家族都非常重视圣诞节，这是一年里唯一一次可以聚集齐 21 位堂兄妹的盛会。幸运的是，我还是成功地通过视频和他们联系上了。每逢佳节倍思亲，此时的我格外想念他们。更何况，安妮还为我制作了一个圣诞倒数日历[107]。她在繁忙的工作之余，费尽心力找到了一块阻燃布料，并在上面缝制了 24 个带编号的口袋。她邀请我的亲朋好友为我准备小礼物放在每个口袋里，我甚至不敢想象她做这些得花多少时间。大家都参与了其中，这让我十分感动。我把它挂在我的休息舱内，每天早晨，我都很好奇我会在今天的口袋里发现什么。法航的朋友们送给我一架飞机模型，并配有一段描述我飞行员岁月的文字。我表妹露西选了一颗薄荷糖，那是我们小时候在外婆家餐桌上常见的糖果。安妮把她的车钥匙放了进去。某个星期天的晚上，她刚到罗马，开车从机场回家，结果因为一个鲁莽的司机而发生了事故，车翻了几个跟斗，但她奇迹般地毫发无损。安然无恙：我想这是她想传递给我的信息。还有一些骰子，让我想起了高中时玩的游戏。总之，这是一种每天都能感受到的小温暖。

国际空间站的派对中缺少了香槟……在空间站，酒精是被禁止的，香槟的气泡可能会让一切乱套。在紧急情况下（或者虚假警报时……），我们必须保持清醒。喝着冷泡后的冻干橙汁庆祝

107　圣诞节倒数日历，Calendrier de l'Avent，是一种特殊的节日装饰品，通常由 24 个小袋子或盒子组成，每个小袋子或盒子里装有一种小礼物或巧克力，从 12 月 1 日开始，每天可以打开一个，直到圣诞节。——译者注

圣诞节的我们需要再想些好点子。不管怎样，我们努力让这个平安夜过得与众不同。我们四处寻找那棵据说藏在空间站某处的小塑料圣诞树，却遗憾未能找到。不得已，我们在桌子上方悬挂了一些袜子，并自豪地戴上那些前任宇航员留下的、或滑稽或怪异的帽子。我很幸运地戴上了一顶富士山的帽子——只有日本人才会带这样的配饰……荒谬又如何，无伤大雅，我们一起度过了愉快的时光。大家都拿出了自己压箱底的食物：龙虾、红薯泥……我则准备法国特色菜肴：有机鸡蛋焗饭和刺山柑花蕾油封鸭腿片。盛宴之后，我们围坐在一起，品着俄罗斯茶，畅谈到深夜。在这里，我们仿佛组成了一个真正的家庭，拥有彼此的关怀和习惯。例如，后天我们会像每个星期六一样一起观看电影，也许会是一部科幻片。无需过多思考，我们就知道 1 月将迎来什么：两次太空行走，我迫不及待地想要离开空间站实现我的首次太空冒险。

2017 年 1 月 8 日

我等了很久才得知自己被分配到了太空行走的任务。这通常是在飞船发射任务临近甚至在飞船发射后，美国国家航空航天局才会做出决定。欧洲航天局有理由坚持要求其成员被指派执行这一荣誉任务，但并不是每次都能成功。然而，我们局长弗兰克·德·维尼提出的论据无可非议：我们在空间站资金中占比 8%，那么为什么不能执行 8% 的太空行走任务呢？最终，在我们的任务期间，共安排了 5 次出舱任务（我将参与其中的三次），今天是第一次。

1 月 8 日的第一次任务交给了佩吉和谢恩，因为他们有丰富的经验，这样的安排很合理。5 天后，即 1 月 13 日，我将和谢恩一起完成第二次任务。这两次任务的主要内容是：安装"白鹳号"货运飞船运送来的 6 块全新锂离子电池用以升级空间站的电力系统，取代过时且性能较差的镍氢电池。新的电池组已被机械臂运送到了集成设备组件模块处[108]，位于太阳能电池板下方的右舷位置，静待我们出舱安装。新的电池组将被安装在原有电池组的位置，但由于新旧电池组配置不同，我们需要首先安装适配板，然后再安装新的电池组。机械臂将旧电池组（每个都有小型冰箱那么大）运回货运飞船，最终在大气层中与之共同燃烧殆尽。由于每个新电池组替换了两个旧电池组，因此没有足够的空间将所有的镍氢旧电池组都送回。有一些电池组会留在空间站表面，但处于未激活、未连接状态。

我们从早上 5:00 就开始备战。两套舱外航天服面对面悬挂着。通常，宇航员出舱准备时，会有 1 名同事在旁协助。但这次，我是独自一人为两位同事准备。因为美国舱段只有我们三个人，也因为俄罗斯同事那边有很多工作要做，还因为如果占用了俄罗斯同事的时间，他们会要求我们严格地回报以同样的时间，而且由俄罗斯控制中心负责监督。因此，如果可能的话，我们尽量不请求他们的帮助，以提高效率。总之，我得花上四五个小时，完成大约 400 个步骤[109]……佩吉和谢恩在装备间穿着由我悉心准备的服装，他们的衣服就像蜘蛛侠一样合身，衣服外布满了装着水的小管道以调节温度。这被称为液冷服（我们之前提到过，在舱

108　IEA（Integrated Equipment Assembly）是国际空间站上的一个模块，位于空间站外部。这个模块提供了一个安全的工作平台，使航天员能够进行太空行走，并执行与空间站外部结构相关的维护和装配任务。——译者注

109　出舱任务需要提前数月进行机会和准备。每处细节都需事先研究，甚至包括工具应该按照什么顺序安装在宇航服上也需提前计划。

外，白天航天服的温度可能会上升到 120℃，而晚上则可能下降到 -150℃）。按照程序规定，他们要吸一个小时的氧气来净化血液，然后我帮助他们穿上舱外航天服。这个过程十分费力。最后我为他们调整了一下头盔。我必须格外细致，因为如果佩吉的眼镜中途滑落，她是没办法在舱外重新调整的……我给他们的手部安装保护装置，因为手套上的金属侧边可能会弄伤他们。最后，我闭合了他们的舱外航天服。两个多小时就这么过去了，真的不容易。

在国际空间站上，我们呼吸的空气成分与地球上的相同（主要由氮气和氧气组成），舱内气压为 1 个大气压，而舱外是真空（即 0 个大气压）。如果保持这种压力差，航天服就会被充气且变硬，影响行动和操作（就像是一个气球或自行车轮胎，充气越多就越硬）。因此，我们将空间站内的气压降低到 0.3 个大气压，且将呼吸的空气替换成纯氧[110]。因此，我们必须遵守适应时间（类似于潜水后上升到水面时需停留一样），缓慢将我们血液中的氮气排出（这就是脱氮过程），以避免发生减压事故[111]。佩吉和谢恩穿上他们的舱外航天服后，只能像挂了衣架一样贴在舱壁上。他们开始呼吸纯氧，并借助一些小的动作来帮助排除氮气。先是一分钟的腿部或手臂运动，以促进血液循环，然后休息 3 分钟；再次进行一分钟的运动、3 分钟的休息，如此往复，持续一个小时。而我则在准备处理二氧化碳的替换设备，这些设备我检查了 10 次。场面有点滑稽，但我们必须这么做：两名宇航员穿着 150 公斤的航天服挂在舱壁上，而中间那个家伙在四处乱窜！突然，这个家伙紧锁着眉头暂停了动作：控制中心在视频中发现谢恩的航天服

---

110 这样做可以避免缺氧。
111 氮气如果在血液中形成气泡引发的事故可能会造成人死亡。

上有个异常的东西……他们说的没错：我们中有人（谁？）在安装航天服手臂时，不慎将右手臂装成了左手臂！

"休斯敦，这里是国际空间站，我需要一个执行计划……他们已经准备好了。如果我要把它从航天服上拆下来，那我们就要多花两个小时……"

"抱歉，托马，你得帮助谢恩更换好航天服手臂……"

我感到十分焦虑，因为这非常复杂。更不用说整个控制中心都在看着我，而且这一切都在美国国家航空航天局官方频道进行直播。佩吉为我感到难过，而谢恩则在麦克风里轻声说道：

"没问题的，托马，你做得到！"

15分钟后，我成功地完成了操作，处理好了问题。我再次检查了两套航天服的密封性，连接好头盔上的摄像头，为它们安装了新的二氧化碳过滤器。说实话，我现在极度紧张。等待着我的同事们的是最为恶劣，最毫不留情的环境，任何泄漏都可能导致灾难。压力是沉重的，而我是唯一那个若是发生问题，可以进行干预的人……我一直想要承担的责任就在眼前。

最后的任务我无法独自完成，因为舱外航天服的两侧都需要人。通常情况下，俄罗斯同事会在最后阶段来帮助我们。奥列格帮我一起安装两个喷气背包（这是一个小型推进器，如果宇航员在太空行走时发生意外可以使用），他还拍了一些照片来记录这个准备的过程。现在得将佩吉和谢恩安置于气闸舱中，这里是通往真空的一个通道。在确保了所有工具和设备都经过再次检查后，我打开他们宇航服上的灯，然后把他们塞进了这个通道（没有其他词可以形容这个动作）。最后，我关闭了舱门。

"休斯敦，这里是国际空间站。该你们接管了！佩吉，谢恩，玩得开心，但一定要注意安全。记得准时回来吃晚餐！"

接着，我整理好所有东西，继续下午的计划，并等待今晚他们凯旋。当我透过舷窗看着他们，或者当我在空间站里听到他们的设备敲击金属结构时，我心里有了一点不真实的想法：再过5天，就轮到我了……

2017年1月13日

我的第一次太空行走发生在13日，星期五……

我喜欢！

醒来后我感觉精力充沛，且注意力很集中。舱外航天服就像一艘精密的飞船，但事故还是可能发生。2013年7月16日，在一次太空行走中，有水渗入卢卡的头盔（调查结果表明是冷却系统出现了泄漏，水通过他位于头后方的通风口流入头盔）。他的搭档克里斯·卡西迪不得不紧急帮助他返回空间站，以免发生更严重的问题。由于水流进了他的眼睛和耳机，此时卢卡看不清东西，也完全失去了通信，又是处于夜间。在这种情况下，他无法独自返回气闸舱。安全绳虽能指引方向，但在黑暗中，安全绳可能会缠绕、卡住，总之，至少需要清晰的视野才能操纵。这就是为什么太空行走总是要两个人一起进行的原因。除了这种技术故障之外，让我们倍感压力的主要风险是丢失工具（这一风险更可能发生且完全由我们负责）。一个在与空间站相同轨道上飞行的物体可能很快就会成为一个重大威胁，引发灾难性的碰撞。在训练时，教练们就一直警告我们，并告诉我们要千万小心：所有东西都必须始终被固定住或保持在原位。

佩吉和谢恩已经安装好了前3块带有适配板的电池。这次，我们还剩3块要安装。我非常清楚这次任务的内容，我甚至能背诵出来前半个小时的任务。控制中心会一直跟踪我们，指导我和谢恩执行每一个动作。

准备工作开始了。佩吉帮助我们穿上舱外航天服。谢恩是舱外机组人员 1，他的大腿处有红色条纹；我是舱外机组人员 2，我的条纹是白色的。我开始呼吸纯氧以排除血液中的杂质，然后做一些手臂的小运动来排出氮气，永无止境的循环。我在休息间隙总是忍不住睡着。要知道，通过各种训练，宇航服已然成为一个令人安心的保护壳。

4 小时后，我和谢恩被头对头地安置在气闸舱中，此时的我们仍然连接着空间站的电力和供水系统。我们身上挂满了各种工具，即使它们被固定着，也不影响它们在真空中飘荡。我们把航天服切换到电池模式，这样我们就可以自给自足了。

我通过控制面板将空间站内的气压降低，全神贯注，就像比赛开始之前能达到的最高水平一样。我意识到之前在游泳池里的反复练习确实会减轻我们的压力。当舱门倾斜向下时，谢恩将第一个看到距离我们 400 公里外的地球……

11:22，舱门比原定计划提前 30 分钟开启。谢恩率先翻出，头朝前做了一个漂亮的跟斗。5 分钟后，我脚朝下地从气闸舱出来。尽管做了充分的准备，但等待我的仍是一片未知……

我终于来到了太空。阳光刺眼，我拉下金色的护目镜。重新安装好舱门的隔热保护后，第一步是进行伙伴检查，也就是一起检查我们的装备。

由于头盔的限制，我们无法直接看到位于宇航服胸部位置的某些控制参数，其中包括冷却阀；因此，我们在手腕各带了一面小镜子。所有文字都是倒过来写的，这样在镜子里显示就是正常的。这个技巧相当聪明，这样我们就可以在需要时手动控制和调整我们舱外航天服的运行。

由于这是我的第一次出舱，我们花了5分钟来适应环境。首先，我们需要关闭大脑发出的紧急信号，告诉它，如果你松开手也不会掉下去[112]。我试了一下：与地球相隔400公里的我不再抓着扶手，只是为了看看在只有绳子系着的情况下，我也可以飘浮起来，更确切地说，我可以四处移动……我得再重申一次：我们为太空行走做了充分的准备，但没有人强调过它有多可怕！我曾经听到过一个宇航员（或飞行员，或摩托车手，或其他什么人）间相当经典的对话：

（脸色略显苍白）"你被吓到了吗？"

（显然有点害怕）"没有，没有，我还好，没被吓到……你呢？"

"没有，当然没有。"

诚实点吧，伙计们：这感觉真的令人印象深刻！

我站在那里，凝视着下方。地球看起来像一个滚动着的巨大保龄球。事实上，我们都知道，它根本没在滚动，这只是一个纯粹的、视觉上的错觉。因为我们的主要参照物是似乎静止不动的空间站，我们抓着它不放，所以我们觉得地球在我们脚下滚动，但实际上是我们以每小时28 000公里的速度行进。在太空中飘浮并感觉自己如果不小心可能会偏离空间站，这种体验非常不舒服……幸运的是，有很多事情等着我去做，这转移了我的注意力，让我远离这种焦虑。我时刻检查着安全绳，确保它在我的视线之内。就像是我们随身携带的工具，我们必须始终与空间站的这一专用支撑物之一相连，就像洞穴探险者和登山者一样。因为，正如电影《地心引力》所呈现的那样，如果不系上安全绳，在太空

---

112 尽管如此，大脑却不断地发出"自由落体"的警报。更糟糕的是，它是正确的：在地球轨道上飘浮，就等于在地球周围自由落体。

的虚无里，运动是永无止境的。那将是一种携带着恐怖的，缓慢的死亡。

"你还好吗？"谢恩问我。

"我很好。"

由于气压低，我发出的声音宛如鸭子叫，就像吸入氦气一样。谢恩快速给我拍了一张照片，我明白他的意思：在空间站外，没有时间可以用来浪费，我们不知道会发生什么，所以至少要留下一张照片。

"好了，我们出发吧！"

"托马，你先把你的安全绳挂在0506号扶手上，就在舱门前方位置。"今天的地面操作员卢卡告诉我。

"收到。0506号扶手，舱门前方位置[113]。"

我的目的地是放置着适配板的平台。打开和关闭安全钩是一场艰难的战斗。由于手套充满气体，握拳这个动作就像试图压扁一个网球。整个任务至少持续6个小时。我的目的地不远，就在空间站的前方位置。只要我一直往前走，就没什么问题。改变行进方向会更复杂，因为很难找到支点进行转向。我就像是穿着盔甲在攀爬。

支撑这个平台的是一个令人惊讶地窄小的接口。事实上，这里富有玄机，就像一个非常沉重的物体被放在一根细细的枝条上一样。之前就有人警告过我：在这个地方，速度不得超过每秒2厘米（显然我们没有什么可以用来测量移动速度，但不管怎么样，这意味着必须非常缓慢的前行）。在游泳池里训练时，我反复听过这句话，我开玩笑地说：

"知道，知道，轻得像一只蝴蝶。"

---

113 这种重复指令的习惯来自航空领域，可以确保我们准确理解要执行的行动或移动。

佩吉听到我带着法国口音念"蝴蝶"时，笑得前仰后合。教练们的座右铭是"慢即快"，慢工出细活，就像龟兔赛跑的寓言一样。实际上，我们都太急躁了，而错误往往也是在这种情况下发生……这些错误会浪费我们大量的时间。我心里默念着，要慢下来，慢下来。特别是，当心率加快时，呼吸会产生更多的二氧化碳，吸收二氧化碳的过滤器也会更快饱和。尽管我们拥有充足的氧气，如果电量不足，我们也可以重新连接到空间站，但这个二氧化碳过滤器着实限制着我们。此外，我们无法实时监测这个仪器的饱和状态。宇航服内只有一个二氧化碳传感器，美国国家航空航天局会实时监测检测到的二氧化碳浓度，并根据情况要求我们保持冷静；如果浓度增加过快，甚至会要求我们立即返回（因为这意味着过滤器即将饱和）。

我开始用螺丝刀解开固定着的适配板。与此同时，谢恩正忙着在工作区安装一个小型平台，上面配备了一种可调节的便携式脚固定装置[114]。我们将鞋子固定在上面，双手就能解放出来工作。使用这种装置也可以帮助我们牵引和推动。在空中飘浮时，我们无法产生牵引力：试图拉扯什么只会让自己靠近它；同样，试图推动某物只会使自己远离。更别提在没有固定的情况下拧紧螺丝了……但是，当我们被固定在一个点时，我们就恢复了动力和进行拔出、安装等操作的能力。

卢卡经常提醒我们检查手套，因为即使是微小的穿孔也可能导致宇航服的失压。

我提前完成了任务，并告知谢恩：

---

[114] "Articulated Portable Foot Restraint"（APFR）是国际空间站上用于太空行走任务的一种设备。这是一种可以固定在空间站外部工作平台上的装置，为航天员在太空中工作时提供稳定支撑和脚踏平台。——译者注

"我现在可以做些什么?"

"我 5 分钟后到,你先欣赏下风景吧!"

我从未完整地看过空间站,只透过舷窗望见一角。桁架似乎是无尽的大,太阳能电池板高得像楼房。我不禁又一次发出同样的感叹:这一切飘浮在太空里,简直像被施了魔法……了不起的人类。

我在平台的侧面发现了一块反光的表面,就像一面镜子。是时候用地球作为背景给自己拍张照片了。戴着手套拍照可真是一件苦差事。我需要保持稳定,用僵硬而笨拙的手指找到按钮,更不用说相机被厚厚的隔热保护层包裹着。我根本无法正确瞄准,全凭运气随意拍摄。我感觉到我的手已经开始酸了。

白天黑夜交替进行。每次,卢卡都会提醒道:

"3 分钟后进入夜晚。"

黑暗很快就来临:明亮的光转换成完全的黑。我们头盔上的灯一直亮着。但在过渡时,我们需要将充当太阳镜的瞄准器抬起来,同时控制宇航服内的温度,包括手套,因为温度很快就会变得冰冷。

谢恩来到我身边,我们从支架上取下适配板。我们每人都会拿一块,将它们系在自己的宇航服上,然后带到集成设备组件模块那里。到那里后,我们花了一个小时来固定适配板,而后安装、连接电池。在更换工具时,我突然吓了一跳:我找不到我的袋子了……我刚刚明明放在这里,而且我确信把它牢牢绑在我面前的扶手上了……不,不,别告诉我我把它弄丢了!

"舱外机组人员 2,你找到你的工具了吗?"

"……还没有(心跳明显加快)。"

不,不,这不可能。我在周边几根扶手上找了找,也许是我搞错了。突然，我看到了我的包。它确实系在原来那根扶手上，但有点松，所以飘浮着的它被后面的一个结构卡住了。我把它取了下来，任务继续。我大大松了一口气。这堂课让我深刻认识了在太空行走中从"一切都好"到"灾难来临"的快速转变。

太阳又一次升起，这为我们的任务带来了便利。该去取第3块也是最后一块适配板了。

主要任务在3个多小时内完成了！

"太棒了，伙计们！"卢卡祝贺道。

我们的预定任务顺利提前完成。当整理我们材料时，地面正在讨论我们将要接手的可选任务。

"托马，你负责通过拍照检查空间站的连接系统。"

这里位于桁架上，有数百根电缆和液压连接穿过这里。我要负责对这个复杂的交换器配置进行盘点，以帮助地面了解情况。

"谢恩、托马，从现在开始，你们的行动要放得更慢一些。"

在太空行走时，不是所有事情都能说得很清楚（可能因为一切都是现场直播，也有可能我们不想让大家担心），但我们明白：二氧化碳含量报警……我们需要冷静一下……

在进入第5个小时之际，卢卡让我在气闸舱等待几分钟，谢恩马上来。这短暂的间隙，成了我捕捉瞬间美好的绝佳时机。我将我的腿伸往太空，并以地球为背景拍了一些照片。谢恩迅速赶来，我又给他拍了一些照片。

事实上，一切都发生得很快。

17:20，既定的太空行走在5小时58分钟内完成。谢恩最后一个进入舱内。气闸舱关闭。我们所在的小小空间被重新加压。我们需要确认压力稳定以确保外部气闸完全关闭。佩吉打开内部门，她先帮我处理：她把我带到设备气闸舱，并在奥列格和谢尔盖的帮助下帮我脱掉航天服，然后把我挂在模块壁的扶手上。奥列格把我的相机递给我，于是我拍下了佩吉如何把谢恩从乘员气闸舱带进我们所在的设备气闸舱。我和谢恩隔着厚重的手套轻轻击掌，以示互相祝贺。

此时的我可谓筋疲力尽。航空服是金属制成的，我们一整天都待在里面，不停地摩擦、碰撞。穿着它移动、屈腿、伸展手臂和手指都需要体力……这会，我们全身都疼，特别是手[115]。佩吉忙着从各个角度给我们的手套拍照片。她会把这些照片发送到地面以检查是否有损坏，并确认它们是否可以再次使用。然后她帮我们脱下手套。该摘头盔了。终于可以呼吸新鲜空气了！即使是来自国际空间站的空气，但这也是好的：我们已经被困在宇航服里10个小时了！我无法借助自己的重量把宇航服的上半身脱下来，于是佩吉抓住我宇航服的手臂部位，把脚踩在我的大腿上，使劲推我，终于帮我脱出来了。然后就是在飘浮状态下脱下我们航空服的裤子部分。从深渊归来的我们终于自由了。

谢尔盖为我们准备了三份俄式乳酪，类似于法国的卡纳特奶酪，但是甜的。虽然经过重新加水处理，但依旧保留了乳制品的醇厚。我觉得很受奖励，因为佩吉和谢恩不喜欢吃，这2 000卡路里的热量都落入我的腹中！我们再次回顾了与机组的太空之旅，祝贺之声不绝于耳，每个人都在笑，每个人都很开心。这是一种顺利完成任务的喜悦感，夹杂着一丝完成了某项壮举后的兴奋。这让我想起了某个夏天与安妮一起攀登勃朗峰的经历：尽管筋疲力尽，但充满了成就感，同时，也很高兴回到了一个安全的环境。

115　这让我回忆起少年时期参加柔道比赛后的感觉。

我立即给安妮打电话,告诉她我的太空行走顺利完成了。我想她一定看了美国国家航空航天局的直播。她听到消息后激动到差点流泪……我们刚刚在罗马买了一套公寓,把所有的积蓄都投了进去。她花了很长时间来寻找完美的房子。今天我们要拿钥匙。但出乎意料的是,她要因为我的太空行走而紧张,同时,入住过程出了很多问题,这让她感到很沮丧。她发现一位年事颇高的邻居每隔五分钟就要大喊一次"我不想活了",而楼下的邻居上来责备她,理由是她走路太吵了。安妮最讨厌待在家里还有不停的噪声。这真是件糟糕的事情……我们试图交流,但我们此时的状态完全不在同一频道:我还处在兴奋中,而她已心力交瘁。她生活在现实生活里,一个人承担两个人的责任,而我却像超越了世俗一般。此时的我们不适合分享任何东西。

我收到了很多朋友的消息,他们都关注了这次太空行走:"嗨,托马。恭喜你完成了任务!但要知道,法国的生产效率因为这次直播而大幅下降了!!!"他们的关注让我感动,我也需要这份动力。

而我的父母也完整地观看了直播。

"我一点都没听懂。"我妈妈说。但是,大家交谈的时候,语气平静,且一切都按计划进行,这让我感到安心!

我迫不及待地等到明天再与安妮交谈,我希望那时候她已经平静下来,但我感到无力又无用,我只能和她聊一聊,却无法真正帮助她……此时,我只能蜷缩在睡袋里,倒头睡觉。在我即将入睡时,我的心猛地跳了几下,我惊恐地睁开眼睛。我感觉自己飘浮在没有系牢的羽绒被里,有一瞬间,我觉得自己还在舱外,但安全绳不见了,我只能在太空中飘荡!然后我恢复了意识,一切都好,我正在我的舱室里,就像待在甜蜜的家……

2017年1月20日

我的美国同事们正在密切关注美国新总统的就职仪式。舱内的数据速率足以收看直播,对于重大事件,我们偶尔会这样做,但我们绝不滥用(以前,有宇航员开着CNN,让它一整天循环播放……),但今晚,大家都待在屏幕前,或是飘浮在天花板上,或是站在地面或墙壁上。特朗普的当选也同样震惊了太空……美国国家航空航天局内部有许多不同的观点,这就像美国社会的一个缩影。即使在宇航员队伍中,一个来自中西部地区、秉持传统价值观念的陆军上校也可能会与一个来自加利福尼亚州、年轻的女性研究员共同工作,即使她有文身并且是同性恋者。但没有人想到会是这个结果。一般来说,在国际空间站这样需要高度凝聚力的环境中,我们通常避免谈论政治或宗教等话题。这并非明文规定,而是出于各自的社交智慧,我们都选择专注于能够使我们团结而不是分裂的事情。然而,我还是注意到,特朗普的胜利似乎并不受所有人的欢迎……除了我们的俄罗斯朋友,他们培养着英雄的神话,并沉浸在媒体所说的东西中,这可能与我们的情况大不相同。每个人都对特朗普的胜利对美国和世界的影响保持沉默,但有一件事是肯定的:太空计划也将因此受到影响。

2017年2月27日

我刚刚在国际空间站迎来了自己39岁的生日。正好此时,携带着2 490公斤设备和食物的"龙"飞船,于4天前抵达,也为我带来了一些生日惊喜……虽然和其他机组人员一样,我也有自己的物资清单,但机组人员并没有告诉我给我准备的生日惊喜:新鲜的水果、法国国家空间研究中心特别为我准备的马卡龙(我们一扫而光)、安妮的家人在鲁拉山区合作社制作的有机康帝奶酪（她费尽周折将它们运送到美国，并放在冷藏箱中；美国国家航空航天局为了进行分析扣下了其中一块），还有我的萨克斯风（佩吉在美国国家航空航天局工作的朋友给安妮提供了很多帮助）！大家的默契配合让我毫无察觉。我的队友们可得好好享受我的演奏了。未来会告诉我们，他们是否会后悔这个惊喜！

在此期间，科学实验仍在继续。流体控制实验里，一个金属制成的鼓内放置着三个装有液体的透明球体，它们会受到离心力的作用。两台摄像机监测它们的动作。我的任务就是安装聚碳酸酯球体。数据将被忠实地记录在硬盘上，随后送回地面。这个实验包含双重目的。首先是预测卫星在调整其姿态或轨道时油箱内燃料的运动情况，这些液体的移动可能会导致卫星偏离轨道，干扰测量和拍摄。第二个目的是研究波浪湍流现象，这是一种发生在液体表面的现象。这些结论对气候研究具有重要意义，研究人员可以因此更好地理解浪的形成，特别是那些非常高、不可预测、因此特别危险的"魔鬼浪"。

接下来的几周里，我将与来自迪戎[116]、圣奥朗斯[117]、克勒索[118]和古让梅斯特拉[119]的高中生一起开展一系列的实验。我负责在失重环境中种植豆子、芥菜种子和萝卜[120]。我每天要给这些种子浇

---

116 指 Dijon，法国东部的一座城市，位于勃艮第 – 弗朗什 – 孔泰大区（Bourgogne-Franche-Comté）的中心，是该大区的首府。——译者注
117 指 Saint-Orens，法国南部的一个市镇，位于图卢兹市以东约 10 公里处。——译者注
118 指 Creuso，法国勃艮第 – 弗朗什 – 孔泰大区的一个市镇。——译者注
119 指 Gujan-Mestras，法国新阿基坦大区吉伦特省的一个市镇，位于大西洋海岸。——译者注
120 如果我们前往月球或火星，必须学会种植食物以自给自足。在这些地方，像我们为国际空间站所做的那样发送货物是不可能的，毕竟国际空间站距离地球只有 400 公里。

水、拍照。他们还交给我一个装有晶体芽的袋子。我在里面注入盐水以激活其生长。学生们将在地面上进行相同的实验，然后我们将比较结果。

随后，我将测试 ECHO 这款可进行远程操作的超声波设备。只需将探头放置在医生指示的位置，即可连接到数百公里之外的地方。医生通过远程操控探头的机械关节来进行检查，以获得最佳质量的图像。一旦投入使用，这一设备将能够帮助那些位于偏远地区或是医疗服务不健全地区的人们。

2017 年 3 月 24 日

12:24，我率先打开气闸舱的舱门进入太空，谢恩紧随其后。此时，太阳已经落山，外面漆黑一片。飘浮在完全黑暗的深渊中令人震惊……

我的第二次太空行走的任务包括：确认空间站冷却系统中氨泄漏的具体位置（氨是我们在空间站的死敌），以及对加拿大机器人德克斯特的手臂进行维护。德克斯特于 2008 年抵达空间站，它看起来像一个没有头的半身像，拥有两条 3 米长的手臂。它被安装在加拿大机械臂 2 号上，能够执行以前需要太空行走才能完成的精细维护任务。在空间站的制高点上，我借助便携式脚固定装置稳定自己，为德克斯特涂润滑油。我距离空间站主体仅有 2 米，周围则是无边的太空！那一刻，我仿佛置身于一部海盗电影中，我就像一个被判刑的罪人，被人推到木板的尽头，面临着被剑刃推入鲨鱼群的命运！我似乎还听到一种摩擦的声音。但实际上这是不可能的。在太空中，我们听不到任何声音，因为没有介质能传递振动。但是，可以肯定的是，这个脚固定装置与延伸至 2 米长的部件之间的各种连接使它左右摇摆，我被悬在整个空间站的上空，而地球就在 400 公里的下方。这种感觉，就像我站在世界之巅的一个摇摇欲坠的小平台上。

这次，我没有太多太空行走的照片可以分享了，因为大部分时间我的双手都很忙碌。但有一个例外，美国国家航空航天局要求我用摄像头拍摄自己操作冷却系统用以寻找泄漏点的过程。[121] 我们还参与了为将来的商业载人飞船安装对接口的工作。[122] 整个舱外任务持续了 6 小时 34 分钟。我和谢恩的工作区域相距甚远，以至于我们全程只在开始和结束时见了两面。当他回到日本的外部平台上时，手套上沾了一些黄色的油漆。虽然我们觉得这没什么，但地面还是觉得不应该冒任何风险：当我们回到空间站内部时，需要带上防护口罩和护目镜，以防生化危险。为了追查油器的来源、特性、何时何地制作以及为何会脱落等信息，数百个小时的调查研究不可或缺。实际上，它看起来有点像花粉，我们对这种看似无关紧要的担忧保持微笑……然而知道组织如此保护我们，我们也深表感激并感到安心。

这次太空行走让我想起了之前的跳伞经历。我不记得第一次跳伞时头几秒里的情景了。尽管在那时我做了该做的一切，但我的大脑在一两秒内没有留下任何印象。太多的新奇和感受。我记得自己从飞机上跳下，随后就是稳稳下落，在这中间我缺少一小部分记忆！不过，我完整地记得第二次跳伞经历。对于太空行走，我也有类似的感觉：我的感官和头脑的敏锐度在这次太空行走中会更强烈。执行第一次任务时，我需要发现、感受、努力克

---

121 经过两个多小时的检查（由于长时间不动，我感到非常寒冷），我用肉眼根本看不出任何可疑现象。最后，还是依靠我的 GoPro 相机拍摄的图像识别出了一个微小的漏洞。

122 尤其是 SpaceX 公司的"龙"飞船，敬请期待！

服一切。而这次，我更专注、更有参与感，也可能会感到更小的压力。

多么幸运，我再一次拥有了走出空间站的机会！我能感受到自己是多么需要出去透透气。我已经在封闭的环境中生活了将近 4 个月，每天只能见到相同的 5 张脸，所以我很高兴能够来到外面体验一下。

2017 年 3 月 30 日

今天的任务并不是按原计划进行的。

第 4 次太空行走由谢恩和佩吉执行。他们原本应该在 3 号节点舱的左舷上端安装四个由白色四分之一圆形泡沫垫制成的热保护罩。由于原本连接在此处的对接口已经移动到了 2 号节点舱上，3 号节点舱的这一部分就暴露在极端的温度变化中。我像 1 月时那样负责准备工作，然后继续干自己的事情，时不时留意一下他们。现在是 14:30，我结束了慢跑，摘下耳机，打开收音机，想了解他们的情况。但他们的声音异常低沉……听起来很沮丧。我继续听着。我没有猜错：佩吉看起来很失望，我从未见过（或者更确切地说，从未听说过）她如此。我知道他们没有危险，否则来自地面指令会更坚决，行动也会更迅速，但能感觉到，他们似乎遇到了麻烦……就在这时，我在监视器上看到了一张 3 号节点舱的图像[123]：四个热保护罩中有一个似乎没有安装好，而他们此时正在朝着气闸舱方向返回。如果我在正常频道上问问题，所有人都会听到，包括在网上关注这次出舱任务的人。于是，我决定用那个专门和亲人通话的电话打给控制中心：至少，我们的交流不

123　国际空间站的外部安装了摄像头。

会公开。

"喂,我是托马。请问怎么了?"

"一切都好!"

一位舱内通信员用充满活力的声音回答我。

"一切都好?还没有完成任务他们就离开了3号节点舱?"

对方用最积极的态度告诉了我这个消息:第4个热防护罩脱落,飘往太空中去了。没错!肯定是这个让他们感到尴尬!

我之前提到过,在太空行走期间,除了迷路,最糟糕的事情就是丢东西。按照其初始速度计算,任何丢失的物体在两三个轨道之后都有可能与国际空间站发生碰撞。甚至一点点碰撞都会是灾难性的。速度产生了巨大的能量,更不要说我们的速度是每小时28 000公里……在这种情况下,地面即刻就得知道物体逃逸的方向和大约速度,然后进行计算,评估风险。

我十分理解他们的心情……但我却无法为他们提供任何帮助……我能想象地面的工程师们此刻正在拼命地工作。因为节点舱的这一部分不能失去保护。大家都被召集到了控制中心,倒计时已然开始。他们很快就想出了一个临时解决方案,虽然有些粗糙但总算是个办法:谢恩和佩吉将使用他们在第一次太空行走中使用过的一个大袋子来临时替代。我看着他们尽可能地将袋子固定好,以应对突发情况。这需要很多临时的决定和操作,而太空中临时决定是不受欢迎的。因为可能会导致致命的错误,这也是为什么每一个细节都需要经过精心的安排。但是今天,我们得放弃完美计划。此刻,他们处在漆黑的夜晚,如果是白天,类似工作会简单得多。他们疯狂地工作,将袋子固定好,确保它覆盖了所有需要保护的表面。至少他们此刻手里有活,这样他们就不会沮丧地想着到底发生了什么事情……几个小时后,一切顺利结束:

包扎完成。空间站的安全得到了保障。大家干得漂亮,这不是件容易的事。

我在此刻意识到了培训期间我们所承受的巨大压力:太空行走不允许任何差错!我们需要构建无懈可击的超人神话……那么,真实生活呢?显然,很多时候我们都会犯错。人性如此。值得深思的是:在安全方面(作为民航飞行员的我认为),勇敢面对错误,了解产生的原因,让大家避免在未来发生相同的错误,这总是更为高尚和可贵的。我意识到,这种客观冷静的态度在航天或军航中比在民航界更为普遍。最后(这是一个值得探讨的话题),我们回到了我在被招募时被问到的问题:此时,重要的不是要知道责任在谁,是设备问题,训练不足,程序不够清晰还是操作失误,这些都不重要。谢恩,作为一名优秀的站长,会以"我们"和通用性的语言来阐述:"我们本希望……""这些是难以避免的……""需要考虑多种原因……"我们必须团结起来继续执行任务,空间站机组人员和地面团队要保持思路一致,齐心协力以求做到最好。对我来说,这无疑是一堂关于关于解决问题和团队合作的好课。

我抓起谢尔盖的俄式乳酪,而谢恩和佩吉依然不喜欢,于是我将2 000卡路里再次收入囊中。

2017年4月2日

傍晚时分,我在穹顶舱进行训练。做完一组硬拉练习后,我正在休息。突然,玻璃外的一个白点吸引了我的注意,它就在我们正前方,和我们差不多高度。我靠近一看……这是什么东西?

我叫了一声正好在我旁边的谢恩。

站长飘过来。我朝他指了指这个不明飞行物。他笑起来。

"热保护罩回来了!"

"你已经发现了它?!"

"别担心:它在我们前方30公里处。它最后会进入大气层并燃烧掉。"

然后他走了。

一切都顺利解决了。

2017年4月5日

今天,美国国家航空航天局和俄罗斯国家航天集团决定将佩吉的任务延长至九月初。到4月24日,她将在国际空间站上度过534天。当她返回地球后,她将累计达到650天的太空飞行时间,打破美国宇航员太空飞行累计时间的纪录。我们为佩吉的成就感到由衷的高兴,这份荣誉实至名归。要了解佩吉为何享有如此声誉,必须回顾1981年至2011年美国航天飞机的时代。当时有两种类型的太空任务。第一种是为期约十天的短期任务,需接受一年的密集训练(主要在休斯敦,也有一些会在卡纳维拉尔),训练内容包括著名的舱外活动和机器人操作训练。另一种是为期六个月的长期任务,需要熟悉整个空间站,以及"联盟号"飞船。这意味着需要远离家人,在寒冷的星城度过数月乃至数年,同时还要艰难地学习俄语。我无需多言,若有选择,美国宇航员中没有人愿意忍受如此费力费神的培训,以及归来后的虚弱和漫长的康复。美国国家航空航天局还有明确的优先事项:一切以任务完成为核心,有时甚至会为宇航员省去一些不必要的麻烦。而俄罗斯文化明显不同:英雄之路,必经苦难!宇航员必须靠自己的努力去赢得荣耀,所以你们得自己想办法,伙计们。总之,所有人都更喜欢乘坐航天飞机,尤其是飞行员,无可厚非。直到佩吉。

她可能是第一个真正自愿执行以研究为主的长期太空任务的美国宇航员。这也是她被选拔为宇航员的原因之一。她于2002年第一次出发太空时，正值该计划的最初阶段。2011年，航天飞机退役，"联盟号"成为通往国际空间站的唯一途径，这意味着星城的培训不可避免……这对于所有在这种背景下招募的新成员来说是理所当然的，他们也没有经历过其他情况，但一些更早的美国同事则押注于美国新飞船的研制。因此，他们更倾向于在美国国家航空航天局做一些地面工作，同时保留他们宇航员的身份，以便在未来能够再次从佛罗里达升空。在此过程中，我们要为佩吉的勇气喝彩。

2017年4月10日

谢恩、谢尔盖以及安德烈已离开空间站。在返回途中遇到一些舱压问题，但幸运的是着陆顺利。我会想念谢恩，我们很合得来。

佩吉接管了空间站的指挥权。我们将和奥列格一起，在空间站度过十天自在的日子，并等待新成员美国宇航员杰克·费舍尔和俄罗斯宇航员费奥多尔·尤尔琴金的到来（俄罗斯决定暂时减少其机组的规模：从三名俄罗斯宇航员变成两名）。

谢恩离开后，我收到了两份亲友制作的视频剪辑。视频里，大家（还有神秘嘉宾本纳巴尔）在录音棚演唱了他们为我在拜科努尔发射时准备的歌曲：《火箭》和安妮的独唱 *Hero*。难以置信，他们竟然为我做了这么多……我觉得自己无法为他们做出太多回报。但我安慰自己说，幸亏有我，他们能在一起度过这么多时间，一起拥有这个项目……其实，更应该感谢的是安妮。

我在地球上的运动伙伴们也传来了消息：托尼·帕克在一场

比赛中撕裂了膝盖处的十字韧带，唐吉·德·拉莫特在出发仅两周后就遭遇了桅杆断裂，而法国橄榄球队则经历了史上最糟糕的比赛。我似乎给他们带来了不幸（对此我感到难过）。不过，也有好消息传来，听说我的 Facebook 粉丝已经突破了一百万大关。我大部分的空闲时间都用来拍摄地球、整理图片和发表评论，这一百万粉丝是对我的认可，我的努力得到了回报，我们成功地将太空带入了人们的生活。感谢朱利安、阿德莱德，以及莱昂妮、梅拉妮和玛利亚的帮助，他们为此付出了很多努力。

2017 年 4 月 14 日

空间站内的气氛有些紧张。

理论上，我和佩吉还有一次太空行走任务要完成。原计划定在第 50 次远征期间的 4 月进行，但后来改到了 5 月新机组人员到达之后。我们已经为此准备了一段时间。我们被布置了一些任务，美国国家航空航天局给我们发送了一些学习视频：3D 模拟的空间站里，两个代表我们的小人在里面工作。这对于准备一些复杂程序非常有帮助。总之，一切都在按部就班进行。然而，三天前，在一个视频会议中，他们简洁地通知到，即将到达空间站的杰克·费舍尔将替代我执行出舱任务。而我将负责操作机械臂把他们送到舱外。我们立刻收到了一个新版本的视频，在里面有佩吉和一个神秘的"舱外机组人员 2"。是的，我的名字消失了……我感到有些失落和被忽视。当然，美国国家航空航天局有权安排太空行走任务，个人的喜好不应该成为考量的因素。当然，一切都可能会改变，没有什么是确定的。另外，让杰克在他的第一次任务中进行太空行走是正确的决定：他还年轻（43 岁），还有漫长的职业生涯等着他。当他返回地球时，这种经历是非常宝贵的。

尤其是在与工程师们一起开发未来舱外活动的时候，要知道，这些工程师虽然技术精湛，但却缺乏亲身体验。总之，我对杰克并无任何不满。让我有点惊讶的是，佩吉已经进行了 9 次舱外活动，她很可能在返回地球后就会告别太空，而且她丰富的经验实际上并不需要再额外进行一次任务。需要首次尝试舱外机组人员 1 这一角色以促进整个任务发展的人……难道不是我吗？我本可以同杰克一同成长，并在我的经历中增加领导力方面的经验，我们本可以在这些经历中变得更强大，为我们未来的任务和地面工作做好准备。但美国国家航空航天局并没有给出详细的解释[124]，我仍然做着我应该做的事，不对决策提出异议（这不是我们的做事风格），但我不禁思考起做这个决定的原因：美国国家航空航天局通常不会把舱外活动作为对宇航员职业生涯表现优异的奖励，但这将为佩吉创造一个新纪录。10 次太空行走的记录，使她成为榜单上的第一名。此外，她还是空间站的站长，而且她认识美国国家航空航天局所有的人。我发现，对我来说是个意外的事情，也许对她来说并非如此，并且她可能已经被征询过意见。会不会有人即使知道一切都是徒劳，但还是让我准备了一切？还是说，这只是一个不好的时机，地面上有这么多人参与项目，每个人都在处理自己的工作，而我可能有点被忽略了。我尝试着不去想这些事情，但在这个封闭的地方，我承认这些问题比我想象的更加困扰我，气氛也变得有些压抑。

奥列格大部分时间都在俄罗斯舱段工作，所以我经常和佩吉独处。她很清楚这对我来说是个坏消息——就好像在训练中你被告知一定会参加决赛，却在最后一刻让你坐在替补席上且没有给

---

[124] 据说由于这是杰克的第一次舱外活动，所以需要一名经验丰富的舱外机组人员 1。但有时舱外活动会配备两名经验不足的机组成员。

出任何解释。为了团队的利益,你试图把自己的自尊先放一边,但这并不是一件愉快的事。她一直没有提及这个话题。所以在接下来的两天里,我努力集中精力工作。但今天晚餐的时候,我觉得继续这样下去不是办法:

"佩吉,我觉得我们需要谈一谈,我有一些问题困扰我一段时间了。"

"我知道。"

当然,她知道我想谈什么,我尽量只说事实。

"我认为他们肯定会征求你作为站长的意见。"

"我知道你感到失望……"

"当然,但这不是今天的重点[125]。从操作角度和我们各自职业生涯的角度出发,更应该是我和杰克一起执行任务。而且,似乎每个人都对我说:'这不是我的决定。'那总得有人做这个决定……"

我们谈了很久,需要考虑的因素有太多:做决定的是美国国家航空航天局,我的职业生涯还有20年的时间可以进行太空行走。对于一个欧洲人来说,两次太空行走已经是非常难得的机会。我知道全能的美国国家航空航天局内部会有人这样想,即使并不总是明说。从一开始,我也在想,如果我是佩吉,我会怎么做。

无需再赘述,我已经说了想说的话,现在感觉好多了。我知道佩吉是个善良且专业的人。我们不应该让这件事影响一整个星期。突然,我把她拉进我的怀抱,像美国人一样拥抱她:

"佩吉,没关系,我还是爱你的。你永远都是我的绝地

---

125 如果我足够诚实,这其实也有点算是今天谈话的主题。

大师[126]……"

她有着钢铁般的意志,但我感到此时的她是欣慰,甚至是感动的。自此之后,我们之间更加亲近,工作也顺利很多。

新成员已经到达一周了,我们将和他们一起度过一个半月。我对杰克有些了解,因为他曾是我的后备人员。他曾是美国空军 F-22 猛禽战斗机的试飞员,有着光辉的职业生涯。他坚决、自信、迅速:典型的飞行员风格。他是一个非常友善的人,而且……像中西部的少年一样活泼。他决定在太空中重新举行一次婚礼(他与妻子约定每十年更新一次婚礼誓言)。他希望能够在国际空间站上举行仪式,并在美国国家航空航天局电视台进行直播。我不知道最后结果会怎样,但可以告诉你的是,他们目前感到相当困惑。晚上,他喜欢穿一件印有美国国旗颜色的睡衣飘来飘去,有时甚至穿着他最喜爱的美式橄榄球队的荧光橙衣服。总之,杰克给空间站带来了一种奇特的氛围。至于费奥多尔,他是位老手。这是他的第五次太空之旅,他曾在 2002 年与佩吉一起参与过空间站的组装。他是一个非常有能力的专业人士,但有时可能会表现得有些……刻薄。他在表达意见和做判断时很少有保留,在这样一个封闭的环境中,我们在发表意见前都会仔细考虑一番,以免伤害到任何一位同事(必须要考虑文化的多样性)。国际空间站,就像是潜水艇或飞机驾驶舱,绝不是能引发争议的场所。费奥多尔有点过时,他从属于那个心理学远远排在技术之后的时代。但任何时候,我们都可以依靠他,他慷慨而愉快,但有时候却在不自觉中表现出对女性的厌恶……而佩吉,毫无疑

---

[126] "绝地大师"是指《星球大战》系列中训练有素、拥有高超力量的绝地武士。"绝地大师"一词通常用来称呼绝地武士中的导师或高级成员,他们在绝地教团中担任重要的领导和教育职责。——译者注

问,对此并不满意。嗯,假设我们能够在某些晚上克制自己并且有点外交手段,我相信一切都会进行得顺利……

2017 年 5 月 12 日

我觉得我可以断言,今天的太空行走是特别不幸的……

我又一次独自为佩吉和杰克做准备。这被认为是国际空间站最艰苦的工作之一。幸运的是,这已经是我第三次负责这个任务了,我知道自己该做什么。在整个准备过程中,宇航服通过两根电缆与空间站连接,就像脐带一样,提供电力、氧气、冷却和通信(总之,所有必要的东西),避免耗费宇航服内部的电池。杰克坚持要自己夹上他的连接器。

"我来做。"我说。

"没事,我能行!"

今天是空间站执行的第 200 次太空行走,也是杰克的第一次,程序已经非常成熟:通常不穿宇航服的机组成员会进行所有的操纵,因为对他来说更便捷,又因为两位出舱的同事一旦出去就会精疲力竭……作为一名典型的飞行员,杰克想要亲自操作自己的宇航服,并把这当作一种训练(返回时他也坚持自己连接)。佩吉和谢恩是让我为他们连接的,但实际上并没有严格的规定。我忙于其他事务,且认为他自行操作应无大碍,于是就让他戴着加压手套自己操作起来。几分钟后,我发现他的接口处有水漏出,并且出现一个越来越大的水泡……该死。工程师们需要做很多工作来弄清楚究竟发生了什么,而一次又一次的出舱任务之后,装备的磨损被视为常态,但当时我认为他大概用力过猛了,心中暗自懊悔让他自己动手了。

"休斯敦,这里是气闸舱,太空服出现了漏水情况!"

当我呼唤地面时，一般不会立即得到回复，因为他们内部需要先进行商议。于是，我拿了一条毛巾尽量吸水，并试图找到漏水的位置。显然，在电缆的连接部分有一处零件损坏了。我不能立马将杰克的舱外航天服切换到电池模式并将其断开，因为电池容量可能无法支撑他的在整个太空行走，而且在如此复杂的程序中临时性的操作很危险，我不想让情况变得更糟。目前他是安全的，尽管水泡离出舱服的电子设备太近了些。一切都在缓慢而细致的进行，但显然现在需要改变策略。我赶紧又去找了块毛巾擦水，休斯敦方面还在讨论，而我们必须立即采取行动。我决定切断水的供应，这是一个简单且不会立即就产生后果的行为，只是可能会让杰克很快感到酷热难耐。与休斯敦的通话仍在继续，我知道舱外航天服的专家正在与空间站的热控制专家交流，控制中心此刻定已忙碌如蜂巢。

"这里是休斯敦。托马，你必须拆解这个联络管，你别无选择。"

"好的，我需要操作这个程序的操作指南。这大概需要一个多小时吧？"（我心里一直在倒计时他们的出舱时间。）

"没错，你得用同一个联络管轮流为佩吉和杰克充电。我们马上给你提供操作指南。"

此时，我就像在两个人中间跳起了华尔兹。我拔掉佩吉的电源，将她的航天服调整到电池模式，然后为过热的杰克接上电源。待他稍感凉快，我就继续修理。这样的切换每次都要花十分钟左右……就像我还不够忙碌似的！这时，佩吉的内部计算机卡住了。她指着完全熄灭的显示屏示意我看。

"休斯敦，佩吉的显示和控制模块失灵了！"

"执行冷重置程序，托马，故障程序手册中有说明。"

我必须关闭所有电源然后重新启动。我是被诅咒了吗？今天我没能穿上宇航服，真是报应啊！我觉得鉴于这种糟糕的情况，休斯敦会取消任务。我们已经迟到了一小时。另外两个人，他们面对面地被固定在轨道上无法动弹，只能看着我忙碌：

"加油，托马。"

"我们支持你。"

"这里是休斯敦，继续执行任务。"

"……收到，休斯敦，继续执行任务……"

我很惊讶，另外两个人也是，但是休斯敦的这一决定让我们士气大涨：我们开始行动吧！

"你可以从你停止的地方继续程序，应该是第364步，确认一下。一切准备就绪，佩吉和杰克进入气闸舱，你开始降低气压。每10分钟交替操作，直到内门关闭。保持杰克的连接，佩吉在剩余时间内应该不会过热。"

他们似乎考虑得很周到，一如既往。不过，美国国家航空航天局不喜欢任何风险的存在……好吧，我继续做准备，更换二氧化碳过滤器，同时交替连接和断开佩吉和杰克的电源……最后，我的两个同事被塞进了密闭的空间，一个会与空间站连接，另一个没有连接而没法进行温度调节（一旦他们处于真空中，调节将由宇航服自行完成）。没有温度调节系统，航天服就会变得像烤箱一样，祝他们好运……对于佩吉来说，这不是大问题，她总是怕冷，当我穿着短裤和T恤的时候她还穿着三层衣服。而这时，舱内的灯坏了。我陷入了黑暗之中……啊，我可以辞职吗？我什么时候才能从这场噩梦中醒来？我这会负责的可不是一次皮划艇出游，而是两个人的太空之旅！时间毫不留情地在流逝。

"这不可能！"

佩吉和杰克大笑起来。

我赶紧从旁边的舱内拿来临时灯安装,终于关闭舱门,并开始减压。由于我刚刚急急忙忙从设备气闸舱里拿出来一些工具,这会我得整理归位。我清理完湿毛巾就迅速冲往实验室,我得准备控制机械臂并在杰克太空行走期间移动他。我已经重复这个动作数十次,一切都在掌控之中。我看了看屏幕。这时我发现叠加层[127]没有任何显示……

"休斯敦,空间站对地面通话2线[128],能否把叠加层的数据发给我吗?"

我本可以自己处理,但得花上十来分钟才能找到相应的程序,而我们现在时间紧迫……控制中心告诉我:

"通常情况下,我们会让机组人员自行安排,以便按照他们的偏好进行调整。"

"朋友们,我现在需要叠加图层!"

他们很快明白,休斯敦也终于做出回应。杰克已经在机械臂上就位。

"杰克,一切都好吗?我可以加快速度吗?"

"一切都好。我已经准备好加速!"

"休斯敦,请批准切换到快速模式操控机械臂。"

快速模式是指当机械臂与空间站相距很远,并且不存在碰撞可能性时采用的模式。如果距离很近,就像现在这样,就必须使用慢速模式……这个慢速模式真的非常慢……

短暂的沉默之后,通信员雷贝卡回复我。我知道她非常聪明,

---

[127] 在航天领域,叠加层(overlays)指用于操作机械臂的必要数据显示,这些数据显示与外部摄像头拍摄的图像叠加在一起。

[128] 空间站对地面通话1线此时正在被太空行走的两位同事使用。

因为我们之前合作过好几次。

"获得授权。"

太好了！飞行主管表示支持，他们对我们投以百分比的信任。开始了！对杰克来说会有些颠簸，但我想他肯定遇到过更糟的情况。

此次太空行走共计4小时13分钟。控制中心给予了我们非常出色的帮助。

当晚，杰克深情的拥抱我，并笑着对我说：

"你连灯都没修好，这是怎么回事？"

佩吉直言不讳地告诉我，她认识的90%的宇航员都无法独自应对所有的故障。而她今天能顺利进行第10次太空行走，多亏了我。我回答她说她夸张了。

他们都干得漂亮，控制中心也是。但是天哪，这一天过得如此之长！

2017年5月

返回地球需要提前准备，而我们有一个月的时间。由于佩吉在空间站的逗留时间延长，所以只有我和奥列格两人返回。那时，哈萨克斯坦草原上的气候应该是宜人的：3月和4月的天气条件似乎比较复杂，所以我们通常将返回安排在2月或6月。

在太空中度过了6个月后，我心情颇为复杂。一方面，我迫不及待地想要与安妮和我的亲友们团聚，想要在大自然中走一走；另一方面，我也对即将离开的国际空间站充满不舍。在这里，我付出了巨大的努力和牺牲，这是一个如此美妙又令人难以置信的地方，当我回想起来的时候……我也意识到，这段经历之所以如此特殊，正是因为它只是生活的一段插曲。但我内心仍有一个疑问：我是否还会再经历如此令人惊奇和前所未有的事情？回到现实生活后，日常生活是否能让我满足？和往常一样，我选择将注意力转移到工作上。我们在科学实验上花的时间已经创下了新的纪录（根据空间站生产率衡量标准得出的）。我与谢恩和佩吉的合作成果斐然，这对所有为这个任务努力工作的团队来说都是个好消息。毫无疑问，这个记录将来会被多次打破[129]，但目前我们感到成就满满。

奥列格作为指令长，要负责"联盟号"的包装工作。可以想象，这就像是高难度的俄罗斯方块游戏。仅"联盟号"的中间部分（即返回舱）会返回地球。也就是说，可用空间非常有限，每一点空隙都必须被充分利用，所有物品都要尽可能地压缩然后包装。如果多出 3 毫米的厚度，东西就塞不进去。我们还需要测试飞船的控制系统、与地面的通信系统，并通过无线电与戈查反复练习下降过程中的步骤。总之，我们需仔细检查所有东西。

我将我最好的照片和电脑里的内容存储在一个 U 盘里，放置在 1.5 公斤重的个人小包中。另有一个商务小包将随后续货运飞船返回。我需要清点所有科学实验的结果，整理舱内物品。总之，所有私人物品都需要随着我离开而消失。那些从没穿过的衣服可以用作货运返回时的缓冲包装材料，但是空间有限。所以最好把它们扔掉，让它们和垃圾一起在送回途中燃烧掉。最初时，宇航员会保留很多东西（衣服、洗漱用品、笔等）以防万一。但终有一天空间站会饱和，以至无法清理。换句话说，与运送到空间站的重量相比，内部容积是最稀缺的资源，因此必须保持高效

---

129 随着组织不断完善方法，这将成为一种常态。"龙"飞船增加了一名机组成员，这将使我们迈向新的阶段。

利用。

2017年6月2日

昨天，我们开了一个小会。我牢记着佩吉的话：

"我们会思念奥列格和托马，他们是极其出色的宇航员！"

她说到一半的时候，声音突然哽咽，但她用一抹温柔的笑容掩饰了自己的情绪。

"亲爱的佩吉，我们把你托付给荒唐的杰克和率性的费奥多尔。"

我紧紧地拥抱了她。

到了返回地球的那一天。我们预计在协调世界时[130]12:30左右离开国际空间站，并在三个半小时后着陆。这段旅程仿佛置身于流星的内部，这必定是壮观的。我知道返回地球的过程会很剧烈，因为进入大气层的整个过程都需要承受重力。这是我的第一次下降，我迫不及待地想要经历这些感觉，特别是最后的着陆。他们经常跟我说：

"着陆时，你可以想象自己停在红绿灯前，有辆车却以50公里/小时的速度从后面猛地撞过来。"

当返回舱在地面滚动时，如同被卷入一场激烈的漩涡。但由于我已经有6个月没感受到自己的重量，这种感觉可能会更加强烈。尽管有时候我们不太愿意，但我们别无选择。佩吉曾经历过一次惊心动魄的下降（类似于弹道模式）：在进入大气层之前，"联盟号"会分为3部分。然而那一次，有一颗螺栓在分离时未

---

130 协调世界时，简称UTC，又称世界统一时间，世界标准时间，国际协调时间，是国际标准时间，与格林尼治标准时间（GMT）相同。——译者注

松动，导致飞船翻转。结果是舱门而不是热防护罩暴露在大气中，使得飞船遭受无法承受的高温[131]。幸运的是，螺栓首先被烧掉了（俄罗斯人说这就是预先计划好的）。"联盟号"最终得以完全分离并恢复到正确的位置，但是重新进入的角度已经完全不同于预期，机组人员不得不承受约 10 个重力加速度的冲击。可以想象，飞船着陆的位置与预期完全不同，相距 400 多公里。这次非同寻常的返回还引发了周围草原的火灾。最终，是哈萨克斯坦的农民发现了机组人员。他们不得不向这些农民解释……他们从太空归来。不难想象这些人的表情！幸运的是，机组人员都平安无事。

"再见，朋友们！保重。"

热情的拥抱，不舍的告别。

9:30。奥列格走进了太空船，我紧随其后。佩吉最后送给我们一个鼓励的微笑。

我关闭舱门，金属碰撞的声音如同保险箱般沉稳而坚定。

---

[131] 热防护罩能在飞船进入大气层时承受 1 650 ℃的高温，以防止飞船着火。

回家
Back home

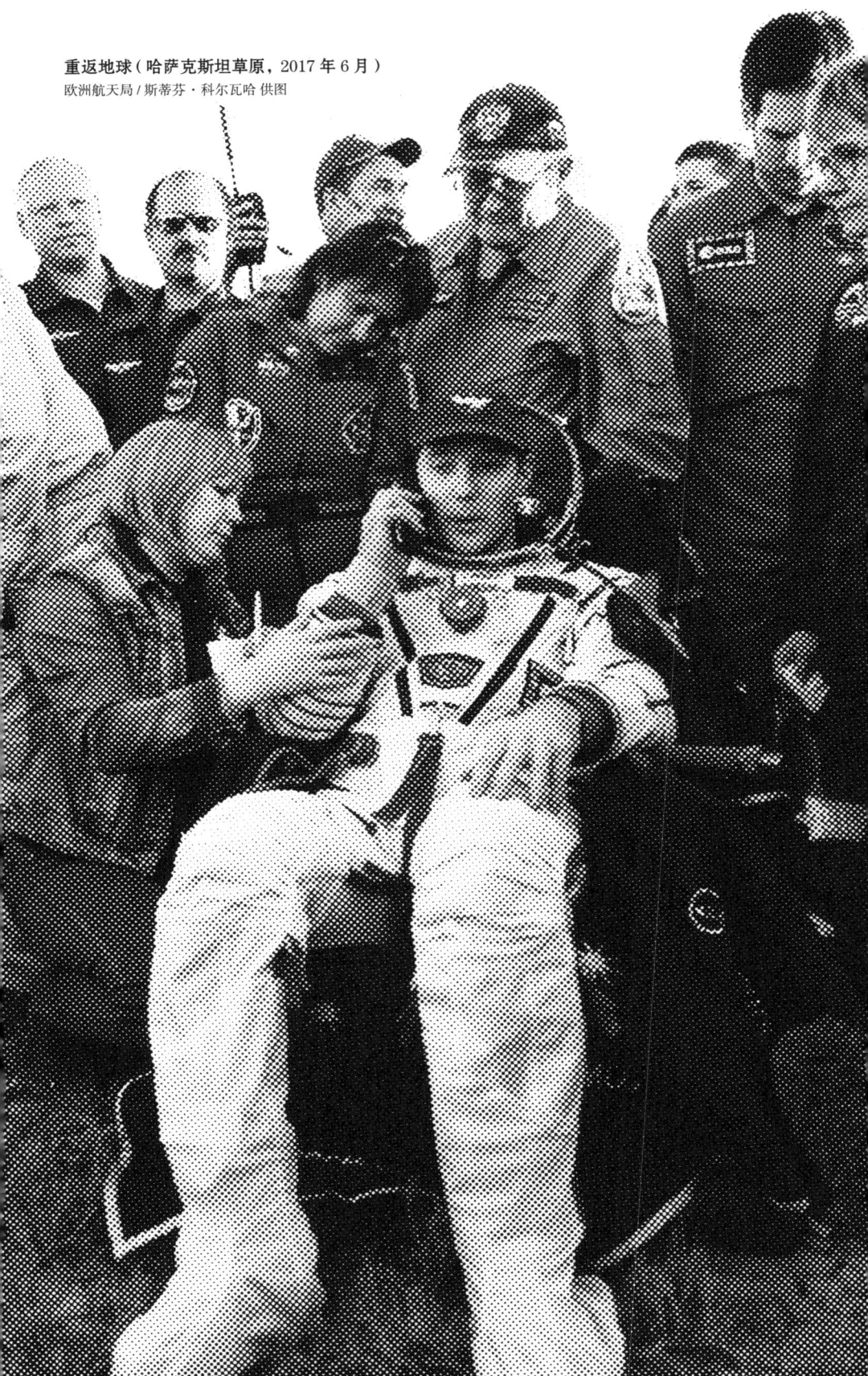

重返地球（哈萨克斯坦草原，2017 年 6 月）
欧洲航天局 / 斯蒂芬·科尔瓦哈 供图

回　家

"联盟号"飞船上,我们的准备工作持续了两个半小时。上周我们和莫斯科一起进行了模拟。我们正在调节压力并检测刚刚关闭的舱门是否完全密封。现在再次进行系统的全面测试。与此同时,地面团队已经开始在哈萨克斯坦草原上巡视,确保没有人在目标着陆区域附近游荡,且该区域没有任何障碍物。

我们穿上宇航服,进入轨道舱。最后,奥列格关闭了轨道舱与我们所在的返回舱之间的舱门。我们再次检查密封性,然后各自在座位上坐定,系好安全带,连接各系统。和来时相同,奥列格拿上他的平板电脑。而我则紧握那本厚厚的故障手册,其中记录了各种故障、灾难以及解决方案。我们通过无线电与戈查通信。他会陪伴我们返回地球,就像 6 个月前他陪伴我们飞向太空一样。一切准备就绪,俄罗斯飞行主任宣布启动程序。

"我们出发了!"奥列格宣布。

"联盟号"缓缓解开与空间站连接的钩子。在弹簧的推动下,飞船以每秒 12 厘米的速度缓慢向后移动,就像一只轻盈的蝴蝶……在控制屏上,连接口慢慢远去。除此之外,舱内的我们几乎察觉不到任何运动。到目前为止,一切都很顺利:飞船完美地保持着前进轨道。一旦距离国际空间站足够远(20米),且不存在污染空间站周边环境的风险时,我们的侧推器启动第一次燃烧,持续15秒,将速度提升至2公里/小时,让我们进一步远离空间站。第三次机动则使我们缓慢地向后滑动,然后从我们居住6个月之久的空间站下方穿过。随着我们的远去,空间站将逐渐从我们的屏幕上消失。

在真正开始下降之前,我们在轨道上停留了2个小时,享受难得的轻松时刻。我们甚至还和戈查在无线电里开起玩笑。紧张感很快就上来了,因为关键时刻(也许整个旅程中最重要的时刻)到了:服务舱后部的主发动机将进行第二次燃烧,共持续4分45秒。这将把我们回家的可能性变成现实,也就是说,通过这一过程,飞船的运行轨道将从圆形(在这个轨道上,航天器相对于地球保持恒定的高度)变为椭圆形,通过其曲线自然地朝地球下降。我们的目标是将椭圆轨道的近地点(最低点)落在大气层的最外层。在那里,由于高速运动,飞船与大气分子碰撞会导致庞大的空气摩擦力,这将使我们减速,且进一步降低我们的轨道;随着我们朝地面方向下降,大气密度增加,摩擦会再次使我们减速,也将再次使我们下降……你明白这个原理吧:我们的轨迹就像一只蜗牛壳,而飞船速度也逐渐降低,直到火箭在发射时传递给我们的这种巨大速度几乎被消耗掉。但是,这一关键时刻需要极高的精度,并在正确的时间点启动……如果我们减速不够,大气层就无法捕捉到我们的返回舱,我们将无止境地停留在轨道上。如果我们减速过多,轨道下降角度将会太大,上面热保护罩的受热将超出其承受范围,我们将因此而被烧毁。如果减速时间不准确,我们将降落在距离预期位置几公里外的地方,有可能落入不太友好的区域。可以说,即使是经验最丰富的宇航员在这个时刻也会有些紧张。

15:44,关键操作成功!任务完成得不错!我们现在距离地面140公里远,预计还有30分钟着陆。此时,我们可以解开前方的轨道舱和后方的服务舱(它们将被烧毁于大气层中)[132]。爆炸螺栓启动,巨大的碰撞声紧随其后,就像有人用锤子在我们四周敲打。我们所在的返回舱摇晃起来。对于一个像我这样的飞行员来说,不是很习惯在一个突然爆炸的飞行器中飞行,即使我知道这是故意的……轨道舱和服务舱很快远离我们。我们现在只是一颗以极高速度飞行的小石头,一个略微精密但没有引擎的铁球[133],重力和空气动力学将是我们回到地球的唯一动力来源。

15:47,我们抵达了位于伊拉克上空100公里处的大气层密集区。重力指示器上的数据缓缓上升:$0.1\,g$、$0.2\,g$……我们逐渐感觉到返回舱正在被牵引。我松开手中的笔,它缓缓飘落。$0.3\,g$、$0.4\,g$……

"系好安全带!"奥列格说。

我们在起飞前尽最大努力系好了安全带,但在失重状态下,真的很难完全坐进量身定制的座椅里。随着重力的回归,我们得以完全陷进去。$1.5\,g$、$1.6\,g$……

"系好安全带。"指令长重复道。

我们再次调整了位置,戴上头盔。

在返回阶段(几乎一直到降落伞张开前),与地面的通信将

---

132 在我们还未进入下降轨道前,保持飞船的完整性非常重要。因为如果我们错过了椭圆轨道,我们仍然有足够的物资支持我们五天(氧气、水、食物、卫生间等),以重新尝试操作。一旦分离,就无法返回:要么着陆,要么什么都没有。

133 然而,我们可以借助空气动力学通过横滚控制返回舱,从而操纵着陆点的位置。

会中断。这就是所谓的"黑暗期"。我们的飞行速度如此之快，以至于空气会被电离：飞船被笼罩在一个充满带电气体的云层中，无线电波无法传播。这对所有人来说都是一个紧张的时刻，暂时的告别在耳边响起：

"我们一会再联系。"戈查说。

航天员返回地球时的轨迹设计宗旨是尽量减少减速带来的冲击，但我们仍然很快就达到了最高 $4\,g$ 的加速度，且这种状态会持续一段时间。此时，我们已经处于距离地面 35 公里的高度，舱内温度很快就达到了 40 ℃，感觉就像要窒息一般。不得不说，我们这会就像处在一个坠落的火球中。我透过左侧的舷窗望去，起初只见些许火花与火星，随后是熊熊燃烧的火焰，仿佛要将舷窗吞噬。但不要担心（说起来容易），我们背后的热防护罩（返回时我们是倒着进入大气层）正在发挥作用：它吸收了大气摩擦产生的热量，如果没有它，这些热量会传递给飞行器。我通过舷窗看到它残留的余烬高速飞过。这场大火将持续 8 分钟。时间可真是漫长！受重力作用，我完全被压在座位上，浑身疼痛，呼吸困难，汗流浃背，我的心脏不知所措且艰难地跳动着……在舷窗完全被碳化之前，我瞥见了最后一幕：周围是一片粉红色的迷雾；地球与远处的山脉若隐若现。有那么一瞬间，我觉得我们似乎距离地面很近（我参考的是 400 公里的高度！）。穿过这片粉红色的雾气，我们仿佛将在火星上着陆！随后，黑暗中的下坠仍在继续。

当返回舱降至 10 公里高度时，预降伞展开。这次冲击产生了些微震动，但返回舱很快就稳定下来。主降伞在 7 500 米的高度展开，此时，情况就大不一样了。我们被摇摆得晕头转向……欢迎来到客机高度的游乐园。热防护罩最后剩余的部分，连带着窗户的保护罩，一起被弹射了出去。我们终于恢复了视野，我看到了蔚蓝的天空和耀眼的太阳。1.5 吨重（相当于一辆汽车的重量）的返回舱在降落伞的作用下，耗时 15 分钟缓缓下降。这段时间虽然漫长，但气氛颇为宁静。我听到了强风呼啸的声音。这种感觉很奇怪，要知道我已经有半年的时间没有经历过大气的扰动了。

为了平衡舱内与外部的压力，我们打开了一个小阀门，为离开返回舱做好准备。

"这里是莫斯科，"戈查在无线电中说道，"你们能收到我们的信号吗？"

"收到。"奥列格冷静地回应。

我听到了控制中心传来的掌声。大家都松了口气，我们顺利回到了地球。

此时，座椅在液压缸的作用下突然竖起来。我们的头几乎要撞到仪表盘上。这种像球一样的姿势（比之前的姿势更加不舒服）是为了在发生过于剧烈的着陆时尽量为我们缓冲。

直升机已经找到了我们的位置，它们围着我们盘旋，通过无线电和我们交流。到离地面 80 厘米的地方（这个高度在我看来有点可笑），反推火箭将启动以（理论上）减轻着陆时的冲击。然而，我们的速度仍然是每秒 8 米，这意味着冲击不会小……

从距离地面 500 米开始，我们就停止了交谈，咬紧牙关，以避免在着陆时咬到舌头或咬碎牙齿。

一阵持续不断的蜂鸣声响彻耳际。

16:10，着陆。

着陆非常剧烈。返回舱弹跳了一下，然后在地上翻滚起来。我手里的程序手册撞上了头盔。这就是俄罗斯人口中的"软着陆"，就像高速公路上的事故，对吧！

"我们已经接触地面了吗?"

奥列格问我(俄罗斯人担心返回舱弹得太高,之前已经发生过类似情况——这证明着陆并不轻柔!——所以在继续操作之前需要确认)。

我这边有舷窗,而他没有,所以由我来确认。

"我们已经接触地面。"

"你确定吗?"

我透过舷窗看到了地面和草地,因为返回舱翻滚后停在了左侧,也就是我的这一侧……没有比这个更明确的确认了!

"嗯,我确定……"

"降落伞脱离!"

奥列格执行了命令(由于大风的作用,降落伞如果在,可能会继续把我们往外拖行几公里,所以我们必须尽快与之分离)。

一阵沉默。

现在,我们只能等待救援队的到来;我重新感受到了我的重量,舱体向左边倾斜,所以我的左侧被压迫着。透过舷窗,这片土地、这片草原以及头顶的天空看起来是那么陌生。

然后,我意识到:我还活着。

有着多年操作经验的俄罗斯团队很快就出现了。他们检查了发动机,扶起返回舱,并为我们打开了舱口。

"你们好,同志们!你们离沼泽地还有40米远呢!"

"不过我们还是成功着陆了!"

奥列格很高兴地说道。

"是的,而且瞄得相当准!"

我突然意识到其实我们是没有任何方法来控制降落伞的。如果落入沼泽，那绝非乐事，甚至可能更糟。但在逆境面前，俄罗斯人时常表现出一种带着微笑的宿命论，这种态度也感染了我们。确实，我们差点遇到大麻烦，但我们最终都平安无事，所以让我们享受此刻的喜悦吧！

那人伸出戴着黑色皮手套的手与我们握手。

"很高兴见到你们！请把这个给我。"

他们首先收走了手册（我不知道为什么，可能里面包含了机密信息……）。然后他拿起了我们的手套。我看到了他身后的相机镜头。

返回地球后，所有感觉都超出了我的承受范围。直升机的嗡嗡声传来，我觉得音量可能被调到了最大。随后，我闻到了救援队员身上浓烈的剃须水和洗衣粉的味道……

他们首先将奥列格抬出来，然后又来抬我。返回舱周围已是一派繁忙的景象：五十多名俄罗斯军人在忙碌着，6架直升机、6辆越野车随时准备着……不远处，还有人在搭建一座橙色的大帐篷。

有人提醒我说，尽管我每天进行数小时的运动，但可能还是会流失一些肌肉。因此，一些平常的动作可能也会变得复杂。回到地球后，一切都会变得非常沉重，包括我自己！最后，我的内耳也会感到不适……

我们被搀扶着，坐到了返回舱下面的椅子上。医生们冲过来，在我们的指尖采血，为我们测量血压。

落日的余晖洒向大地，当地时间 20:30，巴黎时间 16:30……

我微微动了动头，瞬间便察觉到了不适：我感觉自己快要摔倒了，而且我似乎无法把头抬起来。我的肌肉在哪里？任何稍微长时间的移动都让我感到恶心……在摄像头面前呕吐,又恰逢直播,这很有看头!但如果我不动头的话,一切都还好。

我被戴上了一顶帽子。与欧洲航天局团队一起来的罗曼递给我一部卫星电话:新任法国总统想要与我通话。我说我想要先跟安妮通话。我说起话来有些吃力,我的下颌有点沉重……他们让埃马纽埃尔·马克龙(他在巴黎的法国国家空间研究中心关注我们的返回)稍等片刻,又联系了欧洲宇航员中心,并要求他们把电话接给安妮。我拿起电话,我很难拿稳它,它似乎有一吨重。实际上,我感觉自己的两只手臂上都系着一根橡皮筋,一个名叫重力的恶作剧之魔正在用力拉扯着它们。我向安妮保证我一切都很好,今晚就能回科隆,我们很快会见面……第二通电话:

"托马?"

"是的。"我有点迷糊地说道。

"您好,我是让-伊夫·勒·加尔。恭喜您,现在我把电话交给总统先生。"

"您好,托马,"埃马纽埃尔·马克龙喊道,"恭喜您!"

"谢谢您,总统先生。您能在百忙之中关注我的返回并给我打电话,我非常感激。"

"您现在感觉怎么样?"

我很想吐,总统先生……

"我一切都很好,正在努力重新适应地球引力。我得承认,这半年来,拿着这个电话是我遇到的最困难的事情之一!但一切都顺利。飞船运行得很好。我们在这里也很好。"

"您的照片激发了我们的梦想!他们跟我说您已经超额完成了目标任务,每个项目都打上了勾!"

"我尽力而为。如果我所做的事能引起人们的兴趣,那就太好了。"

"我想您不知道自己有多么鼓舞人心。嗯,自从您离开以来,发生了不少事情!"

我听到他周围传来了笑声。

"等您回来,他们会给您完整的简报!"

"谢谢您,总统先生。我们很快就会在布尔歇见面。"

"我跟您确认!我们约定19日见!在那之前,我祝愿您能尽快与家人团聚。"

"是的,这也是我最渴望的……"

听筒里传来阵阵掌声。

"您听到了吗?大家都为您感到自豪。"总统说道。

随后,我按照俄罗斯的传统,用粉笔在返回舱上签下了自己的名字(这令人怀念,不是吗?)。

显然,我过于自信了。当我保持不动时,一切都好。我想,太好了,一切都恢复正常了。但只要我稍微动一下头,恶心感立刻又涌上心头。

是时候去大帐篷了。眩晕的我坐在椅子上,有4个人像抬着国王一样抬着我。其中包括已经70岁的尤里·彼得罗维奇!记者们涌向这个略显奇怪的队伍。帐篷离我有50米远,但我觉得它十分遥远……草原总会有坑洼,伙计们已经尽力了,但我仍然感觉自己像骑在骆驼背上一样。恶心感开始上涨。我试图保持镇定,但一秒钟变得像一个小时那么漫长。我注意到尤里略感疲惫,椅子越来越向他这边倾斜,这让我感到更加不舒服。我试图向周围的人表达这一点。他们把我放回地面,罗曼接替了尤里的位置。骆驼重新出发。我们终于走进了帐篷。我从椅子上下来,开始呕吐。

他们帮我脱下宇航服。我尽量保持头部不动。我的脊柱和关节都很疼。这再正常不过：它们已经有一段时间没有承受过这样的重量了。医生们比我更清楚的是（除了因内耳失调导致的恶心），还有体液问题。心脏适应了失重的环境，因此它向大脑输送的血液量大幅减少。例如，当我们站起来太突然时也可能会晕厥。血液上升速度不够快，量也不够多。医生跟我解释说，目前我最缺的不是红细胞，而是水。所以他们给我进行了第一次输液，输了整整一升。

"托马，几天内不准开车。"

"老实说，我完全没想到这一点……"

"还有，上下楼梯时必须有人陪伴。"

医生们继续进行测量。他们想要准确了解我的身体对这种突然出现的重力的反应。

有人向我示意直升机在等我们。还是4个人扛着我过去。我站起来，摇摇晃晃，感觉帐篷随时会倒下，有人从两边扶着我。记者们在外面焦急地等待。他们希望我回答一些问题。医生们毫不留情地把他们打发走了。一辆长长的蓝色车辆（通常用于军队运输）倒退到帐篷入口处。现在已经是晚上了。黑暗笼罩着我们，直升机在上方慢慢盘旋。有人搀扶我走上车辆后部的几级台阶。我躺了下来，我又吐了。

"这是正常的，"尤里试图安慰我说，"另外，你动得越多，恢复得越快。"

车子发动了，然后他们将我吊到直升机上。尽管戴着头盔，但飞机的噪声仍然十分刺耳。我在科隆的医生和尤里都陪伴着我。尤里偷偷递给我一杯乳饮料，带着一丝调皮。他说："我知道你在上面肯定想这个，拿着，你应得的。"他能想到这个小小的奖励让我十分感动。我接过这份礼物，它还是温热的，肯定在他口袋里放了至少24小时……我喝了下去，心里却想着这恐怕是个错误。果然，我又吐了。

在卡拉干达机场，一架飞机等着接奥列格去莫斯科，另一架飞机将把我送回科隆。我们参加了一场小规模的当地仪式。我戴着一顶颜色非常鲜艳的哈萨克斯坦帽子，身穿传统服装的女士们向我们表示敬意。她们送了我一个俄罗斯娃娃，上面是机组人员的肖像。上面的我有一缕细长的胡子和一双杏仁形的眼睛，我不确定我的维京祖先是否认可这一形象。机场经理发表了简短的讲话，媒体记者提了一些问题，我尽量用俄语回答。

上了飞机后我就进行了第二次静脉输液。飞机起飞了，我又吐了。

在6个小时的飞行里，我一直在睡觉。当我醒来时，已经快到科隆了，他们问我是否可以举行新闻发布会。

"当然，没问题。我只是需要在降落前先去一下厕所。"

我感觉好多了。我小心翼翼地站起来，走了几步，一切都很好，直到从厕所回来，我又吐了。

这真让人绝望。

"托马……我觉得我们应该取消新闻发布会。"

我想我在哈萨克斯坦的仪式上已经表现得很好了，如果我能保持不动的话，一切应该没问题，但我不需要为此勉强自己。我要享受这种放松的感觉。

我们是凌晨三点降落的。远远地，我看到安妮在等我，周围是欧洲宇航员中心的工作人员。他们都举着小国旗和欢迎标语。欧洲航天局局长约翰·迪特里希·沃尔纳、法国国家空间研究中心主席塞巴斯蒂安·巴德，载人航天项目主任里昂内尔·苏歇都在场……10分钟过去了，20分钟过去了。

"我们怎么还不下去？"

"他们的拖杆断了……我们暂时被困住了。"

我们降落在机场的军事区域，没有备用的拖杆可以用来把飞机拖到迎接我们的委员会成员面前……工作人员正在忙着寻找解决方案。将近200天的任务，132 000公里的旅程，而在距离终点仅50米处，遇到了最后一个障碍……这让我忍不住笑起来。

"大晚上的，我们不能让大家就这样等着！"我说。

我躺下又睡着了。一个小时过去了。

当我再次睁开眼睛时，我发现情况依然没有好转。我问道：

"你们可以去把安妮找来吗？"

他们照做了。

终于，我看到我的伴侣朝我走来。我慢慢站起身。她把我紧紧抱在怀里。周围的人礼貌地走开了。

"给你……"

我指了指自己脖子上的项链，上面有一颗我从星星那带给她的星星。

"这是给你的。"

安妮取下项链，戴在自己脖子上。

我们将在位于科隆的德国航空航天中心实验室待几天，因为科学家们要对我进行多项分析。为了欢迎我的到来，他们开了一瓶默尔索酒（毕竟法国航天也有自己的小传统）。我喝了一小口。非常好，但我不能再多喝了，否则……总之……

返回仪式的讲话很简短。我必须跟着医生去检查。安妮被允许陪同我。

"我们要抽一次血。"他们说。

试管一个接一个地被我的血填满……时间开始变得漫长，安妮看了看实验台，数了数：21根试管！

"你们确定吗？"安妮问，"你们看他脸都白了……"

"应该有人计算过。"我说。

一切结束时，我并不生气。

能够平安回到地球我感到非常高兴，我的周围都是人，我不再感到恶心，也愿意容忍很多事情。

终于在6:20的时候，检查结束了，我可以去睡觉了。

当我醒来时，完全不知道自己身在何处……在空间站的时候，我习惯了用手轻轻一推就能从睡袋里飘出来。而现在，我推了几次床，它却纹丝不动。直到安妮的身影映入眼帘，我才渐渐找回了方向感。魔法已然结束，佩斯凯！我慢慢起身。

"有没有觉得很头晕？"我的伴侣关切地问道。

"我觉得还好……我想洗个澡！"

"医生说了，要坐着洗。"

"明白了，亲爱的护理员！"

她笑了。

这次洗澡真是一个重要时刻！我像瘫痪一样坐在凳子上，看着水滴全都朝同一个方向落下，完全平行！在习惯了失重状态下水的随机行为后，这一幕显得格外奇妙……我有种在《黑客帝国》中看见纵向线条流动的感觉……重力和我恢复的体重带来的另一个影响是：坐着不到5分钟，我的屁股开始疼了！不过，尽管如此,这是我200天来第一次洗澡,环保理念此刻暂且抛诸脑后,抱歉!我在滚烫的水下待了好久。地球上的生活真是美妙。

接下来的几天里,时间表被安排得很紧凑。早上八点,我开始进行物理治疗。

"原则上,托马,你在太空逗留了6个月,那么你将需要6个月的时间才能完全恢复。我说的完全恢复,指的是会恢复到你原先100%的能力。大约一个月左右,你就能恢复到90%左右。"

在太空中,我长高了将近2厘米。随着重力的恢复,我已经失去了这段高度——甚至在地球上,我们早晨刚起床时由于脊柱被拉长,会比晚上高1厘米左右,因为一天的重力作用会让脊柱压缩。接下来是眼科检查,我的视力没有受到任何影响(有时视神经受压会导致视力下降)。但最特别的欢迎礼物,莫过于肌肉取样活检了(他们总共取了4块"米粒大小"的肌肉样本,如此描述,似乎想让我觉得样本很小)……非常愉快……我也就不多赘述其他无数的生理分析和磁共振成像检查了。科学研究的逻辑是:任务前,任务中,再到任务后,各项参数进行对比分析。

我得重新开始锻炼了。我先从减重跑步机开始,循序渐进。我置身于一个充满空气的密封舱内,舱口一直到腰部,这样我可以在减轻的体重下重新学习跑步。我试了试正常的跑步姿势,感觉自己像是一头10吨重的大象……

总体而言,我比周五晚上,也就是着陆那天,感觉好多了。当然,我还不敢做前滚翻,也不敢快速转90度,那还是有点剧烈,我的生活节奏还得很慢,但我感觉一切都在迅速恢复。最重要的是,我不再恶心了,我甚至能自己穿袜子了。

"10月,我们去跑马赛到卡西的半程马拉松吧。"安妮提议道。

"没问题!"

我每天都会收到一些非常友善的祝贺信息。同时,我忍不住想念留在空间站的同事们。他们现在只有三个人,工作会非常繁重。SpaceX 的一艘"龙"飞船刚刚抵达,为了完成科研目标,他们必须得努力工作。我有一种把他们抛弃了一样的奇怪感觉……我们也会写信互报平安。

我还参加了一系列总结会议:哪些方面做得好,哪些方面可以改进。我见了体育教练、医生、欧洲航天指令员、教练员……我还接受了很多采访。昨天,埃利斯·卢塞特[134]在德国航空航天中心采访了我,欧洲航天局还为法国记者组织了一场新闻发布会。

我终于能见到我的父母和哥哥了!可惜,我们没能待太久:我不得不赶去巴黎航展……因为,没错:我属于科学,此外,我还成了……"大使"。我并没有预先计划返回后的安排,而这确实是个大问题:回到地球时,我知道要完成科学任务,但我也希望能和亲人们一起恢复正常的生活。我完全没想到会收到这么多的邀请!当然,这些关注和认可让我心里很温暖。必须说,我在任务期间进行了很多沟通和分享。但是我真的不知道如何在应对所有这些邀请的同时,恢复我的生活。而且,考虑到我的家人:在为期 6 个月的任务中,我已经无法陪伴他们,但随着日程越来越满,他们不禁怀疑我是否真的回来了,我的优先事项到底是什么。最糟糕的是,我完全理解他们的感受。所以,这是我将不断

---

134 Élise Lucet 是法国一位著名的记者和主持人。她以调查报道和新闻节目而闻名,尤其是她在法国国家电视台(France Télévisions)主持的新闻节目《20 点新闻》(*20 Heures*)。——译者注

面对的情况：

"巴黎航展真的那么重要吗？"

"我必须去……我还要见总统……"

而从领导的角度来看，这将是我接下来经常会听到的一句话：

"这很重要，托马，你必须去。"

6月19日，航空航天节。

一位司机载着我前往展会。我们被困在布尔歇附近，那里交通严重拥堵。宪兵们试图疏导交通，这时我的司机摇下车窗：

"这是托马·佩斯凯。"

我们面前立刻开出了一条通道……这让我感觉有点不自在。但真正的场面我还没见到。

到达展会时，我发现有一支安保团队负责全天陪同我。

"呃……好的。你们好。我们去欧洲航天局展台，对吗？"

"是的，在那边。"

"那么出发吧。"

"哦不，佩斯凯先生，您不能就这样走过去。"

"就这样？"

他们指了指一辆类似高尔夫球车的东西。

"您上车吧。不然您每走两步就会被人拦下来。"

我们走向电瓶车。我开始意识到他们说得对：周围人都在回头看我。其实，现在所有人都知道了我的名字和模样……好吧，我告诉自己：这是一场职业活动。这个领域的人怎么可能不认识我呢？这很正常。我们穿过熙熙攘攘的人群。保安人员像电影里那样通过耳机进行协调，试图在过道里巧妙穿梭。最后，我到达了挤满了人的欧洲航天局展台，人们一下子围了上来，有人突然跟我说：

"马克龙马上就要到了，你就在这里站着，当他伸手给你时，你就把他带到我们的展台上来！"

"等等……我总不能对他来个柔道擒拿把他固定在这里吧！"

我转过身，碰上了埃马纽埃尔·马克龙，我们握了握手：为法国喝彩，为国家喝彩，谢谢总统先生，等等。他很友好，还微笑地说：

"跟我一起走，托马！我们一起逛逛！"

欧洲航天局展台上的人看到我们要走，投来了绝望的目光……

显然，如果要在这种队伍中紧跟在总统旁边，需要用胳膊肘推开别人，甚至压倒一些人……人群从四面八方涌来，大家都想靠近他，占据有利位置。我没打算参与其中，于是几分钟内就被甩在后面，陷入一群躁动的人中。埃马纽埃尔·马克龙发现我没跟上，停下脚步寻找我。他叫住我并向我招手，人们为我让开了通过。我逆流而上，重新走到他身边。他在一些展台前停下，发表评论，我尝试着回应。然后队伍彻底离开，留下我一个人，我不禁思考我的生活从此将会变成什么样。

谁能想到，我竟然可以拥有一整周的假期！我决定去罗马找安妮。两个人一起散步真是太好了。

在罗马街头，我再次感受到我的任务得到了多少关注，因为有很多法国游客停下来和我打招呼。他们的赞美让人感动，还要一起自拍。

有一天晚上，我发现安妮神情凝重。我问她是否一切都好。

她最终说：

"托马，我不会再做第二次了。"

我皱起眉头。她继续说道：

"一次就够了，我不会再做第二次了。下次，如果你再去太空，我不会去了。"

我看着她，心里有些愧疚。

"你知道这多不容易吗？你能否想象，看着你置身于熊熊火焰中升空，我的心情有多么复杂！我想到有些宇航员的妻子发布的帖子，比如：'为我们的冒险感到骄傲！'但不是你穿着你丈夫的宇航服，那不是你的冒险，而是他的！而且，这冒险还很危险！"

"我知道……"

"不，"她打断我，"你不知道：你只能猜到，但你不知道。你经历了不同的事情。你能想到最后的判决吗？"

"最后的判决？"

"大家都沉浸在快乐和乐观中，但你知道吗？每个人心里都在心里想：一切都会爆炸的时刻就要来了！对不起，我没有其他说法。所以，好啊，你们要去太空，但我们呢？你觉得我们在想什么？想着你们可能都会死，就是这样！在拜科努尔，'最后的时刻'一直在出现！我受够了最后的告别！那简直就像是永别！只是没有人说出口。从来没有。如果你敢说：'这很危险'，就会遭到指责：'不，这一点都不危险！'在那里，没有资格讨论恐惧。如果你这样做，你就被视为异类，被孤立。无论如何，在这个故事里，我几乎一直感觉被孤立……"

"我现在更明白你所说的'最后的判决'的意思了。我当时就意识到了。毕竟不是所有人都会来到拜科努尔……"

"除非是来看你死!"她打断我,然后笑了起来,"说真的:那一刻可能是一切的终结。那就是我经历过的!"

"除了死亡,我们还有过一起的美好时光……星城……Shep's Bar,所有的……"

"但如果我能选择,我们本可以在海滩上喝着鸡尾酒!我们本可以前往冲绳再去游泳或者做别的什么!"

气氛变得紧张了。她沉默了几秒钟,然后轻柔地继续说道:

"但是……这就是你。而你,比很多事情都更重要,所以我做了这件事。"

"你说得对:我不知道你经历了什么,但我知道你为我做了很多事情。"

"对不起。这一切不是你的错。只是它与你有关,所以必然会牵扯到你。因为我的生活与你的生活息息相关。但是,托马,你必须明白……对我来说,这段经历只有一个名字:创伤。"

"你的意思是……对你来说没有任何积极的意义?"

"我为你感到骄傲,托马。但显然,对我来说,确实没有任何积极的意义。"

之后的生活
La vie d'après

受空军与太空军邀请（蒙德马桑，2018 年 6 月）
法国空军 / 陆军 / 阿尔诺·尚贝兰 供图

之后的生活

2017 年

当我来回于科隆、休斯敦和莫斯科之间参加各类总结会议时,我颇感意外地发现,我的太空任务竟在公众中激起了如此热烈的反响。每天,尤其是在法国,人们都向我表达感谢或给予我积极的反馈(例如,他们的孩子对太空产生了热情,他们的父母开始使用社交媒体,并且每天都在追踪我的任务,等等)。我一直在强调太空事业对全人类的利益,并展示在国际空间站进行研究的正当性,看来这个信息确实已经深入人心,这让我深感欣慰……但我没有料想到,这会给我的个人生活带来这么大的变化。

在最初的几周里,我试图回复所有的邮件,包括社交网络上的留言(粉丝数量堪称爆炸式增长),但很快就没法继续这么操作了。阿德莱德继续和我一起工作,帮助我处理任务后的各项事务,她也会收到越来越多的邀请。有邀请我去做演讲的,有学校寄来他们的项目并希望我能去拜访的,还有各种类型的赞助请求,环保倡议,非政府组织的邀请……每天,这样的提议多达数十项。阿德莱德显然要扮演不受欢迎的角色,她得拒绝大多数人,因为我们的时间实在有限。孩子们的问题也如雪片般飞来，每周上百封，让我无法一一回应。于是，人们请我录制一些视频。他们向我保证，这最多只需要三分钟。确实如此，但如果每天100个三分钟呢？遗憾的是，我实在没有足够的时间来回应如此多的热情。

我的父母和亲朋好友不断被骚扰。我建议他们要保护自己，不接受任何采访。然而，这并不能阻止一些电视摄制组躲在大门后面拍摄他们的房子，简直就像一档糟糕的真人秀节目。自从我回来后，母亲时常担忧两件事：一是我会步入政坛，二是我会踏入娱乐圈……更严重的是，她担心我会被捧上巅峰，然后骤然跌落，被人遗忘。她关注我在媒体上的曝光度，每次看到我在向公众传播我的热情时，她都会感到高兴，但她害怕我被人利用和操控，或是陷入八卦媒体的漩涡。至于我父亲，他会细心地剪下他在奥费报亭里看到的所有关于我的报道，并把它们装在塑料封皮的文件夹里珍藏。

对我来说，一切都是可以预见的，我很快就感到力不从心。换种方式说，我哪里也去不了。其实不是，我当然可以去任何地方，但不再跟以前一样。在街上散步的5分钟里，我可能会被10个人拦住……他们总是很友善地说："谢谢你所做的一切！"或者"干得好！"对于这些感人的话我绝不会无动于衷，但事实就是这样：如果把这些小小的几分钟乘以100，可以想象我的一天会变得多么支离破碎。

受邀参加婚礼时，我发现，除了应接不暇的合影请求，我甚至在舞池里跳舞时，也能感受到远处手机镜头的注视……我只能尽量避免公共场合。阿德莱德必须要很沉得住气，因为如果她在10月拒绝某个邀约后，立刻就被提议是否可以安排在11月或12月。总之：即使只接受适量的邀请，我也到处奔波，每天和157个陌生人交谈,他们都想要我分出一点时间。我尽量以礼相待,接受合影,倾听那些向我展示他们项目的人,温和地回应各种请求,但我感觉自己对每个人都有无可满足的义务,如果情况不稍微缓和下来,我很快就会疲惫不堪。

名气也带来许多令人感动的瞬间。比如,朋友们的孩子们都开始叫我"托马·佩斯凯",而不是像以前那样叫我"托马"。在学校,老师给他们讲过"托马·佩斯凯",所以他们对我说:"你好吗,托马·佩斯凯?"

还有一个小女孩,在安妮朋友家的聚会上,她好奇地询问我何时学会了飞行,自己也满怀期待地憧憬着那一天的到来!

还有一些搞笑的事,令我忍俊不禁。比如,我和安妮在她必须在科隆和巴黎之间来回奔波的时候买下了一个28平方米的阁楼,不料夏天时被盗了。发现房子被破门而入后,我打电话报警,结果看到有12名警察赶来救援!我并没有要求这么多……我们的小客厅挤得满满的,几乎动弹不得。当然,免不了又是一番合影自拍。

正如我的祖母常说:"如果这就是我们唯一的问题……"(她没有把话说完,但我们知道她想说"那就没事了"——这显然是提醒我们不要陷入自怜自艾之中)。的确,生活依旧美好,但长此以往,我耗费了大量精力来礼貌地应对所有的要求。大概只有整天跟着我的安妮和阿德莱德可以真正理解我所经历的一切。我几乎没有休息的时间。

如果有一个地方让我感觉相对平静,那就是地铁。在高峰时段,每个人都看着天花板或地面(此时你不会直视一个距离你只有25厘米的人)。而在空闲时段,每个人都专注于自己的手机。这样我就不会被注意到。不过,可能我与地铁车厢本来就不相符,所以有些人可能会想:"嘿,这个人看起来像托马·佩斯凯……"我很乐意看起来像托马·佩斯凯!

走在街上,当有人喊我时,我不会停下脚步,而是低头走路。当我听到"汤姆!"这个称呼时,我会加快步伐(几乎只有我妈妈会用这个昵称)。这也导致我有时会无意间错开那些在咖啡馆露台上叫我的朋友们(就是那些我从太空给他们打电话,他们却因为没有识别出号码而选择不接的朋友们)!

我曾听闻斯特罗麦[135]在采访中谈到自己在声名鹊起后经历的倦怠期。我联系了他,他跟我聊起他的日常生活如何被彻底改变,这让我感到安慰。他所说的正是我此刻所经历的,特别是当我们因无法满足过多的请求而深感疲惫和内疚。拒绝支持一个致力于公益事业的协会的邀请,对我来说很是很难的。但这已经演变成一个健康问题,且如果我想维持与亲人的关系,我别无选择(因为除此之外,我"正常"的宇航员工作仍在无情地继续,丝毫不考虑这新的现实情况)。

在德国,我得以过上了相对正常的生活,就像给自己充了回电一样。在这里,我又是原来默默无闻的我。但在法国,不出三天,我就会感到不堪重负——以及随之而来的负罪感:我是宇航员,我可以冒生命的危险,难道会在几千张自拍面前屈服吗?我从来没有想过受欢迎也会变得如此难以应对,尽管这份热情是如此真挚与积极!

我和安妮,我们学会了如何和谐共处。我知道我们想要独处时不断被打扰对她来说是很痛苦的。我们只想做一对普通的情侣。但即便如此,我们还是能找到相聚的时刻。幸好,安妮是一

---

135 Stromae,是一位比利时歌手、词曲作者和音乐制作人。——译者注

个独立的女人,她有着成功的事业。这也使得我们有机会谈论些别的事情,而非总是局限于太空,谢天谢地。

10月,也就是我回来4个月后,按照约定,她带我去跑马赛-卡西半程马拉松。此时我才意识到我还没有完全恢复。在整个过程中,她一直惊讶于我没有能够跑得更快。

"加油,我们跑起来!加油!"

在金尼斯特山口的上坡路[136]上,我气喘吁吁,几乎要跟不上节奏。

"我们加油!"

我快不行了,我拖慢了她的速度。

"你往前跑!"我说,"跑你的,不用管我!"

为了不耽误时间,她加速去寻找补给。她给我带来了一颗橙子。

"我们不会为了一个橙子停下来!你边跑边吃!我们跑起来!"

她逼我超过所有的人,有时甚至穿梭在围观的人群之中。

"我们不减速,不减速!"

到达终点时,观众开始认出我来。我满脸通红,浑身是汗(拜托把我弄走吧)。

"我们用了2小时!"安妮兴奋地说——而正常情况下她至少能快上20分钟。

我稍作调整,她则仔细观察我。

"你还好吧?"

---

136 Les montées du col de la Gineste,在马赛-卡西半程马拉松中,这是一段著名山路,这段陡峭的上坡路不仅是运动员进行耐力训练的理想之地,同时也因其沿途的美丽风景而备受赞赏。——译者注

我露出了一个略带怀疑的表情。

"你慢下来的时候……"

"嗯,其实我一直在全力以赴。"

"我以为你故意跑得慢,因为平时你跑得更快……"

"为什么故意?!为了欣赏风景吗?"

回归现实生活,我暂时还会有些虚弱。

2018 年

一方面,我继续通过各种讲座来宣传太空探索。另一方面,我在欧洲宇航员中心承担几项工作:我担任欧洲通信员,还协助负责发射的航天员支持部门(准备发射前的准备包、组织想要观看发射的家人们),同时我还在欧洲航天局的许多项目中提供技术建议。总之,我转到幕后,利用我的经验,分享我的专业知识,以确保一切顺利进行。当然,我也在进行身体训练(在半程马拉松中我意识到这并非奢侈,而是必须的)。

另外(是的,另外总是存在),我没有忘记自己是飞行员,以及我的长远目标。所以,我利用迟到的假期获得了空客 A310 和 A350 的资格认证,并在业界领先的法国公司 Novespace 的邀请下接受抛物线飞行培训(我为法国感到自豪)。我也十分有幸能经常参加在图卢兹进行的试飞和接收飞行[137],与空客的试飞员交流经验,并建立新的友谊。

然而,我也不由自主地开始思考一个所有宇航员都会面临的问题(以及所有达到职业巅峰后需要决定未来方向的人都会面临的抉择):从今往后,我该如何规划我的人生?我可以选择留在欧

---

137 航空公司或客户在接收新飞机前进行的试飞,以确保其符合所有技术和操作要求。——译者注

洲航天局，希望能再次被派遣任务。或者，我可以选择转行，利用这次任务带来的机会（比如似乎已经为我敞开了一扇门的空客公司）——但这意味着要告别太空。如果我决定继续探索太空，谁能保证我能很快再次出发？没有人有水晶球，而且可能发生的事情太多了……我知道有些宇航员等了 10 年之后才发现他们没有新的机会执行任务，这是我认为最糟糕的情况。我又陷入了两难。

当前的飞行计划是如何安排的呢？国际空间站当然没有因为我而停止运转，欧洲航天局也在不断增加飞行机会：意大利宇航员保罗·内斯波利去年 12 月刚完成任务。亚历克斯将在明年春天出发，而卢卡则会在 2019 年出发。我的任务完成得很好，甚至超出了预期目标，所有人都对此表示满意。因此，法国的下一次机会不会很远。在 1 月的新闻发布会上，我们的局长承诺将尽一切努力为 2009 年入选的宇航员提供第二次任务。经历了 20 世纪 90 年代的辉煌之后，法国在 2000 年代里对载人航天持相对谨慎的态度，从某种意义上说，我很幸运能成为唯一一个正在参与任务的法国人，而意大利和德国均有两名宇航员轮流执行任务。如果再加上我任务的媒体曝光度、显著的形象效应和法国国家空间研究中心重新燃起的热情，所有的迹象似乎都很积极。有一个试飞员朋友问我："在太空中你还有什么事没做过呢？"我回答说，波音和 SpaceX 正在努力让美国国家航空航天局能再次从卡纳维拉尔角出发前往太空（大家都押注波音），这就是一个可能的新体验。此外，我还没有担任过舱外机组人员 1 号，也没有做过空间站的站长……如果我现在就此止步，在未来 40 年内不断回答关于这次任务的相同问题，这个前景并不让我感到多么兴奋。

经过深思熟虑，我毅然做出了决定：没有什么能比得上太空飞行，即使面临再多的不确定性和牺牲。我放弃了相对的舒适，开始追求第二次任务。

2019 年

高等教育和研究部长弗雷德里克·维达尔在新年致辞中透露,我即将被分配到一个新的任务。欧洲航天局则认为这个声明为时过早。因此,我被要求保持沉默,并拒绝所有采访。面对记者们的连连追问,我尽力解释说我们目前没有更详细的信息,当然,这的确是事实。在接下来的一整年里,人们会不断问我什么时候出发,而我却无话可答。

美国方面(出乎所有人的意料),波音公司尚未准备就绪,而 SpaceX 则崭露头角[138]。3 月,"龙"飞船成功完成了首次无人测试飞行——验证 –1 任务,飞船与国际空间站对接,并在 4 天后返回。虽然我的起飞日期仍是个未知数,但可以肯定的是,这次我将从卡纳维拉尔角出发。

年底,艾丽丝·威诺古尔导演的电影 *Proxima* 即将上映。这部电影有部分镜头是在拜科努尔拍摄的,我们曾就影片内容进行了多次交流。我迫不及待地想看看它在大银幕上的效果。

影片由伊娃·格林主演,她饰演的主角萨拉是欧洲航天局

---

138 但是,SpaceX 的到来并非意味着太空探索的私有化。实际上,美国国家航空航天局作为公共机构向埃隆·马斯克的公司下订单。虽然 SpaceX 在火箭和太空舱的设计上拥有相当大的自主权,但美国国家航空航天局仍然是该任务的总负责人。唯一真正的新变化是,如果有私人市场出现,SpaceX 可以随后将其产品推向私人市场。这就引出了一个(值得讨论的)问题,即太空旅游的发展。但那又是另一个故事了。

的一名宇航员，同时也是一位独自抚养女儿的母亲。她经常跟她7岁的女儿斯特拉谈论未来的太空旅行（她们养了一只叫莱卡的猫，太空元素在这个家庭里无处不在）。当她得知自己被分配到任务时，萨拉急忙告诉女儿这个不确定的出发时间终于快到了。这部电影展现了这则消息对母女二人的影响。萨拉觉得欧洲航天局的心理医生干涉过度，他们被召集起来，试图在这个充满情感的时刻为小女孩提供陪伴与支持。

"我已经给她全部解释过了！"

"我知道，对你来说，这一切都很正常。但这毕竟不像是你出差……发射的时候……她看到的你就像挂在一枚炸弹上一样。"

我忍不住想起了安妮，她看着我发射升空时所经历的一切。

莎拉不断安慰她的女儿：

"一切都很好。你不必为我担心。"

这句话像咒语一样被反复念叨。她竭尽全力让女儿安心。但太空之旅的艰巨性远超她的想象（正如当时我不得不在黑暗的放映厅中承认，我自己也被目标完全占据，无法顾及其他）。小女孩努力承受着这一切，但观众明显感受到，情况可能会更糟[139]……

电影中有这样一个令人难忘的场景，女儿试图逃跑，后来被萨拉找到。而女儿却对着她喊道：

"走开！走开！"

这让我想起安妮曾对我说的："你抛弃了我！"

一个简单而又深刻的关于离别与撕裂的故事。

好吧，我没有孩子。但这让我立刻想起了安妮对我说过的话，

---

[139] 萨拉也在发射的前一天溜出了拜科努尔，我笑着听到或读到许多评论这部电影很写实，"直到那一幕不可思议的场景"，因为"宇航员在现实生活中永远不会这样做"……

想起了我的家人所经历的事情。我被这部电影直接击中,因为我经历了同样的冒险,在同样的地点,只是镜头对准了窗户的另一边,那里的亲人们在我的太空飞行任务前感到无能为力,内心充满了焦虑与不安。一个问题占据我的头脑:所以,我是否应该再次踏上这段旅程?再次让他们承受这样的痛苦?

是的。

面对这个残酷的事实,我该怎么办?

2020 年

2月,法国学校放假,我在科隆接待了我哥哥一家人,安妮也在一起。她病得很重,觉得自己无法陪我们去市区。我成了巴蒂斯特、他的妻子和孩子们的导游:我们参观了大教堂,巧克力博物馆……不巧的是,一种新的病毒开始引起全球的关注……意大利很早就受到影响,住在罗马的安妮也听说了很多相关信息,但起初我们并没有把她的流感与此联系起来。电视和网络上的画面变得令人担忧,人们说边境将关闭,航班将停飞。哥哥一家先行离开,我提议安妮在科隆多待几天,看看情况会如何发展。事实上,情况发展得很迅速:意大利在我们原定返程日期的两天后关闭了边境!3月12日,德国卫生部长建议禁止1 000人以上的聚会。几天后,体育场馆和非必要商店均关闭。许多航班停飞。航空公司在夹缝中求生存。我们权衡利弊:即使被困在某处,我们也很幸运能在一起。于是,我们将她回罗马的航班推迟,因为现在根本没有飞机可乘。在实行宵禁后,第一次封锁来临。所有的店铺都关闭了。我们就这样在科隆共度了8个星期。

欧洲航天局给我开具了一份证明,允许我在绝对必要的时候前往工作:我被视为"关键人员"。有时候,我会穿越空荡荡的城市，只为了和一位教练进行一对一的会面，我们都戴着口罩以保护自己。但远程工作已常态化，安妮也早已习惯这样的工作方式。这里的封锁比法国略显宽松一些，例如并没有限制在家附近的活动范围。我们会为年长的邻居购物，每天会在莱茵河边慢跑。我觉得我和安妮从未有过这么多的相处时间，而且一切都很好。

2020年5月：虽然出发日期尚未确定，但我必须在新冠肺炎疫情期间回到休斯敦和星城训练。当限制措施稍微放松时，安妮设法回到了罗马。我们预料到，未来几个月，我们大概会经历困难时期，难以相聚。疫情期间，在美国、俄罗斯、德国、意大利和法国之间穿梭，这可能吗？或者说，这合理吗？这些国家的防疫规定不尽相同。而且这些规定几乎每天都在变，跟踪这些变化几乎成了一项全职工作……美国国家航空航天局做出决定，被指定执行任务的宇航员不能乘坐商业航班，须使用专机，同时，尽可能减少人员聚集和出行。对于他们的工作人员来说，这并不算太麻烦，因为航班时间会根据他们的日程安排，但对我来说，这可能比较复杂。我们与俄罗斯方面达成了协议，他们在前往休斯敦之前会在科隆停留。而前往俄罗斯时，我们的航班也会在科隆停留。然而，这并没有解决我想每隔几个月至少见一次安妮和家人的问题。与我的美国或俄罗斯同事每天都能回家不同，我担心自己会被困在美国一年，见不到任何亲人。为了准备与他们隔绝半年的太空生活，这绝不是最佳方式……我努力寻找解决方案。最终，我被允许调整我的假期，以便我能乘坐在欧洲停留的航班。至于生活中不停的核酸检测就不用赘述了。

第二次任务的训练和之前的可谓完全不同。无论是在休斯敦还是在星城：训练后，宇航员之间几乎没有任何社交互动，没有交流经验的愉快夜晚,没有集体运动……我们每天戴着口罩,人员稀少。除了舱外活动模拟,几乎所有的内容都是通过视频进行的。晚上,每个人都回到家中,和家人团聚。在休斯敦,我租的房子离美国国家航空航天局很近,但晚上我能见到的只有外卖员。我自己做饭(这很少见,因此值得一提),当然也工作。这些经历让我保持了良好的身体状态:我有充足的时间进行体育锻炼,跑步、举重样样不落。

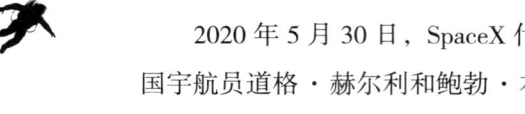

2020年5月30日,SpaceX代号为验证-2的任务将两位美国宇航员道格·赫尔利和鲍勃·本肯送往国际空间站。由三名美国人和一名日本人组成的乘员-1任务计划于11月出发。我们将是接下来的一批……如果一切顺利的话。

但为什么选择SpaceX呢?美国国家航空航天局希望以极其谨慎的步伐重返载人航天领域。1986年"挑战者号"的爆炸以及2003年"哥伦比亚号"的解体让所有人都心有余悸,两次事故总共造成了14名宇航员殉职。美国人要想重回太空舞台,必须绝对确保安全。波音和SpaceX都签了合同,因此构成了竞争关系。美国国家航空航天局因此增加了成功的可能性。这在工程领域是很常见的做法。我们称其为冗余,即为了达到目标,采取双重手段。这样我们就不会只依赖单一的系统,即使其中一个供应商出现问题,也不会影响任务的推进。

最初,埃隆·马斯克在SpaceX投资了1亿美元。这笔资金主要来源于他和其他人共同创办的在线支付系统贝宝[140],在被易贝[141]收购后为他带来了1.65亿美元。2002年,他创立了特斯拉

---

140 指PayPal,是一家全球性的科技平台和数字移动支付企业,为全球范围内的个人用户和企业用户提供数字和移动支付产品及服务。——译者注
141 指eBay,是一个可让全球民众在网上买卖物品的线上拍卖及购物网站。——译者注

（生产电动汽车）、SolarCity（专注于光伏太阳能能源）和 SpaceX。他的目标是创造一个可重复使用的发射器，并将成本降低至十分之一。这一想法最初遭到了众人的嘲笑。"猎鹰号"火箭的前三次发射均以失败告终。经济危机期间，埃隆·马斯克濒临破产。他破釜沉舟，背水一战。他的哲学是："行，就是行。也许，也是行。不行，最终也会变成行。"2008 年 9 月，"猎鹰号"火箭的第 4 次发射成功了，2009 年 7 月，"猎鹰号"发射了首颗卫星。美国国家航空航天局给予其 16 亿美元的合同。政界人士对此表示怀疑（在他们看来，这仍然是一个初出茅庐的"草台班子"）。"我们不会把罐头送上太空！"国会里有人这么说。就连尼尔·阿姆斯特朗也发声说："这项要求的标准不足，后果将会不堪设想。"马斯克因此非常受伤。然而，2010 年，SpaceX 发射了第一艘货运"龙"飞船，为他带来了不少订单。再后来，"猎鹰 9 号"火箭和能够载运四名乘客的载人"龙"飞船的设计完成。

尽管埃隆·马斯克宣称我们将在 2024 年开始殖民火星（我不喜欢"殖民"这个词），因为这显得有些不切实际，但 SpaceX 带来的技术进步却是实实在在的。这个高达 70 米的运载火箭（"联盟号"只有 52 米高）由两级组成。第一级有 9 个推进器（因此被命名为"猎鹰 9 号"），使用 RP-1（一种航空煤油）和液氧作为燃料；而第二级只有一台发动机。马斯克曾承诺，第一级火箭可以返回地球。因此，它和载人"龙"飞船一样是可重复使用的。其中一些火箭已经飞行了超过 10 次，可以想象一个冒着烟的摩天大楼在飞行过程中与第二级火箭分离 5 分钟后，会降落在大海里的巨大自动驳船上！为了实现如此精确的操作，SpaceX 团队经历了无数次的爆炸和失败。这一技术的设计相当出色：助推器在分离后能够进行操控以避免飞得太远，它配备了稳定翼以便于控制。助推器以可控的速度返回，使用其发动机进行减速，4条支架展开，然后稳稳降落在等待在佛罗里达海上的无人回收船上。单单这项技术就花了7年时间！当然，或许还有一些小酌一杯的夜晚用来拟定这些无人回收船的名字，例如，"当然我依然爱你"和"请阅读说明书"。SpaceX团队也注重美学设计：黑白配色让人联想到《星球大战》里的帝国；运载火箭配备了摄像头，能在飞行中拍摄前所未有的画面，同时改变了与公众分享发射的方式——有人说他们让太空重新变得"性感"了……每次需要重建的只有第二级火箭，它在返回大气层时通常会解体。至于载人"龙"飞船，它需要飞行24小时才能到达国际空间站。这就是我将要经历的。但是，什么时候呢？

7月28日，我正式被分配到乘员-2任务。我会在2021年4月出发，与日本宇航员星出彰彦（这是个被所有人喜欢的家伙，他将在国际空间站担任我们的站长）、梅根·麦克阿瑟（她有着无可挑剔的声誉，但我与她接触不多）以及……老朋友谢恩一起！

我们前往加利福尼亚州的霍桑，那里是SpaceX的总部所在地，位于洛杉矶机场以南。SpaceX的主楼占地约5公顷，拥有宏伟的白色外墙、宽大的落地窗以及高高矗立在入口处的一段火箭。这里可以同时生产3枚火箭以及并行生产约20个发动机。6 000名员工在此工作。一个开放式的大型平台专门供工程师们使用：埃隆·马斯克和公司总裁格温·肖特韦尔的办公室也在这里。大堂和咖啡厅（这里的咖啡和酸奶是免费的）正对着控制中心：一面巨大的玻璃窗可以看到里面的一切。人们就是在这里追随"龙"飞船的航程，每当这个时候，这里都会聚集数百名员工。

这里的一切都很现代化，充满了"硅谷"的氛围，让人觉得置身于谷歌或苹果公司。而且，这里的员工似乎都只有27岁——实际上，他们的确是这个年龄，有的甚至更年轻。充满加州风格的、超级能干的年轻人们身着短裤、连帽衫、文着文身……这里有一种略带"邪教"的色彩：他们以自己的工作为自豪，T恤上印着公司标志，嘴里经常挂着"就像埃隆所说的……"——没有人使用他的姓氏——他的言论有时像福音一样被不断重提，就像是年轻人最好的导师。毫无疑问，员工们一直工作到深夜。要是晚上六点模拟器出现了问题，第二天早上八点时问题肯定已经解决了。除了这些才华横溢、动力十足的二十多岁的年轻人，还有一些来自波音、洛克希德·马丁[142]或美国国家航空航天局的有经验的管理人员。但我们几乎没有看到30到45岁之间的员工。由于工作节奏如此紧张，人们通常在SpaceX工作五六年，到成婚的年纪，就会转向工作时间不那么紧张的公司。当然，无需多言，SpaceX的自由度极高：2019年，尽管公司在盈利，埃隆·马斯克仍毫不犹豫地解雇了10%的员工……这是一次毫不留情的冒险。

好了，该工作了！第一章：理论部分。但是，有一个问题，我是一个"危险的"外国人。让我解释一下，火箭和导弹一样属于"出口管制"类别，意思是：国家机密。对美国的宇航员不需要保密，但对我来说，即使我在国际空间站上待了很多天，有些信息也不能透露给我。彰彦也是如此。这并不是新规定：早在2016年我第一次任务前，我就被要求不能出席休斯敦的一些会

---

142 Lockheed Martin 是一家总部位于美国的全球领先的航空航天、防务、安全和先进技术公司。

议。我还记得有一场埃隆·马斯克也出席的会议,我没有被允许参加,而我的美国同事却可以。这很荒谬,因为他们可以在事后告诉我……同样,我不能带任何人参观美国国家航空航天局,而我的美国同事可以带他们想带的人。总之,我将乘坐由"猎鹰9号"发射的载人"龙"飞船,但我只能得到一些表面的信息。这让我很不满意,因为我不习惯在没有做好充分准备的情况下冒险。此外,作为第一个乘坐载人"龙"飞船的"联盟号"飞行员,我十分想从纯技术的角度比较这两次飞行。

除了技术,载人"龙"飞船在其他方面也有明显的创新。首先,它不是由两个舱组成,而是一个更大的单一空间。不过,这也意味着在隐私方面可能会有一些挑战(例如换衣服、洗澡、上厕所等)。其次,这艘飞船没有配备救生塔,而是采用了集成弹射系统,由强大的发动机提供动力(相当于8架"阵风"战斗机的推力),能够将飞船与火箭分离。

随着教学的推进,我的求知欲越来越强。对我年轻的导师们来说真是不幸:我们正处于疫情期间,我没有孩子,伴侣不在身边,除了学习,晚上无事可做。而且我觉得这也是我的职责:基于我对俄罗斯"联盟号"的深刻了解来审视SpaceX的设计。毕竟,他们还处在开发阶段,作为一个崭新的系统,可以从我们的经验中获益。然而我发现,他们其实并不了解"联盟号"。这让我感到惊讶,因为自2011年以来,世界上只有这一种能够将我们送上国际空间站的载人飞船……在设计新方案前,看看"联盟号"是如何解决相同的问题,这不失为一个好主意。

在来回多次的沟通中,这个僵化的系统似乎没人知道应该由谁来批准我获取更多信息(SpaceX、美国国家航空航天局、美国政府)。但得益于我的导师们,我最终拿到了包含更多详细信息的《系统说明》的 PDF 文件。我对他们表示谢意,并开玩笑说道,当然,我不会急着把它卖给我们的他国朋友。

"反正,如果这个文件流出去,我们会知道的……"

"你们怎么会知道?"

"每个 PDF 都有一个独特的标记。所以,如果它有一天出现在其他地方,我们会知道是你或者是星出彰彦搞的!"

气氛顿时变得微妙。不过,告诉我这件事,说明还是友好的。

由于疫情原因,霍桑没有酒店可住:我和其他三位宇航员同事住在租来的房子里,这让我们有机会真正地了解彼此。这种情况和在休斯敦不一样(在那里,美国宇航员晚上都会回家),更像在星城。不同国籍的宇航员每天晚上都会在一起度过:我们自己做饭,过着一种集体生活。

梅根是航空工程师和海洋学研究员,今年 49 岁。她 28 岁时被美国国家航空航天局招募,在航天飞机上度过了 13 天,以维护哈勃望远镜(她飞得比我们都远,距离地球 600 公里)。这将是她第一次在国际空间站停留。她分析能力出众,观点明确,且总是勇于表达,包括面对给我们进行训练和指导的团队。她不惧怕冲突,与她共事,实乃一件乐事。虽然我们已经是 10 年的同事,但在航天文化上却各有千秋:我是在俄罗斯的国际氛围中,通过"联盟号"飞船进行训练的,而她属于航天飞机的时代,那时航天任务几乎完全由美国主导。她的上一次飞行任务是在我被招募之前。她有一个 7 岁的儿子,她一直非常关心他,离开 6 个月远赴太空对她来说绝不是一个容易的决定。回想起艾丽丝·维诺库尔的电影,我完全能理解她的心情……

彰彦曾在 2008 年和 2012 年两次前往国际空间站。他是一名流体力学工程师，为人和善，极易相处。我曾有机会与他一起参加了一次水下训练任务，我从未见过有谁不真心喜欢他。他 50 多岁，但看起来非常年轻。他工作认真，专业素养极高，有很强的团队精神，而且总是好脾气。即使是我的那些最不成功的笑话也会让他发笑，他真的是很宽容。

至于谢恩，我就不用介绍了，他就像我的大哥一样。

第二部分：模拟器训练。我从"联盟号"略显古朴的模拟显示和单色屏幕，切换到"龙"飞船高大上的大型触摸屏。紧急舱口在一侧，主舱口则在顶部（与空间站对接就是在这里进行的），4 个超有设计感的座椅，脚下还有两个舷窗。厕所隐藏在屏幕后面、舱口上方位置的隔板里，只有展开时才会露出来（一个固定在舱中间的帘子可以稍微保证一点隐私，我强调是稍微）。总之，与俄罗斯的飞船舱完全不同。"龙"飞船几乎完全自动化。所有程序都在屏幕上漂亮地显示出来（只需点击几下就能进行确认），还有一个带有飞船位置和轨道路径的 3D 地球地图，以及许多其他有用的信息。这就是特斯拉文化，所有信息都被非常清晰高效地综合和分类。在"联盟号"上，我们主要依赖事先精确计算好的时间安排，但除此之外，机组人员几乎是"盲目"的。在这里，一切都是极致的舒适。我也根据我的个人经验提出了一些建设性的建议来改进某些图示，而 SpaceX 对好的想法非常欢迎且反应迅速。这在"联盟号"之后让人感到耳目一新，因为俄罗斯人始终坚持"只要能用，就什么都不改"的原则……

谢恩将担任"龙"飞船的指令长，梅根则是驾驶员。他们将坐在中间的两个座位上。用"驾驶员"这个词很奇怪，这是从航天飞机时代继承下来的，毕竟航天飞机确实像飞机一样用操纵杆来驾驶。在某种程度上，对于"联盟号"飞船，我们还需要手动进行接近、对接以及重返地球等一系列操作，我们也为此做了各种准备。但在"龙"飞船上，几乎没人会触碰手动驾驶——如果有人这么做，也很可能是指令长。因此，更应该称其为"飞行工程师"，因为这个角色主要是监控系统和执行程序。作为"联盟号"飞船的前副驾驶，我有时会给梅根一些建议。我承认，我更愿意自己来做这些事情，然后发现这可能会让她恼火，因为她和我一样有能力，只是需要一点时间。我明白这不是我负责的任务……彰彦和我将分坐在谢恩和梅根的两边。我们是"龙"飞船的"手臂"，负责所有的手动操作。我们需要帮助他们脱下和穿上宇航服，把他们固定在座位上，管理所有货物和机舱内的设备，布置和整理我们24小时的"小营地"。如果需要打开紧急舱门并用救生艇撤离，这也将由我们负责。我差点忘了提到最重要的"奖励"：在"龙"飞船上不需要把腿弯曲成72度！不用再经历这种折磨！[143]

关于宇航服，变化也是十分显著。麦克风聚集在头盔里，而压力控制和通信设备则都连接在大腿处的一个插口里。服装设计师们以前大概都在漫威工作过，这大概解释了为什么这些服装如此合身——显然，埃隆想让我们看起来比往常身着那种笨重的宇航服更加性感。我觉得自己就像《星球大战》里的"暴风兵"！白色修长的外观，黑色的靴子，左肩上贴着我们的国旗和名字。SpaceX的简约风。形式和功能之间的冲突如常的再次成为我们的讨论话题：宇航服的首要目的是保护我们免受火灾或减压的伤害，

---

143 这件事让团队里的人笑了很久。因为我坐在侧面，而且是一个长座位，座舱的形状让我无法拥有合适高度的腿部支撑！因此我不得不比我的队友们更多地弯曲膝盖……我真是倒霉啊！

而不是为了好看。任何东西都不能影响其有效性……但 SpaceX 和埃隆的设计选择确实让国际空间站计划受益，因为越多的人对太空探索产生兴趣，我们未来的预算就越有保障。很幸运，这些选择不需要我们宇航员来决定，尽管有时我们希望能参与其中：发射临近，我们的任务不是质疑设备——已经太晚了——而是尽量适应并使用它们，不管它们有什么限制。

  航天飞机时代的美国宇航员与马斯克的团队之间的互动，有时就像在进行一场对牛弹琴的对话，而我不得不承认，这种情况让我觉得有些好笑。举个例子：我们的"龙"飞船和道格·赫尔利以及鲍勃·本肯（梅根的丈夫）乘坐的是同一艘。这艘飞船本来正式名称是"奋进号"（字面意思是"努力"，意指为达到某种结果而进行的尝试）。在经过内部一番争论后，埃隆发来了一封简短的电子邮件，将命名权赋予了道格和鲍勃。这两位 50 多岁的宇航员选择了重新使用他们曾经飞行过的一艘老航天飞机的名字。我们可以想象 SpaceX 团队的表情，他们甚至会给回收船起名为"当然我依然爱你"……他们无疑更希望这两位"太空爸爸"[144] 能选一个动画片的名字！"奋进号"，这是过去的事！但没人说出来。尽管存在代沟，但在美国，人们总是对宇航员有着极大的尊重。谢恩和梅根，他们曾在名为"奋进号"的航天飞机上飞行过，自然非常喜欢这个名字。因此，只需在模拟训练期间仔细听，就能发现代沟间存在的微妙鸿沟。跟在航空领域一样，用麦克风说话的人总是会先自报家门。谢恩和梅根总是用"奋进号"来称呼自己的团队，而 SpaceX 团队则总是用"龙"来回应。时间一长，耳朵里只剩下这些对话。每个人都在坚持，没有人妥协，

144　这是 SpaceX 的工程师们给道格和鲍勃起的绰号，这些工程师几乎都可以算是他们的孩子辈……

甚至为此专门召开了内部会议。这场景十分滑稽。我们拭目以待，到真正出发的时候，看谁会先让步！

2021 年

"今天，我们有一件重要的事情要宣布。我们刚刚决定，托马将在他驻留太空的后半段阶段担任空间站的站长。"

欧洲航天局在 3 月 16 日发表声明。我深感荣幸：就像上次任务一样，我仍是任务中最年轻的一位，而这次我将成为第一个负责空间站的法国人。这个角色更像是运动队的队长，而非军队中的高级军官。一切顺利时，这个角色相对轻松（所有宇航员都非常专业，许多责任都是由控制中心和飞行主管日常担负的）。站长的角色更多像是发言人，紧密地与地面团队保持沟通；当然他要完成自己的工作，还要整体管理整个机组的工作量。从本质上讲，就是管理。然而，如果出现问题，那就是另一回事了……在紧急情况或是持续恶化的情形中，站长需要引导机组应对不利事件，分配任务，实时做出（正确的）决策……尤其是在与地面失去联系的情况下。国际空间站无疑是有史以来最复杂、最昂贵的载具（当然，指挥一艘核航空母舰也不是件易事），我不希望——这是个委婉的说法——它在我负责期间被摧毁或损坏。对于这个决定，我受宠若惊，这是对我能力和工作的认可，但毫无疑问这也是一种额外的压力。是荣誉的同时，也是一份同样重量的责任。

我们抵达位于卡纳维拉尔角的肯尼迪航天中心，进行乘员设备接口测试。这是我们第一次穿上飞行航天服（到目前为止，我们一直使用的是不合身的训练服，有点皱巴巴的，而现在这套简直闪闪发亮!),然后我们进入还固定在厚重支撑架中的、真正的飞行舱里。空气中弥漫着新物件特有的气息。在测试所有的接口,并像往常一样检查所有能检查的东西时,我在想这次旅程的感觉是否会与我的第一次旅行不同。我、谢恩和彰彦聊起了这个话题,他们两个都曾经历过航天飞机和"联盟号":前者更为颠簸(可能是因为固体助推器的原因),而后者在加速时更为平稳。这是独属于宇航员的话题!在一个巨大的机库里(这里有很多这样的机库),我们还看到了我们将要乘坐的火箭的第一级,这将是它的第二次飞行。能够如此近距离地接触它,我们深感震撼。此时的它横卧着,正在接受最后的准备。它的表面因首次进入大气层而被熏黑了,这也是一个有趣的新现象,通过它的颜色可以辨认出"猎鹰9号"第一级的过去:出厂时它是白色的,若干次飞行后逐渐从浅灰色变成了黑色。我们未加思索,即兴创造了一个小小的仪式(会有人模仿吗?):在这层顽固的煤灰上刻下我们的名字。[145]

疫情的限制让我有充足的时间来准备我的任务,我将这次任务命名为阿尔法,这是普罗克西玛的姐妹星。我喜欢这种连续性,而且阿尔法不需要特别翻译,在所有语言中发音都相同。安妮建议我在设计徽章时融入联合国可持续发展的 17 个目标,因为我坚信我们的任务是为全人类服务。还有什么可以做的呢?漫画已经做过了,故事总是相似的。我也不太想再做一个纪录片了:无论是在地球上还是在太空中,同时作为导演和摄像花费了我很多时间。在制作纪录片时,我不仅要自己承担制作场景的心理压力,还得让同事们也参与到这个过程中来。这既不愉快又非常耗时。

---

[145] 后来,我发现,我们姓名的首字母不仅仍在那里,而且数次飞行还打磨它们,因而目前仍然非常清晰。据我所知,所有后续的机组人员也都参与了同样的仪式。

由于这次任务正值北半球的夏季,我列出所有将在空间站中经历的、值得纪念的夏季赛事。我要带上去的东西都准时到了(这次不需要我再三催促)。我带了一个网球庆祝法国罗兰·加洛斯网球赛,并向我的网球运动员父亲致敬;代表欧洲杯的足球和吉祥物;还有一些道具用来跟孩子们解释太空知识……阿德莱德仍然辅助我,但她现在已经晋升了,年轻的她需要负责大部分沟通活动,包括与媒体和美国国家航空航天局的联系。我们是一个训练有素的团队,她很坚强,但我仍预感到,这次背负着巨大期待的任务会让她承受很大的压力。

食物对于未来士气的提升非常重要(我在第一次任务中深刻体会到了这一点)。令人惊叹的蒂埃里·马尔克斯再次参与其中,这让我非常高兴,还有伟大的阿兰·迪卡斯也加入了进来。为了增加新意,我还请为法航等一百多家航空公司提供餐饮服务的赛威航空服务公司根据我的个人口味为我准备一些菜肴:脆皮小麦配芹菜奶油和松露酱做成的开胃菜,主菜是勃艮第红酒炖牛肉,甜点是苏塞特薄饼。由于疫情仍在继续,很多被困家中的人像我一样重新发现了烹饪的乐趣。因此,我选择了一些简单、适合家庭享用的菜肴。

有一件事让我特别激动:我成为"无国界航空"组织的代言人了。这个非政府组织是由法国航空公司的飞行员们在20世纪80年代创建的,旨在利用航空网络和自己的机队来推动人道主义行动。无论是救助自然灾害或各方冲突中的受害者、帮助难民、运送物资,还是协助有需要的儿童到法国本土接受手术治疗(与"心动计划"[146]合作),"无国界航空"都在发挥作用。"无国界航空"

---

146 Initiatives-Cœur,这是一个法国慈善组织,致力于为患有先天性心脏病的儿童提供医疗援助。——译者注

的飞行员和志愿者们有时会冒险进入一些危险的地区（该组织在南苏丹和柬埔寨的任务中曾多次遭到袭击）。然而，美国航空航天局禁止宇航员支持人道主义组织，这源于美国的法律文化：即宇航员为非政府组织代言相当于使用公共资金，这会给该组织带来特殊待遇，其他组织完全有权起诉……并且很有可能胜诉。在欧洲，我们对此感到遗憾。欧洲航天局允许我们可以选择一个，但只能选择一个。作为飞行员的我，不想只是一个名义上的代言人，我希望自己可以支持一个我能理解其行动并能在技术上提供帮助的组织。"无国界航空"正是这样一个组织，虽小但有人情味。我们之间很快就产生了共鸣。

总的来说，尽管疫情带来诸多挑战，但进展还算顺利，我的第一次任务为我积累了宝贵的经验。唯一（也是最大的）难题是：如何让我的亲友在封锁期间来到卡纳维拉尔角观看发射？那时，欧洲人几乎没法踏上美国的土地。特朗普的旅行禁令下，联合国或北约成员国的工作人员、带有官方任务的外交官可以入境，但游客或普通商人则被拒之门外。我一共想邀请54人来观看发射。按照传统，直系亲属会在发射控制中心的顶楼，而其他朋友则会安排在香蕉河的看台上，距离发射台6公里，那里有潟湖、大型涉禽和……鳄鱼。其他公众可以聚在一条横贯东西、穿过航天中心的堤道上观看发射。在平时，这里大约可以容纳5 000人，路上不乏小贩摊位和传递倒计时的扩音器。但在疫情期间，我不知道堤道是否会开放……更重要的是，我不确定是否任何人都可以前来。彰彦已经放弃了这个想法：进入美国已经很困难，而进出日本更是难上加难。出发和抵达时都要隔离15天，更别提我们发射日期的不确定性，他把为他客人预留的大部分位置都给了我们。这样我的名单就增加到 80 人了，选择很艰难，经常会有遗漏，就和安排婚礼一样。我花了大量时间确认他们是否可以来。航天员支持部门团队和欧洲航天局的医生都给予了我很大的帮助，这显然超出了他们日常的工作范围（而且我是 10 年来第一个从卡纳维拉尔角出发的欧洲宇航员，我们感觉一切都要重新学习，特朗普体系是为美国人而建的，我们则像是最后一分钟才被邀请的客人）。

关于安妮到来的问题，我们和美国国家航空航天局之间发生了一些小摩擦。理论上，乘坐国际商业航班进入美国的外国人，在进入航空航天局任何站点前需隔离 15 天。发射前一个月我们是这样安排的：在休斯敦进行最后一周的隔离训练，一周的隔离假期，然后在卡纳维拉尔角隔离一周。这意味着如果我和安妮要见面，她必须在发射前 5 周到达：降落后隔离 2 周，和我一起隔离 3 周。如果她错过了隔离的时间，我们俩将无法见面……但显然，对她来说，要请 5 周的假是不太可能的，更何况她已经请了很多假来陪我训练了。大家都很理解和并保持积极的心态，但情况并没有实质性进展。我的美国同事们可以轻松地和家人团聚，而对我来说，让我的伴侣在场却成了一场障碍赛，原因看起来还有些草率：唯一的问题就是跨境，而从加利福尼亚飞来却不需要隔离，尽管旅行很长，尽管那边新冠的数据要糟糕得多。这份文件在起草时并未考虑到这种情况，仅此而已！最终，美国国家航空航天局表示了同情。不论是安妮、我的亲人还是朋友，我想没有人会再去核实他们是否在抵达美国后的 2 周内进行了隔离，然后再进入航天局站点……但我还是有点紧张，因为我不希望看到他们被遣返！

可以确定的是：我所有的客人都必须接种疫苗，尽管目前在法国还不是所有人群都符合接种条件。为此，我向欧洲航天局询问此事，他们表示："我们的疫苗连自己机构的人员都不足以覆盖……"信息很明确，每个人都得自己想办法获取疫苗。对于我的客人们来说，这意味着他们每天傍晚都要在各大疫苗接种中心寻找剩余的剂量。我逐一在名单上勾选已经成功接种疫苗的人名，随着疫苗的普及，这一进程也在推进。最终，为了能让我的80位客人进入美国，美国国家航空航天局好心地给他们每人写了一封信，大致内容是"香塔尔·佩斯克是保证火箭发射顺利进行的重要人员，对美国的国家利益至关重要"！各大使馆收到这些证明信后，可以自行决定是否批准旅行。美国驻法国大使馆会不会配合呢？我不确定，毕竟法国也禁止了国际通行……我担心，最终的一切可能都取决于机场检查护照和证明文件的警察。经过无数小时的焦虑和斗争，在即将前往卡纳维拉尔角的前夕，我还有80个悬念……不，是79个：安妮已经到了！

与公众见面（迪耶普，2017年10月）托马·佩斯凯 供图

在零重力室飞机（ZERO-G）里体验了失重状态（梅里尼亚克，2018年8月）
Novespace 公司 / 洛朗·泰耶 供图

卡纳维拉尔角
Cap Canaveral

发射台上的强队(卡纳维拉尔角,2021年4月)托马·佩斯凯 供图

发射前 6 天

这是一块被沼泽渐渐侵蚀的狭长地带。发射台从北到南整齐排列在海洋的边缘,构成了一个菱形布局(选址避开了人口稠密的区域……)。道路在广袤的水域间蜿蜒。我们前往肯尼迪航天中心所乘坐的喷气式飞机,低空绕过我们出发将要使用的发射台(LC 39A,即发射复合体 39A)。我们的火箭已经矗立在那里,直指天空。机舱内一片肃静……这是 2021 年 4 月 16 日。

我们戴着口罩抵达卡纳维拉尔角,新闻发布会安排在停机坪上,佛罗里达潮湿的热浪不断袭来。白色的 SpaceX 特斯拉汽车在等待着我们。在这一整个星期里,它们都会负责接送我们。

肯尼迪航天中心,这片占地 58 000 公顷的广阔天地,被严严实实地围了起来。13 000 名工作人员在 700 座设施中忙碌着。虽然规模不是最大,但也有一个县城般大小。有时,仅仅为了从一个机库区前往另一个机库区,我们得在国道上驱车 20 分钟之久。

肯尼迪航天中心的核心区域包括发射控制中心，即协调发射的地方；还有装配大楼，一栋 160 米高、无窗的宏伟建筑。那些传奇的运载火箭，如"土星 5 号"，都是在这里组装而成的。这座建筑不仅是世界第 7 大建筑，更拥有有史以来最大的门，其内部更是藏着一个独特的微气候。不远处，SpaceX 也拥有自己的庞大建筑。同样还有美国空军，他们从毗邻的基地发射军用卫星（他们拥有的卫星比世界其他国家的总和还多）。

我们被安排居住在美国国家航空航天局的一栋楼的 4 楼，无窗且空调很足。除此以外，还有换穿宇航服的房间、医疗房、健身房、厨房、餐厅，以及众多给将和我们一起度过隔离期的工作人员使用的办公室。这栋楼里还居住着工程师和技术人员，他们忙碌于自己的任务，而我们却碰不到他们（在隔离期间禁止碰面，所以楼梯和电梯都是专用的）。和拜科努尔一样，这里也有一个被玻璃隔开的空间，可以接待访客或召开会议，但空间要狭窄得多。外人进入我们区域的访问是被严格控制的。安妮会住在外面的酒店里，且必须遵守相应的隔离规定才能见到我。

一位美国空军上校向我们详细讲解了发射过程中的应急救援措施。沿着火箭的飞行轨迹，多处基地处于警戒状态，庞大的 C130 军用飞机以及直升机随时准备启动引擎，在我们紧急迫降时采取行动。除了美国人，还有其他国家的人也会参与其中："猎鹰 9 号"沿着美国海岸线飞行，越过加拿大海岸线，在穿越大西洋后沿着爱尔兰海岸线飞行。因此，警戒行动动员了一整个舰队，并需要各国之间的紧密协调与合作。[147] 最后，当火箭发射时，空军 F—22 战斗机将环绕发射台飞行，确保没有小型飞机接近发射区，任何试图投放燃料桶的飞机都将被毫不留情地击落。安全，在这里是绝对的重中之重。

在航天中心的日子里，我们的时间被各种技术简报、操作讲解、体检以及核酸检测所充斥（我数了一下：在过去的 18 个月里，我已经做了 44 次核酸）。

在拜科努尔，我只匆匆瞥见了嵌在金属框架中的"联盟号"火箭。我们一到发射台，就向官员们致意、拍照，然后被带进电梯，结束。而现在，我有 6 天时间来深入了解我们要搭乘的火箭。

我们被带到火箭前，它就竖立在距离发射塔几十米的地方，那巍峨的身影在蓝天与大海的映衬下显得格外壮观。这种景象简直让人目眩。只有亲眼见到，你才能真正意识到它的规模和威力。我们绕着火箭行走，重返大气层时被熏黑的第一级和洁白无瑕的第二级形成鲜明对比[148]。在发射台上自由行走，就像置身于一条危险的高速公路：有一种强烈的、身处危险之中的感觉，每一步都充满了刺激与挑战。当我们接近排气槽时，这种感觉尤为强烈，这种洞穴般的结构将在发射时被火焰吞没。我完全被迷住了，我了解自己，我可以预见自己未来几天每天都会想办法来看一看我

---

147 既然提到了紧急返回的问题，我顺便说一下，之前一年的 10 月我们在卡纳维拉尔角港口进行了水上生存训练。我们乘坐"龙"飞船的复制品，测试了自救、漂浮系统和无线电设备……我忍不住问如果降落在坚实的地面上会发生什么。他们回答我："没有考虑过。"但是，我们真的不需要针对此情况进行任何演练吗？以防万一？我们的目标是水面，仅此而已。

148 一开始，SpaceX 在火箭第一级回收后对推进器进行了清洗，但为什么要花钱去做这种价值不高的事情呢？

们的火箭。

发射前5天

火箭的起飞时间被定在早上5:00，因此我们需逐渐调整睡眠时间，力求在夜间保持清醒。一个星期以来，我们每天都被要求提前一个小时起床和睡觉。平时，我就从来没有在午夜前有过睡意，现在要我晚上19:00就上床睡觉！应该起作用的褪黑素对我没什么效果，我仍然得等到困了才能闭眼，否则就得在床上翻来覆去好几个小时。现在我们固定在凌晨2:00起床……这样的作息开始让我感到有些吃力。

今天，我被覆盖在发射组装大楼部分外墙上的巨大国旗所震撼了，这似乎与特朗普那句自豪的口号相呼应："美国宇航员要乘坐美国火箭，从美国出发去太空！"然而，即将踏上这次太空之旅的宇航员中，竟然有一位日本人和一位欧洲人……在这个领域，美国总是奉行"美国优先"的原则，即便政府换届，情况也不会有所改善。美国在载人航天领域恢复自主后，他们的宣传中几乎没有提到国际合作的理念……如果俄罗斯在"联盟号"时代也挥舞这样的旗帜，我相信不少美国朋友会感到不满！我会把这些想法保留在心中。美国国家航空航天局大部分同事显然是支持国际合作的，并且具有开放的全球视野。但和我们一样，他们也不能忽视政治现实。我们没有必要在此就该问题展开讨论。

我们远距离观看了"猎鹰9号"的第一次静态点火试验。早上6:00，火箭发动机短暂运行，以确认是否一切都运转正常。随着发射的临近，压力也越来越大，而即将到来的发射也显得更加真实。相比之下,在拜科努尔,我们被隔离在所有准备工作之外,什么都看不到,尤其是火箭的推出仪式。

除了体检,每天还会收到天气简报。佛罗里达的亚热带气候难以预测。为了确保发射安全,发射区域内不能有雷暴,高低空不能有强风。同时,我们还要评估海浪的高度,以应对紧急迫降的情况。发射日期主要受紧急迫降情况的影响,因为涉及的区域非常广(远远超出佛罗里达水域)。发射不会轻易被取消;然而,许多天气因素却使得紧急返回舱的着陆变得非常危险。发射可能仅仅因为这种假设的操作而推迟:要记住,返回舱只能在海上降落,但如果那天东风稍强,就可能在发射台紧急弹射的情况下把舱体吹回到佛罗里达大陆。没人愿意看到返回舱紧急降落在市区或鳄鱼沼泽中。我们被详细告知了天气趋势。虽然目前没有暴风预警,但在肯尼迪航天中心,发射是否能够如期进行始终没有确切的保证。我回想起"联盟号"发射前的情景,似乎从未明确告知我们天气的限制(在拜科努尔也没有每日天气简报)。"联盟号"即便在暴风雪中也会按时发射。我们曾看到过因为水平飞雪导致能见度不到20米,宇航员被手拉着从巴士送到火箭上的场景!虽然视线受阻,但"联盟号"那天照常发射,一如既往。我也确信,"联盟号"飞船飞行轨道上的天气并未被全面检查。人们依赖于飞船的坚固……也接受更多的风险。我笑着克制住自己不做太多的比较,毕竟欧洲没有自己的飞船,所以批评起来很容易。但这让我联想到那句口号:"美国宇航员要乘坐美国火箭,从美国出发去太空……如果,天气允许的话。"

另一个极其令人沮丧的简报:"如果出了问题……"我们不再纠结于这句话的含义(谢谢),有人告诉我们各自的家属会被带到某处,某人会通知他们(不接直接宾语)。这么做的目的是尽快将他们从记者面前转移走。就我而言，欧洲航天局的弗兰克·德·维尼会负责告诉安妮。安妮曾说过的话回荡在我耳边："每个人心里都在心里想：一切都会爆炸的时刻就要来了！"而现在，她还得再经历一次这种煎熬……

体育锻炼之后，13:00 晚餐，16:00 上床睡觉。说实话，我做不到。我一直在关注我的家人和朋友的行程。安妮也在休斯敦忙着安排这些事。首先成功出发的是我的表妹露西，她告诉我们她所坐的飞机上有将近四分之三的位置空着。得知美国国家航空航天局和欧洲航天局的证明派上了用场，这多少有些出乎意料，我们都松了一口气。美国驻法国、德国和西班牙的大使馆都给予了配合，唯独驻英使馆没有给我两位居住在英国的朋友发放通行证。

我的亲朋好友们自由组队分散住在租来的房子里：我的表亲们和我的父母住一起，我法航的朋友们、Supaéro 的同学们和我在诺曼底的老朋友们住在一起。这就像一场我不能参与的婚礼，只能通过他们发来的照片了解情况。显然，来自欧洲大陆（在卫生限制方面相当严格）的亲友们都被佛罗里达这种抗拒防疫措施的态度所震惊，在这里，好像疫情根本不存在，几乎没有人戴口罩……对他们来说，经历了两年的封锁，即使火箭发射让他们感到紧张，但这也是一股新鲜的空气，一次既愉快又意外的冒险。事后大家都告诉我，这段时间给他们留下了深刻的印象。我为他们感到高兴，很开心他们能来到这里。但除了安妮，我完全见不到任何人。

发射前 4 天
今天我们零点就得起床。因为今天安排了一次"干排练"，也就是发射的全面演练。我们完全按照发射当天的程序，穿上宇航服，检查密封性，按照路线走向特斯拉汽车（我们向虚拟的亲人，或者说他们空荡荡的位置挥手致意），然后被带到发射台，爬上塔楼，走过通道，进入舱内，启动所有系统，最终按照准备步骤进行到燃料加注这一步。所有团队都在忙碌，而这一切都在半夜进行。确实，任何细节都没有被忽视。这很好。

安妮、谢恩的妻子罗比、彰彦及梅根的家人于11:30抵达卡纳维拉尔角。12:30，我们在海滩屋共进晚餐，当然，对于他们来说是午餐。这个海滩屋是航天中心历史上的传奇之地。最初，这个地区都是滨海住宅。1963年，美国国家航空航天局买下了整片30公里的海岸线，并拆除了所有建筑，唯独保留了这座小木屋，供宇航员们在发射前能与家人在此共度美好时光。这座木屋约50平方米，建在桩柱上。站在露台上，美丽的海景尽收眼底。这是方圆几公里的荒野海滩上唯一的建筑，如天堂一般。美国宇航员们对它情有独钟！所以我期待一个如同《太空先锋》里那样的场景：舒适的客厅里摆放着大沙发和点唱机……结果，事实并非如此：美国国家航空航天局将这个小别墅改造成会议室，以证明在十年无载人航天期间依然在使用它。于是，我们看到的是一个迷人的彩色外观下完全没有个性的内部装饰（大白桌子、带轮子的椅子和装有冷光灯的办公吊顶）。好在美丽的露台和神奇的地理位置拯救了这个地方。梅根和彰彦带着年幼的孩子，在这里度过大部分空闲时间，一家人一起游泳或在海滩上玩耍。

对我来说，最重要的是和安妮在一起。她供职的机构给了她一周的远程工作时间，但为了在这里陪我，她不得不把所有的假期都用掉。隔离期间，她和罗比住在同一家酒店（禁止非美国国家航空航天局的人员进入）。因此，她的紧张我完全理解。

"又开始了，"她坦言，"我什么都做不了。理论上，工作是我的一切。哪怕去了再偏远的地区，我依然可以处理邮件。但现在，我什么都做不了。火箭发射带来的紧张始终萦绕在我心头。"

"你曾说过：一次就够了，不会再有第二次……"

"可我还是来了。"

我们在海滩上漫步了很久，时不时被眼前的大海吸引。重要的是当下，不是吗？

发射前 3 天

今天是紧张行程中的"家庭日"。我稍微享受了一下安妮的陪伴。我的工作从零点开始，到清晨结束。9 点安妮来与我会合。我们一起在海滩度过上午的时光，跑步、游泳。在这广阔的空间和与世隔绝的环境里，我教她如何用租来的车做手刹漂移（千万不要买二手的租赁车……）。然后就是接受采访。由于美国宇航员经常从这里发射，而欧洲宇航员发射次数比较少，因此我回答了不少问题。下午三点睡觉。

发射前 2 天

今天我终于有机会和朋友们在名为"隔着沟壑挥手"的活动中见面。我们将在户外安全的距离（按照隔离要求）内见面，打个招呼、聊上几句。我 23:00 起床，现在是早上 9:00，预定的见面时间是 30 分钟。我们将前往发射台附近，火箭就在我们身后。实际上，我们之间并没有沟壑，而是一条街道。他们乘坐巴士过来。80 位客人乘以 3，再加上一些日本人，总共有 250 多人。对不起，我总是看到荒谬的地方，但这种情况能指望我们说什么话呢？很可能我们大喊几句就结束了……不过，今天下雨，稍微有点尴尬。因为这场景会演变成一场湿漉漉的猫咪聚会……这个时候，SpaceX 团队提议分批带我们到发射台旁边的大型机库参观，也就是火箭准备的地方！这是前所未有的体验。几十名工人围着一些助推器忙忙碌碌，我们在此间穿行，背景音乐震耳欲聋。通常情况下，没人能这么近距离地接触火箭。而我的亲友们，包括那些从未有过类似经历的航天工程师们，都瞪大了眼睛！出口管制，所以禁止拍照。这个原本可能会失败的时刻竟然变成了一个大大的惊喜。我们非常感激！

我的客人们都穿着欧洲航天局提供的蓝色 Polo 衫。和在拜科努尔一样，"音乐家们"准备了一首歌，改编自雅克·布雷尔[149]的《维苏尔》[150]，并用图卢兹、马德里和休斯敦代替了歌词里的维尔宗、翁弗勒尔和汉堡。由于他们无法携带乐器，我的朋友安托尼（总是他）找来一把小尤克里里，大家笑成一片。我的母亲（和其他几位忍不住落泪的人）发表了感人的演讲。我这个从不哭泣的人，可能因为疲劳，也感到情绪涌上心头。然后，朋友们继续他们的行程（接下去参观中心博物馆）。安妮留下来陪我。SpaceX 为家属们安排了参观 LC-39A 发射平台的活动，我们将从那里起飞。

通往载人"龙"飞船的登机通道（一个位于地面 70 米高的水平通道，对于恐高症患者来说，这里可不是好去处）真的很像

149　Jacques Brel（1929—1978），比利时著名歌手、词曲作者、演员，被认为是 20 世纪最有影响力的法语歌手之一。他因深情且富有表现力的演唱风格和诗意的歌词而闻名，他的歌曲往往触及爱情、孤独、死亡以及人类的情感和社会问题。——译者注
150　法国东部的一座城市。这首歌首发于 1968 年，以维苏尔这一城市为题材，讲述了一段幽默且充满讽刺意味的旅程故事。后面的维尔宗、翁弗勒尔等均为法国城市名，在歌词里提及。——译者注

乔治·卢卡斯[151]电影里的那种白色时尚走廊。我们可以透过长方形的大窗户俯瞰卡纳维拉尔角，视野开阔，令人叹为观止。这已经不是我第一次登上发射塔顶端了。去年10月，我们进行了发射台紧急撤离训练。如果发射前出现问题，我们可以戴着防火罩和便携式氧气瓶从舱里跑出来。在塔的顶层，设置有一些固定在滑索上的篮子，可以容纳两到三人。几秒的快速滑行就可以把我们带到400米外的地方。我们落在安全网和沙地上后，要快速爬进那些巨大的六轮白色装甲车里，这些车子底盘很高，我们得驾驶着它们逃离燃烧的发射台。很遗憾，我们没有试过滑索（航天领域总是有些过于保护宇航员，担心把他们弄伤），但我有机会试驾了一辆装甲车。由于重心较高，在急转弯时必须非常小心，这些车子很容易侧翻。真是刺激！

今天，我们的导游是SpaceX的一位年轻工程师（他负责佛罗里达的所有操作）。他留着一头中长发（在第一次飞行前他留了很长时间的头发，直到鲍勃和道格完成任务返回地球后各剪了他一条辫子），穿着T恤，文着文身。我、安妮、罗比和谢恩在听他讲解。安妮对这个沙滩男孩随意的态度有点不满意，她想要的是稳重、是保证，而不是那些引我们发笑的趣闻。她有时会对我们周围的团队投以戏谑的目光："要坚持下去就不能总是夸奖！"罗比似乎也同样激动。年轻的负责人解释到一半时，罗比故意用Netflix代替SpaceX，想刺他一下。他毫不在意。安妮终于咬牙切齿地说：

"你们真的知道自己在做什么吗？"

罗比会心地点了点头，向安妮表示感谢。效果立竿见影。表

---

151 George Lucas，著名的美国电影导演、编剧和制片人，其最著名的作品是《星球大战》系列和《夺宝奇兵》系列。——译者注

演结束，这个家伙终于意识到他的听众是谁，并明白我们的同伴并不真正需要这种过于轻松的氛围。他突然变得非常严肃：

"我们完全知道这对你们来说意味着什么样的牺牲。但一切都会顺利，我向你们保证。"

我不确定他是否说服了她们。

10:15，海滩屋将举办传统的烧烤活动。这是我期待的，一个具有俄罗斯风格的庆祝活动，带有烧烤和友好的气氛。结果出乎意料，我们在会议室里吃盒饭。虽然不是极致的享受，但大家都尽力了，所以我们也适应并一如既往地尝试从中获得最好的体验。

我邀请了一些空间领域的专家朋友，下午，他们在海滩上和我的亲友们详细解释发射的具体流程。我让安妮假装偶然间在沙滩散步时遇见他们……这样她可以见见一些人。戴着口罩、保持距离、并在户外，她的隔离也不会被破坏。80个法国人在沙滩上，遵守防疫措施的同时接受火箭发射的"培训"，这个场景让我忍不住笑了。有他们在真好，尽管我无法接近。

但现在是 14:30，我必须去睡觉了。

发射前 1 天

今天，我是晚上 22:30 起床的（其实严格来说是昨天，这有点混乱）。发射日期逼近，美国国家航空航天局管理层、SpaceX 团队以及我们四楼所有人都聚集到玻璃房，为我们送行。之后，我们和日本宇宙航空研究开发机构以及欧洲航天局召开会议（弗兰克·德·维尼和塞巴斯蒂安·巴德也出席了）。随后，团队成员轮流过来，最后是我的家人。23:00 他们在海滩屋为我们安排了"终极"晚餐（同样，这里也禁止使用"最后"两个字！）。习惯了拜科努尔庆祝仪式的我,以为我们全体成员会和伴侣们一起共享一顿温馨的晚餐,大家庄重地举杯……事实根本不是如此。过去一周以来辛勤为我们准备餐食的厨师们尽量满足了我们各自的喜好(我的同事们大多选择牛排)。而我则选了奶酪和面包拼盘,虽然受限于佛罗里达州可可海滩的本地供应,但他们尽了最大努力。梅根在照顾她到处跑的儿子,对她来说这是唯一的优先事项,我们完全能理解。谢恩和罗比在私下交谈。安妮和我与他们一起度过了美好的时光,之后我们去海滩散步。

也许这将是我们在地球上共度的"最后"时刻。安妮很焦虑,我不知道要如何安慰她。我无法对她说那些无谓的安慰话,我深感内疚和自私……没有必要粉饰现实:是的,她要再一次看着爱人冲上火焰。相比2017年首次升空,这次告别更加艰难。我清楚地知道我给她和家人带来的担忧。我也更清楚自己面临的风险,尤其是身体上的。唯一的安慰大概是我对身处的环境更熟悉了。这些天,我一遍遍地观察火箭,组装好后我还去过一次飞船舱内。至于如何适应SpaceX的火箭,我想,第一级已经飞过一次,说明它已被验证可用,且团队也考虑了磨损因素。我记得"土星5号"火箭有600万零件。即使美国国家航空航天局的设备可靠性达到99.9%,由于总数非常大,整体系统中可能仍会出现大约6 000个故障!是飞再利用的火箭好还是全新的火箭好?这不是我要思考的问题;我只能接受现实,这就是我的工作,不容情感留下空间。

发射日

假启动:大西洋和爱尔兰南部天气恶劣,这是出现意外情况时的两个紧急返回区。因此,发射推迟到明天。我们可以在海滩屋多待一点时间。谢恩建议我们四个人一起去海滩看日出。每个人都享受着这宁静的景象。我们已经做好了准备。

发射日（2）

这次是真的了。不变的是早上的流程：清洗肠道。不同于拜科努尔的是，这次我可以自己操作（非常感谢）。为了确保万无一失，我要求做两次。毕竟，谁知道会发生什么，我不是医生。而且必须确保能顺利到达空间站，这也是我希望肠道干净的原因。绝不能在"龙"飞船的厕所里做任何大动作。啊，航天事业的魅力啊……

凌晨 1:30，我们进入更衣室换上宇航服。这个更衣室早在阿波罗任务时期就已投入使用。在这里，两种不同的时代风格巧妙并存着：一面是 20 世纪 70 年代的老旧皮椅、带有指针的模拟测量仪、墙上挂着的黑白照片记录着昔日宇航员的荣耀；另一面是被互联网戏称为"忍者"的 SpaceX 年轻团队，他们穿着黑色连体服，戴着黑色面罩和头套，手拿平板电脑，背后的编号用以明确各自的角色。SpaceX 在这古老的氛围中安装了两个与太空舱座椅相同规格的座位。我们依次在那里测试加压、密封性和通信系统……就像在拜科努尔一样，只是没有地毯。整个过程持续 40 分钟，每一步都在 NASA 电视台直播的镜头下记录。幸好有"忍者"们的协助，我们得以顺利穿上这套"铠甲"。它是如此贴身，以至于几乎无法自行穿戴。我举起手臂，"忍者"们向下拉动，强行将我滑了进去。我像变戏法一样，先伸出一只手臂，再伸出另一只。即便如此，这款宇航服的开合要比俄式的简单得多：两条长拉链从左脚踝延伸到右脚踝，只需依次拉到底，就会出现一条小白线，标志着已完成。我们准备就绪后，各机构领导前来交流。埃隆也在，戴着牛仔面巾当作口罩。我特地留意他的发型，感觉像是他在没有镜子的情况下自己剪的头发。交流的话语很正式，正如此时应有的样子。

在航天飞机时代，有一个传统：在出发前，机组成员会玩一局纸牌游戏，直到指令长输掉为止。大致意思就是把霉运留在游戏中。航天飞机一直是我们的神话。我们在一块类似于担架的软垫上发牌，这是这个房间里最像桌子的东西。我们没有整晚的时间，所以只能玩一种非常简单的游戏。我们一个个故意输掉，直到只剩下谢恩和代表宇航员办公室的安德鲁·福伊斯特尔进行决战。谢恩最终输掉了，尽管他偶尔也会意外地赢一两次（幸运总是难以预料）。我们安装好自己的高科技设备（连接着一个老式的便携式空调），是时候按照队形，穿上黑色制服出发了。摄像机跟在后面，我们猜想楼下还有更多的摄像机在等待。

在电梯里，我看到一条大横幅，几百名为这次任务工作的美国国家航空航天局员工在上面留下了签名。我没有太多时间，但我认出了不少名字，这种心意让人感到温暖。感谢他们！我们走出电梯，谢恩和梅根在前，我和彰彦在后。我们在走廊里短暂停留，有人示意我们前行，我们互望了一眼：该登场了。

2:20，探照灯将黑夜照亮。我们庄严地站在特斯拉车前，面对着我们站在划定区域里的亲人们。只留给我们3分钟的时间。面对摄像机，任何深刻的语言都失去了意义，我们只能深情对望，说些无关紧要的话。然后，谢恩和梅根上了第一辆车，我和彰彦上了第二辆车。放下车窗，安妮走上前来，还剩一分钟。

"我会从发射塔给你打电话。"

她点点头，表情僵硬。

"你最终做了什么决定？"

"我想我会去香蕉河那和大家一起,"她说,"我不想一个人和其他家人们待在一起……"

"这是个好选择,安迪会送你过去。"

"但这意味着我会打破隔离……如果发射再次延期,我们就只能隔着玻璃见面了……"

和大家在一起吧。这是最好的选择。

最初,SpaceX 希望拍摄我们坐在特斯拉里的画面。梅根坚决反对,其他成员也表示同意:

"绝对不行!我刚刚和我的儿子道别,很可能会泪流满面!"她前几天曾笑着说。

谢谢你,梅根。

车队出发,一辆装甲车开道,另一辆殿后。我们要行驶 14 公里才能到达发射场,车里播放着我们自己挑选的音乐列表。特斯拉启动,弗雷迪·墨丘利[152]唱起了 *Don't Stop Me Now*!兴奋是真的,但离别的伤感也是真的。

到达发射场,四周静谧得如同被棉花包裹,"猎鹰号"缓缓吐出浓厚的烟雾。虽然已经经历过这种场景(当然,条件有所不同),我还是忍不住对自己默念:这次是真的!现在是最后一次使用临时厕所的机会了,我不禁好奇它们离发射现场这么近是否能承受住即将到来的震撼。我盘算着等自己回来后,一定要问问这个问题。

3:05,谢恩和梅根先行登机,我和彰彦跟随在后。SpaceX 团队在电梯里贴了许多鼓励的信息,他们在我们训练期间始终陪伴左右。按照惯例,上去之后我们要打最后一个电话。为此,安妮

---

[152] Freddie Mercury(1946—1991),英国著名摇滚乐队皇后乐队的主唱兼主要作曲人。他以其独特的嗓音、出色的现场表演能力以及在音乐创作方面的才华而闻名于世。——译者注

特地准备了一部美国手机。我已经把电话号码背熟了,但我还是拨了两次才拨对。

"你到上面了吗?"

"到了。你呢?"

"我 5 分钟后出发去香蕉河。我一直在等你的电话。"

"好。"

这个"好"字,充满了我无法言表的感情。

"代我向所有人问好,一到那边我就跟你们联系。"我最后说道。

我们沿着登船桥走到尽头,那里是舱门,门口站着几名"忍者",当然还有我们的负责人麦迪,这位 26 岁的年轻人将负责这一天的发射操作。我们两人一组,依次进入飞船,就位,绑好安全带,连接设备,将平板电脑固定在大腿上。"忍者们"向我们致意:

"祝你们好运,乘员 -2 号!"

侧舱门关闭。如果一切顺利,它将在大约 200 天后再次开启。现在,暂时只剩我们几个人。

"'龙'飞船,SpaceX。座椅调整至发射位置。"

我们转为水平位置,面向大屏幕。

"'龙'飞船,SpaceX。天气良好。"

"SpaceX,'奋进号',"谢恩回应道,"收到。"

"收回登船桥。"

登船桥开始远离火箭。

"关闭面罩,启动逃生系统。"

"面罩关闭,逃生系统启动。"

"授权进行燃料加注。"

为了打发时间,我们玩起了拇指游戏,这是我和朋友们一起在公路旅行中学来的,有点傻,我教给了大家。地面团队在视频中看到我们一个个手指交错着,一定纳闷我们在干什么……!

"'龙'飞船,SpaceX。油箱已满。"

"SpaceX,'奋进号'。收到。"

"乘员-2号,我们非常荣幸你们能与我们同行!我们代表SpaceX,感谢你们的信任,祝你们飞行顺利!"

谢恩用他一贯简洁的风格作出回应。

"'猎鹰9号'准备就绪。'龙'飞船倒计时开始。"

"飞行终止系统[153]已启动。"

"'龙'飞船,SpaceX。准备起飞。"

"SpaceX,'奋进号'。我们准备好了。"

现在是5:49,倒计时开始。

9

8

7

6

5

153　Flight Termination System,简称FTS,是一种用于火箭和导弹技术的安全机制。其主要目的是在飞行器偏离预定轨道或表现出可能对人员、财产或环境造成危险的行为时,安全地摧毁或禁用飞行器。——译者注

4

3

2

1

0

随着一声震耳欲聋的"咔嗒"声，飞船开始振动，然后推进。5秒。10秒。我坐直身子，努力看向脚边的舷窗。外面天还没亮，但我隐约看到海面被火焰照亮。速度在加快，加快……

9个引擎稍微降低了推力，以便穿过大气层中最密集的那一层时避免对火箭施加过大的气动压力。一旦通过了空气阻力的最大点（称为 Max Q），我们又全速加速。2分钟后，我们已经达到距离地面50公里的高度，并以5倍音速的速度飞行（我们可以在显示屏上看到这些数据）。我们紧贴在座椅上。加速度是 $3.3\,g$，还在不断增加。感觉非常接近，但却又完全不同于"联盟号"火箭。不知为何（是因为我的拇指游戏定下了基调吗？），机舱内笑声不断，就像坐过山车一样，伙伴们时不时拳头相碰和击掌。这里既有经验丰富的老手，又有实现梦想的大孩子。

2分33秒，第一级停止，我们感觉像是被向前抛了出去，舱内再次爆发出笑声。2分36秒，第一级分离，第二级接管。很快，我们达到 $4.4\,g$ 的加速度。相比于"联盟号"，这感觉几乎可以说是温和的。难道是因为不如第一次那么令人印象深刻吗？

卡纳维拉尔角

5 分钟后我们以每小时 10 000 公里的速度飞行。到达 200 公里的高度，加速继续，但改为水平飞行。在第 9 分钟之前，第二级引擎熄火（3 分钟后会分离），我们同时解除逃生系统。我们的毛绒小企鹅飘浮了起来。我们到达了轨道。1 分钟后，我们的第一级火箭会完美降落到它的驳船上。谢谢你，"猎鹰 9 号"，现在就看"龙"飞船的了。

我们花了一些时间才从宇航服里钻出来，这是我们第一次在飘浮中完成这个复杂的操作。我们依然情绪高涨。我瞥了一眼舷窗，二级火箭就在下方 200 米，位于地球和我们的飞船之间。

"必须在它落地前拍张照片！"

我赶紧拿出相机，但很快发现飞船窗户的光线条件非常差。当我放大到 200 毫米以上时，所有的画面都变得模糊。不过，我还是成功地拍到了"猎鹰号"火箭残骸下落的瞬间，这样的机会实在难得。我也拍了几张大家的照片，对于能够重新体验失重的感觉，他们很开心。我心想，这场冒险没有比他们更好的伙伴了。

旅程将持续二十多个小时。"龙"飞船正在进行它的机动操作，而我们则忙于安置。作为安营扎寨的负责人，我和彰彦很快就遇到了飞船的"阿喀琉斯之踵"[154]：一切都非常漂亮，非常有设计感，壁橱很好地嵌入到舱壁上，但实用性极差！要进入任何一个储物格，都需要连续拧开 4 个锁扣，然后把面板取下（通常我们得把面板夹在胳膊下或腿间），更别提我们自己都很难找到稳

---

[154] 希腊神话中的英雄阿喀琉斯几乎全身刀枪不入，只有他的脚后跟是弱点，因为他的母亲在把他浸入神奇的斯提克斯河水时，握住了他的脚后跟，导致这一部分没有被浸湿，从而成为他的致命弱点。阿喀琉斯后来在特洛伊战争中被毒箭射中脚踝而丧命。现引申为致命的弱点、要害。——译者注

固的地方站着：总共只有两个地方可以放脚来稳住自己。储物格里的袋子被带子固定着，我们得把手伸进去解开它们。在找到并打开想要的袋子后，还得在里面找我们想要的那个的拉链袋，并在不弄乱其他小袋子的前提下打开它。我们终于拿到了4把叉子，却不知道接下来该怎么处理？在空间站，尼龙搭扣解决了很多问题：我们几乎可以靠着它们摆出一张餐桌来！但SpaceX的氛围（或更确切地说，是美学）就不同了，尼龙搭扣和这里不相配。

"彰彦，你能帮我拿着这些叉子吗？我要把拉链袋重新封好放回袋子里，然后把袋子卡回储物格，再用面板和4个锁扣把它关上。"

"你确定关上之前没有忘记什么吗？"

我不仅担任管理员的角色，还负责记录飞船上所有负载的变化，因为这可能会改变船的重心，并影响操作（最极端的情况是紧急重返大气层时失控：没有人希望这种情况发生）。

"梅根，你把整瓶水都喝完了吗，还是只喝了一半？你的饭菜是全部吃完了，还是只吃了一半，或者只吃了三分之一？"

不开玩笑，我必须计算扔进垃圾桶的比例，吃进肚子的比例，以及返回储藏室的比例！我对细节的关注此时算是达到极限了吗？

时间不早了，该睡觉了。我们各自拿出睡袋盖上，因为舱里有点冷。坦白说，这个小小的房间并不整洁，尽管我们的宇航服已经晾干并折叠好放在座位下面的袋子里。厕所和屏幕附近展开的帘子占了很多地方。更不方便的是：只要1个人使用厕所，其他3个人就被困住了，储物空间也无法使用。我真的很怀念"联盟号"的"两居室"……总之，一切终于准备就绪，可以睡觉了。但就在这时，SpaceX的莎拉通过无线电呼叫我们。我接通了。

"'龙'飞船，SpaceX。我们收到报告，有太空垃圾与飞船的轨道发生冲突。你们需要立即穿上宇航服，并在最多20分钟内系好安全带坐在座位上。"

"SpaceX，'龙'飞船。莎拉……你确定吗？"

"'龙'飞船，SpaceX。我确定。预计最近接触时间[155]是17:43。"

但是，莎拉……如果你看到我们房间的状况！你是说我们必须在某个面板后面的某个袋子里的找出紧身衣换上，穿上飞行服，再给指令长和驾驶员重新穿上外面的宇航服，将他们安置在座位上，然后整理好睡袋，折叠好厕所的帘子（试试在失重状态下把一块布折起来，特别是当你需要精确到毫米才能关好柜门时），把水和零食放回原位……总的说来，你是要求我们在20分钟内完成平时需要一个半小时才能完成的工作……这可不太友好，莎拉。

紧急行动开始了！我们首先帮谢恩和梅根准备好，让他们尽快坐到屏幕前，并保持无线电联系。我和彰彦四处忙碌，快速打扫，然而绑带和锁扣偏偏选择在这时候跟我们作对。我们能听到谢恩和梅根在与SpaceX交流。只剩10分钟了。我已经汗流浃背了。彰彦帮我穿上宇航服，我再帮他穿上。拉上腿部拉链，白色卡槽出现，搞定，一切顺利，最后只剩下手套的拉链要坐在座位上再拉。我不知道我们是怎么奇迹般地在20分钟内做好这一切，我甚至都没有时间去想那个该死的碎片。我跳进座位，系好所有绑带，连接好设备，彰彦也一样。

"'龙'飞船，SpaceX。请关闭头盔面罩和拉链。最近接触时间在20秒后。"

---

[155] 最近接触时间，即碎片最接近我们的关键时刻，它要么从我们身边擦过，要么撞上我们，但无论如何，我们都必须在那一刻做最坏的准备。

"SpaceX,'奋进号'。面罩和拉链都已关闭。"

我在规定时间内的最后10秒钟才拉上最后一个拉链。舱内气氛紧张。SpaceX的团队在控制台前也一定不轻松。最后几秒钟慢慢流逝……

"'龙'飞船,SpaceX。我们已经过了最近接触时间。似乎搞错了。"

"SpaceX,你是说没有碎片?"

"是的,梅根,很抱歉。[156] 你们可以恢复到原来的状态,恢复所有布置。"

面面相觑。

哄堂大笑。

接下来的旅程一切顺利,唯一的插曲是SpaceX选择了一首"烂笛子"版本的知名歌曲来叫醒我们!我坚决否认自己与此有任何关联……虽然我们对"龙"飞船的内部设计有些微词,但我发现接近空间站的过程堪称惊艳。我们脚下的舷窗更大,看到的地球也比在"联盟号"上更壮观。另外,屏幕上国际空间站的图像是超高清的,我感觉自己像是在看电影,但更棒。

今天是4月24日。飞船在早上9:08对接国际空间站2号节点舱。之后是密封性检查和常规程序。11:45,舱门打开,欢迎来到国际空间站!我受到了众多朋友的欢迎,包括许久未见的奥列格,能在太空中重逢真是令人愉快。我们都是好朋友,而这种危

---

[156] 这次所谓的"碰撞太空碎片"实际上是美国空军的一次模拟演练!他们的职责之一就是追踪潜在的太空事故。他们居然在我们发射当天进行了一次小演习,本来应该被过滤掉的信息由于通信问题传到了NASA和SpaceX。外面其实什么都没有,但至少我们现在拥有了全球最快的紧急准备记录……

险且非凡的经历让我们的关系更加紧密。互相拥抱寒暄后,就是到达后的新闻发布会时间,但这次是在美国舱段,有种例行公事的感觉。空间站有了一些变化,各个面上都装有更多的设备,但我感到自己像回到了家一样亲切。

我从未见过空间站上聚集了这么多人:一共11个!来自4个国家!6个美国人(美国国家航空航天局工程师香农·沃克;空军工程师迈克尔·霍普金斯;海军飞行员维克多·格洛弗;美国陆军军官、舱内通信员马克·范德·海;还有梅根和谢恩),2个日本人(航空工程师野口聪一和彰彦),2个俄罗斯人(信息工程师彼得·杜布罗夫和奥列格),以及1个法国人(我本人)。我们将一起在这里待上好几天。

新的冒险开始了。

阿尔法
Alpha

仅仅一周的 11 人在轨飞行……（国际空间站，2021 年 5 月）欧洲航天局 / 美国国家航空航天局 供图

欧洲实验舱（"哥伦布"）内的法国实验（国际空间站，2021 年 8 月）欧洲航天局 / 美国国家航空航天局 / 托马·佩斯凯 供图

2021 年 4 月

到达会议结束后,我立刻联系了安妮:

"然后,埃隆·马斯克出来跟大家打招呼,"她跟我说,"他先和罗比说话,然后和鲍勃。我就在那等着轮到我。彰彦的妻子里美也在等。但他就这样走了!你相信吗?他完全忽视了我们!美国人还好,但他对日本人和欧洲人不屑一顾!"

"真是难以置信。美国优先……但是,他好像确实不太擅长社交……然后呢?"

"然后他们把我们带到一个大礼堂,让我们在一个牌子上画画。我之前请玛丽昂[157]给我画过一幅你在一块奶酪上插旗的画!我正好用上。然后,我试着和彰彦以及谢恩的孩子们一起画你的任务勋章。接着,你从火箭上给我打电话,结束后安迪带我去了香蕉河。我在看台上和大家汇合。我说过发射仪式如果不喝一杯

---

[157] 指玛丽昂·蒙泰涅,Marion Montaigne,创作了漫画 *Dans la combi de Thomas Pesquet*(Dargaud, 2017),中文版为《我是如何上天的:宇航员托马养成记》。

就太难熬了，于是他们带来了一瓶朗姆酒！但当时还太早，无论如何我也喝不下。"

"发射的时候看得清楚吗？"

"看得非常清楚！我们还看到了壮观的暮光效应[158]，简直太美了！火箭周围像是有一只发光的水母！巴布洛立马上网查了一下，看是不是正常现象。很幸运的是，距离我们20米处有一个巨大的屏幕，可以看到在飞船舱里的你们非常开心！旁边还有一个图示，实时显示发射的各个阶段，解释得非常清楚。接下来和拜科努尔有点不一样，当时是早上6点，我们半夜就起床了，所以没有马上庆祝。我接受了两三个采访后，大家就都去睡觉了。我们下午在海滩上举办了一个美好的小聚会。几周的隔离之后，看到大家我很开心。我把照片发给你看。我还找到了一个真人大小的你穿着宇航服的照片，给大家合影用的。我们把它放在沙滩上，大家和'你'一起干杯！我们叫它'折叠的托马'！"

美国舱段这几天有9个人，有点像露营[159]。乘员–1任务的队员即将离开，他们为梅根、彰彦和我腾出了4个房间中的3个，这样我们就不用安置两次。我被分配到空间站前进方向的左舷舱。我其实更想要天花板上的舱位，大概是小时候的执着：我总是喜欢双层床的上铺。马克和我们住一起，他是四月初和奥列格、彼得一起乘坐"联盟号"到达的。其他3位宇航员只能随意找睡的地方。

---

158 太阳还没有在地面升起，但它照亮了高空中由火箭释放的粒子，形成了一个超自然的光环。——译者注
159 乘员–1的返回日期还不确定。"联盟号"总是很精确，而"龙"飞船的降落则取决于气象条件，这决定了返回的日期。

维克多睡在"探索"舱,那里相对安静,因为除了准备出舱活动外,没人会去那里,目前也没有出舱任务。香农睡在"哥伦布"实验舱,那里白天经常有人工作,她只能每天晚上搭床铺。野口聪一自然选择在日本实验舱,一个靠近舷窗的舒适角落。对于迈克尔来说没有变化,他从一开始就因为没有多余的地方而睡在"龙"飞船里。接下来的半年里谢恩也会如此。我们更希望让飞船指令长占据那个位置。说实话,这是个不错的安排,拥有更多的空间,一个真正属于自己的房间,还能通过舷窗看到的无数次日出日落。而且,这是观赏极光的最佳前哨位置[160]。我让他一旦看到极光就通知我。在普罗克西玛任务期间,我们大概错过了几十次极光,因为我们没能一直观察,除非刚好在穹顶舱。那几次有极光出现时,我总是措手不及,没时间调整相机和安装防反射罩。说到这儿,不得不提及一个重大变化:实验舱的舷窗,2017 年时这里被一个科学实验占用,现在终于空出来了!这对我来说非常重要!我不用再时不时去奥列格和彼得那里"蹭"窗了。它的光线条件非常好,从那儿可以俯瞰整个地球。这次我会拥有很多美妙的拍摄时光。我努力回忆摄影技巧,还接受了很多来自野口聪一的专业建议。与第一次全靠自己摸索相比,有专业的建议可真是太好了。

　　任务开始,像往常一样,我们要做一些重复的维护工作,以便重新熟悉空间站,例如检查和维护氧气、水和温控系统……我们要更换二氧化碳去除装置,这台布满管道和阀门的机器相当于一个大冰箱的大小,可以回收二氧化碳并排放到太空去,以维持舱内空气的适宜成分和压力,确保宇航员的生命安全。马克和我

---

160 通常是绿色的,但有时也会呈现粉红色或朱红色,它们是由于携带粒子的太阳风与磁层和热层(我们的保护屏障)相遇而产生的。有时让人觉得有一种神秘的荧光流体在大气层上方扩散,有时又让人觉得地球似乎真的燃烧起来了……

花了两整天的时间来拆卸和重装这台机器。执行这些任务以维持空间站宇航员的生命的时候,我更加意识到地球上所拥有的一切是多么珍贵,而我们却在毫不留情地破坏这个奇迹。当我们在太空中付出如此大的努力时,地球上某些随意的行为显得更加不可思议。我时常会想到这一点。

2021 年 5 月

乘员 –1 的队员刚刚离开了国际空间站。趁此机会,我拍摄到了"龙"飞船再入大气层的照片,这应该是首次。运气不错,照片效果非常好,可以清晰看到它如火球般的轨迹。相比第一次任务,这次我更多地拍摄夜景,显然难度更大。但我的照片质量有了很大提高,虽然在智能手机的低分辨率屏幕上可能看不太出,但我对自己要求很高,并且在野口聪一的好建议下,开始见到成效。随后,我决定彻底整理"哥伦布"实验舱。由于没有欧洲宇航员,我们的实验室几个月来一直被用作存储舱,有点混乱,我心里有点不舒服。因此,我花了不少时间重新整理,尤其是 17 个电脑工作台,每台电脑都有 10 米长的电缆(用于供电及网络)。我整理了自己的小物件,重新找到了自己的节奏,并恢复了实验室的活动。

在普罗克西玛任务期间,我们最多有 6 个人,而现在有 7 个人,这是最低配置。这是一支强大的力量,可以专注于研究工作,地面上的组织工作已经尽力提前进行规划,但由于存在滞后性(需要时间来设计、准备并发送实验到国际空间站),所以还没有完全准备好。然而,等待我们的是 255 个实验(其中 12 个由微重力和太空操作支持中心主导),包括研究中枢神经系统的"感知运动表现的重力参考"实验。我们在无意识中完成了很多非常复杂的任务。比如,当有人向我们扔一个球时,大脑能够预测其轨迹,并在极短时间内把手放到正确的位置。对于科学家来说,这个机制仍然相当模糊。"感知运动表现的重力参考"实验研究的是,当去除重力这一参数,大脑如何发送指令以及如何协调身体。这些能力在无重力环境中是否仍然有效?重力又在里面起到了什么作用?我戴上虚拟头盔,进行几十项操作。这有点像玩视频游戏,虽然不失愉快,但非常耗时!

我也致力于一些关于蛋白质合成的实验。在失重环境下,由于蛋白质晶体结构更加纯净且不会在自身重量下崩塌,这项工作比在地球上更容易进行。我们希望这些实验能够帮助我们更好地了解蛋白质在人体中的作用以及药物对其的影响,这对于阿尔茨海默病的研究尤为重要。另外,大家还记得佩吉种的生菜吗?在"高级植物实验"项目下,这些植物在空间站中继续生长。目前我们正在研究棉花,目标是增强其在地球上的抗逆性并减少用水量。不久之后,我们还要研究辣椒。植物在一种粉红色的光源下模拟太阳光进行生长,每天接受 16 小时的光照,8 小时处于黑暗环境中。我们用水培法种植一些食物,即直接种在水中而无需土壤,这和电影《火星救援》中的马特·达蒙所做的不同[161]。这种富有前景的技术在地球上使用得越来越多,并有望为长期太空飞行提供新鲜食品。还有一项法美合作的实验,名为"生长和临界流体研究装置"[162]。这是一项基础物理学方面的研究。我们研究的

---

161 《火星救援》(英语原名:The Martian)是一部由雷德利·斯科特执导、马特·达蒙主演的科幻电影。影片讲述了一名宇航员马克·沃特尼(由马特·达蒙饰演)在一次火星任务中因意外事故被认为死亡并被遗弃在火星上。他依靠自己的智慧和科学知识,努力在恶劣的火星环境中生存,最终与地球取得联系并等待救援的故事。——译者注

162 有趣的是,当我还是法国国家空间研究中心的一名年轻工程师时,我隔壁办公室的同事正在准备这个实验。我听说了很多关于它的事情,而 20 年后,由我在国际空间站上完成这个实验!

是所谓的"超临界流体",它们遵循物质的第四种状态,既不是固态,也不是液态,也不是气态。在极高温和高压下,这些超临界流体在燃烧时可能实现二氧化碳零排放,显然这对对抗全球变暖具有重要意义。为什么要在空间站进行这项实验?因为在失重环境下更容易保持这些流体的状态。

至于我们的日常生活,彰彦是一位出色的站长。他有一个天赋,在困难时刻如同魔法般出现。每当遇到挫折、或与控制中心沟通困难或进行某项任务时出现问题,他都会出现。不知是他的直觉还是耳朵灵敏,他总是在需要的时候出现。他总是将集体利益放在个人目标之上。我在心里将他归类为我职业生涯中遇到的最优秀领导之一,并计划在几个月后自己成为站长时向他学习。

乘员-2任务的队员和"联盟号"的队员相处愉快。这很奇妙:马克和彼得真的是截然相反的两个人……马克,55岁,灰色的平头发型,曾是西点军校的物理教授,经过美国精英部队的艰苦训练后成为一名陆军工程军官。他曾负责军队(尤其是在伊拉克的部署)的装备的维护和正常操作。他是我们中最擅长修理的人。天知道空间站里有多少东西需要修理。实际上,我很喜欢和他搭档,他是一个非常健谈的人,有成百上千的故事可以讲,这在餐桌上对大家都是个好事。我们不必刻意制造话题,只需引导他说话就行。而彼得,43岁,性格完全相反。他来自俄罗斯远东地区,曾是一名计算机工程师,这是他的第一次太空任务。他性格内敛,非常友善且极有能力。他的英语好于大多数宇航员,这在空间站非常难得。在空间站,显然大多数人都是说英语,他的在场使得奥列格不至于太孤立。当然,我也会经常去俄罗斯舱那边喝茶，尽我所能用普希金的语言和他们交谈。他偶尔展现出的个性让人倍感惊喜。例如，我见过一两回他穿飞行服。我们的飞行服相对标准化，而俄罗斯人的则更为个性化（都是手工定制的）。彼得的飞行服是白色的，背后有一只巨大的堪察加虎（来自他的家乡），非常炫目。细节处的"猫王"风格在国际空间站独树一帜，不禁让人好奇这背后藏着怎样的故事和经历……

有传言称，汤姆·克鲁斯目前正在与美国国家航空航天局和SpaceX讨论明年在国际空间站拍摄电影的事宜。同时，我们得知俄罗斯女演员尤利娅·佩雷西尔德和导演克里姆·希彭科将于10月乘坐由宇航员安东·什卡普列罗夫驾驶的"联盟号"飞船前来空间站。他们将在这里待10天左右以拍摄电影《挑战》，剧情讲述一位心脏外科医生到国际空间站为一名受伤的宇航员进行手术，这位受伤的宇航员将由……奥列格扮演。目前，导演和女演员正在星城进行紧张的训练。我将密切关注这次任务，因为作为站长，我将负责接待他们。非专业人士进入如此复杂的环境总是存在一定的分心因素和潜在风险。同时，我们美国团队正在打破国际空间站使用率的所有纪录（此处的记录不包括确保我们自身安全的任务，如维护、后勤和锻炼等，而是指研究工作），因此绝不能有丝毫懈怠。

2021年6月

SpaceX的货运"龙"飞船于月初顺利抵达国际空间站，执行CRS-22补给任务。看着货运飞船抵达是一个特别的时刻。起初，它只是一个追随着我们而来的亮点，逐渐变大，围绕着我们机动调整，然后静止下来，最终实现自动对接（现在，货运"龙"飞船不再需要机械臂辅助对接了，使用的是与载人飞船相同的全自动技术）。它带来了超过 3 吨的货物和设备，包括谢恩和我要负责安装的新太阳能电池板。飞船还带来了很多实验装置。"天鹅座"和"进步号"货运飞船在返回大气层时会与我们的垃圾一起燃烧掉，而货运"龙"飞船则不同，它能返回地面，因为它拥有与我们的载人"龙"飞船相同的隔热保护层。然而，我们只有 30 天的时间来完成所有操作，实验样本和结果都要随它一起返回地面。经过数小时的卸货，我在飞船底部发现了一些惊喜：我的家人给我寄来了几件 T 恤衫（大家还记得吧，在我有限的衣橱中，这是非常珍贵的资源）和一些巧克力。负责打包这些东西的工作人员很聪明，他可能考虑到，这份惊喜会为我们快速卸货增添了动力……就像是努力之后的回报！

　　货运飞船还运来了一些神奇的缓步动物。这些生活在水里的小东西不到一毫米长。在显微镜下，它们就像是六条腿的小鼹鼠。这些无脊椎动物几乎坚不可摧，是我们所知道的最耐受的生物，能在 −270 ℃ 到 150 ℃ 的温度下生存。它们能够完全脱水，并且在 30 年后仅靠一滴水就能复活……我们的任务是协助科学家们研究这些生物之所以能够在如此极端条件下存活的基因秘密，以期未来能够将这些发现应用于造福人类。看来，我要有不少时间花在实验手套箱[163] 里了……

　　今天是 6 月 16 日，我要在今天执行我此次任务的第一次太空行走，这一次我是作为舱外机组人员 1 号！

　　美国国家航空航天局决定在国际空间站上增加 6 对新的太

163　这是一种密封的玻璃腔室，通过橡胶手套套筒将手伸进内部进行各种实验。

阳能电池板，被称为 iROSA（展开式太阳能电池板）。这些电池板虽然更小，但性能却更强。原先的 8 块电池板白天时能产生高达 160 千瓦的电力，其中约一半储存在空间站的电池中，以供夜间使用。而每块新电池板（按照 10 度的角度倾斜安装在第一代电池板前）将额外增加 20 千瓦的电力输出。这些电池板由波音公司提供，头两对已经以圆柱体的形式被运送到空间站。它们被放在一个外部托盘上，我们在肯尼迪航天中心训练时曾见过，机械臂将它从"龙"货运飞船上卸载下来。我们的任务是把这第一对电池板带到空间站的最左端，那里，机械臂无法触及。因此，机械臂会把我们拖到尽可能的最远处，然后我们要手递手地把电池板传到固定点。接着，我们将电池板嵌入到预定支架上，展开其 19 米长的板面，接下来是关键步骤，将其连接到电源。但是，我们只能在夜间进行连接，以免暴露在 250 伏特的电压下。所有安全系统、开关和断路器都在我们需要进行连接的插头下游[164]。一旦电池板被阳光照射，光伏电池就会产生高压电流，并传输到输出电缆……我们必须在黑暗中及时完成连接。我们曾在泳池中反复练习这次出舱任务（使用塑料和泡沫制成的电池板，感觉不太一样），出发前也反复复习了所有的操作程序。但当我被悬挂在加拿大机械臂 2 号上，手持两个冰箱大小的设备，在距离空间站 17 米的太空中作业时，仍然感到既兴奋又紧张！然后，我们要前往空间站的边缘区域。谢恩和我开玩笑说，那边是无人涉足的"西部荒野"，已经很久没有人去了。这意味着，一旦出现问题，紧急返回会很困难……更何况那里没有太多可以站住脚

---

[164] 在电力和电路系统中，"下游"指的是电流或信号的流动方向上的后续部分。而此处宇航员需要连接的插头位于电路的上游部分，没有安全系统、开关和断路器来保护和控制电流。——译者注

的地方……总之，相比第一次任务中两次相对简单的出舱，这次任务看起来相当艰巨。这样更好。

任务当天，和往常一样，准备工作十分漫长，即便有梅根和马克两个人帮忙。经过数小时的忙碌和各种连接，我和谢恩终于来到了太空中。这一次，我担任领队。

一开始一切顺利。我到达平台，开始准备从支架上取下电池板面板。这项任务耗时两个多小时。梅根将用机械臂把我送到面板附近以便取走它们，但在此之前，为了能被机械臂运送，我需要在上面安装脚固定装置。这真是令人头晕目眩的操作：我的手必须松开空间站，改为抓住加拿大臂。而出于安全考虑，它又不会靠得太近。两者之间有不小的空隙，每次都要跨越……我感谢大自然赋予我不输给其他宇航员的臂展（当然，打篮球的话，那就另当别论了）。安装完脚固定装置后，我将双脚夹在上面。这个过程中出现了很多次晃动，比我预期的要多，整体感觉并不十分牢固……这种感觉不太舒服。梅根那边已经准备好了。

我们开始行动。她熟练地把我移向电池板。我看见电池板滚筒慢慢但坚定地朝我靠近。这种感觉绝对是神奇的：我终于能从远处观察空间站，并尽情享受这美景。为了去指定位置取回我的货物，我的肾上腺素飙升，还有一种"遗世而独立"的感觉。

"出现问题，"正在赶来和我会合的谢恩说道，"我的显示屏不亮了。"

这是一个放置在我们显示和控制模块上方的小屏幕（大小不过一个计算器），它可以显示我们剩余的氧气量、电池电量以及冷却水的压力。通过它，我们可以了解整个宇航服的状态，并通过一个小旋钮来操控。难以想象，若没有这个屏幕，我们如何在太空中度过这漫长的6个小时……

"谢恩,"今天我们的地面指挥官詹妮·赛迪[165]说,"你得返回气闸舱,连接上空间站,然后重启显示和控制模块。"

谢恩照做,别无选择。

"梅根,你继续移动托马。"

"等一下,"我说,"在我不确定谢恩是否能回来之前,把我移动过去没什么用。如果最后还得回来帮他的话,还不如留在这里,对吧?"

"我们对他小屏幕的重启持乐观态度,还是希望你继续执行程序。"

好吧……于是我很快就靠近了那些电池板滚筒。但我必须等着谢恩重新恢复工作。孤零零地待在太空中,站在机械臂的末端,这感觉不是太好……

最糟糕的是,我发现我的脚松动了……趁着这意外的暂停,我再一次检查自己是否被固定好。脚部固定装置前面有一个弧形扣环,后面是一个唇形的结构用来固定脚跟。穿上它时是看不见的,因为出舱宇航服使我们没法弯腰看清楚,而加压的缘故又让人没法感受到任何东西。我不是很安心。我一连试了3次,到第4次,我感觉到脚跟松动,我的脚滑出了扣环!我还以为脚已经固定住了,但其实并没有!也有可能的是因为我反复检查不慎把脚滑出来了。心跳加速,我又把脚重新放了回去。我忍不住想,如果这种情况发生在机械臂移动我和那些"冰箱"的时候该怎么办!我实在不想让一个350公斤、价值2 000万美元的物体飞出去,毁掉一半的国际空间站,也不想在没有任何支撑点的情况下为了稳住这个重量而扭伤膝盖。这一次,我确定自己的脚固定住了,并时

---

165 Jenni Sidey,加拿大宇航员,2017年招聘,还未执行过太空任务。

刻提防着不让脚过度往前伸，以确保脚跟保持在位。这一切操作都是在什么也看不见的状态下，且悬挂在空间站上方完成的。

半小时后，谢恩回来了，程序得以继续：

"很高兴再次见到你，我的朋友！"我松了一口气，对我的队友说道。

再拧松几下，我就抓住了电池板。然后，我把手臂伸到极限，以便谢恩接到"冰箱"。这无疑是一项对稳定性要求极高的训练。当然，由于是在太空中，电池板感觉不重，但它具有很大的惯性。当机械臂开始移动时，电池板往往保持不动，我需要用手去推动它们。同样，一旦电池板朝一个方向运动起来，就很难让它们停下来，我必须在它们失控前将其停止。我们必须尽可能让身体保持僵硬，动用腹部、手臂和腿部所有的肌肉以发力。当然，经过精确计算，我们早已确认轨道上没有任何障碍物，但随着夜幕降临，我的视线却变得愈发模糊……我的灯光照射距离有限，周围也没有任何视觉上的参考点，我甚至不知道机械臂是否在移动。我花了一段时间才逐渐适应了这种情况，学会了如何判断何时应该停止推动电池板以及何时应该提前做出反应……我要相信程序没有问题以及梅根出色的驾驶技术。机械臂将我送到最远处，我将电池板递给谢恩，他的脚固定在一块平台上。他要保持这种姿势超过半小时，因为梅根要把我带回到一个可以从机械臂上下来的位置，然后我收起便携式脚固定装置（紧急情况下它有可能会阻碍机械臂操作），接着我要靠自己的力量去到谢恩身边。等待我们的将是"西部荒野"和障碍赛。

我慢慢靠近等在那的谢恩，越走越觉得自己就像是离开了一条已经规划好的道路，踏上了一条鲜有人迹的小径。扶手越来越少，有时只看到一点小小的突出物。我对自己说："好吧，就抓住这根'火柴头',希望它能撑住!"经过 30 米高的电池板脚下时,我感觉自己特别渺小。还有一个复杂的操作:我们俩头朝下悬在地球上空,我需要把谢恩顺时针旋转,朝着我们最终目的地的方向。这时我发现新的电池板可能会撞到那些旧面板……我记得我们在地面讨论过这件事,也在空间站的虚拟模型上演练过。但事实上,现在谢恩没法认出方向(电池板挡住了他的视线,他什么都看不见),我觉得这是个错误的方案。我告诉了詹妮,她咨询了地面团队后向我保证可以通过。我还是有些怀疑。经过一番讨论,尽管偏离精心设计的程序是很罕见的,但我最终决定承担责任,让谢恩逆时针旋转。尽管那边也有些小障碍,但至少没有任何带电的面板让我们冒冷汗。顺利完成这个操作后,我前往安装支架的位置,接住面板,谢恩也一起过来。我们成功了!

第一个部件成功安装,我们通过将它们并排固定的铰链来部署第二个。理论上,它应该会嵌入事先安装好的结构中。但出乎意料的是,它装不进去!我们又试了一次,结果还是一样。我稍微移动了一下位置想看看后面,然后惊恐地发现,卡扣和槽根本对不上。我尝试了好几次都未能成功,而且差距不是几毫米,而是整整 5 厘米!

"谢恩,麻烦了。即使我们再用力,也绝对装不进去……"

"再试试,"詹妮说,"肯定会成功的。"

我试着解释我观察到的、而他们在地面上看不到的情况。

"可以的,可以的,托马,别担心。"

"我不是担心,我只是看到:差了整整五厘米!"

这也是一个挑战:向地球上的人描述这么具体又复杂的事情……我们用力拉、推、倾尽全力地尝试了各种方法,但不得不面对现实:某位工程师在设计电池板时出现了错误!这有点让人绝望，我不瞒你们。我们冒着风险在太空中操作这些庞然大物，但我真的不知道该如何解决这个问题。

地面指挥中心迅速给我们指示了站位，以便我们的摄像机能向地面传送故障的最佳图像。地面肯定在激烈讨论，而我们则等待了很长时间。

"托马，谢恩，"地面指挥中心通知我们，"你们先固定好电池板，然后返回。"

沮丧之情，难以言表。就因为这个突如其来的问题。沉重的打击。

幸好我们不需要带回电池板！我们用绑带把它们固定好，准备返回。我们距离空间站那么远……而且我们已经精疲力竭。

"这不是你们的错。"指挥中心安慰我们。

当然……

7个小时后，我们回到了空间站，有点沮丧。像往常一样，所有人都保持积极态度，不是为了指责谁，而是为了找到解决方案。经过与地面指挥中心的多次讨论后，我们筋疲力尽地入睡。团队已经尽力，我们安全返回，没人能对不可能的事情负责。

我们不能就此止步：任务尚未完成，更何况放置电池板的托盘要随着CRS-22任务一起返回，所以时间很紧迫。4天后，在整个团队的帮助下，我和谢恩再次整装待发。

13:44。夜间出舱。我再次担任舱外机组人员1的角色。地面的工程师们提出了一个可以让我们固定第二块iROSA的新方案。他们对自己的计算很有信心，而我基于现场观察，对此稍有怀疑……

我们两人固定在平台上，开始"模型拼装"工作。我们需要卸下一些螺丝，稍微调整一下角度，并大力挤压这个家伙让它卡入。初步结果并不乐观，仍然无法对齐。经过 10 分钟的努力，我们终于成功使两块面板完美对齐，电池板成功卡入了支架！我情不自禁欢呼起来，而地面控制中心也传来热烈的掌声。

接下来，为了固定 iROSA，我们还需要拧紧一些螺栓：电池板下方有 8 个，两块面板之间的铰链上有 2 个。我和谢恩全神贯注地工作，十分高兴终于驯服了这个家伙。然后，我们需要等待 30 分钟，等进入夜晚才能进行电气连接。然而，就在这时，我发现谢恩头盔的顶部（包含灯光和摄像头）在晃动……冒着耀眼且失控的光圈。他的"头盔"仅靠一根电缆支撑着，很有可能断裂。

"托马……"

"我看到了。别动，我这就来。"

我在脑海中快速演练了各种可能的情景，其中很多都需要提前返回气闸舱……真是够了。但幸运的是，我们还有一些备用方案。

"我来修理。"

现在轮到我行动了……说实话，时机正好，电池板的任务得等到天黑才能开始。更何况，没有波折的太空行走算不上真正的太空行走！我给谢恩重新戴好头盔，轻轻拍了拍以确保位置正确。我用他头盔上的一根铁丝把他的头盔绑在他的太空服上——虽然没有掉落的风险，但也没有任何稳定性可言。然后，我从自己的太空服上取下两根备用的长铁丝，用它们来进一步固定头盔。戴着像拳击手套一样的手套做这些精细操作异常艰难，不知道哪里可以握住铁丝。我像 MacGyver[166] 一样尝试了五六次才终于

---

166 MacGyver，美国电视剧《百战天龙》的主角，以利用身边的普通物品即兴解决各种问题而著称。——译者注

成功。最后，谢恩的头盔终于固定住了，且足以完成这次太空行走。这是我在今天的太空行走中最自豪的事情之一。在国际空间站的尽头，利用身边的有限资源，独自解决了一个问题。无论如何，现在我们没必要返回基地，可以继续工作了。

夜幕降临。

根据程序要求，我们在进行连接操作前需等待两分钟，以防止原电池板中仍有电流残留。戴着这些手套连接电缆极具挑战性。尤其在黑暗中，它们特殊且难以对齐。谢恩和我同时完成了各自的操作。随着我启动自动展开程序，一幅震撼人心的画面展现在我们眼前（而且我们等了太久了）：电池板边缘的一条条黑色碳纤维带在展开过程中逐渐硬化，就像形状记忆材料一样，当电池板被卷起来时材料受到限制，而现在这些材料恢复到初始形状，电池板也因此庄重而缓慢地展开。我在之后的照片中看到站在电池板前的我和谢恩显得如此渺小。要知道，19米高，这相当于巴黎市中心的一幢楼房了！

这一次，我们胜利了！我们在太空中奋战了将近4个小时。我们还为下周五要安装的第二对电池板做好了准备（这次我们已经掌握了安装的要领！），经过6小时28分钟的辛勤工作，我们带着满满的成就感返回空间站。詹妮在我们进入气闸舱前激动地说："今天，你们让很多人感到很开心。"詹妮，我们也是；真的，我们也是。

2021 年 7 月

这次任务的前半段，我们花了很多时间来进行飞船的装卸工作。6月初，处理完 CRS-22 任务后，我们送走了"天鹅座号"，紧接着又迎来了"进步号"。把我们产生的垃圾装满一货舱并不是一件容易的事情（在航天领域，你会发现所有事情都是如此）：控制中心需要为此制定精准的方案，因为他们不仅需要精确跟踪货舱占用的体积，还需要知道负载是如何分布的，以确保飞船能顺利重返大气层。因此，我们不能随便往里面塞东西，我们非常细致地处理着货物转运袋和要丢弃的容器（总计 3.5 吨），就像在玩俄罗斯方块一样，每个空间都要被合理利用。这也导致了空间站上迅速积累了很多垃圾。货舱一旦被装满并关闭，机械臂将其拖引到发射位置，然后就与之告别。CRS-22 也将踏上归途，但这又是另一套程序，特别是涉及那些需要冷藏以进行科学研究的物品。为确保万无一失，在地面监控视频的指导下，我们两人配合，把空间站的冷冻物品倒入配有冷热块的冷藏箱中，然后直接转移，或者放入货运龙飞船的冰箱里。这些珍贵的样品都经过了我们精心的包装，以确保它们能承受返回地球这一艰难的过程。这些事情说起来容易做起来难，需要地面工程师的专业知识和辛勤工作。向他们表示感谢！7 月 14 日这天，这一紧张而繁忙的阶段终于圆满结束。同事们希望美国国家航空航天局可以调整我们的休息日，以便能够庆祝法国国庆日！我们如愿以偿。我邀请他们品尝我准备的美食（我甚至像高档餐厅一样打印了一份精美的菜单），其中，苏芙蕾煎饼大受欢迎。此外，我还给他们每人送了一件红白蓝色的 T 恤以示纪念。

接下来一个周末，我们又迎来了一个轻松愉快的插曲。为了庆祝当时在日本举办的奥运会，并通过集体活动增强团队凝聚力，我们决定举办首届"太空奥运会"。经过一周的头脑风暴，我们想出了各种新奇的运动。终于，在那个星期六，我们穿着代表自己国家的漂亮宇航服，用摄像机记录下了这一难忘的时刻。

安妮和联合国粮农组织定制了全世界 200 多个国家的小国旗组成的彩带，我们把它挂在天花板上，然后正式开启了比赛。其中一个项目是"太空跳远"（抱歉，应该是太空"飞"远）。参赛者需要在空间站的一端借助仅有的一次助推，尽可能多地在各个舱段中飘浮穿越，途中不能碰到任何东西（任何接触都会被取消资格）。当然，途中设置有很多障碍，首先，舱段并不是完全对齐的；另外，到处都是障碍物，例如餐厅的桌子和随处可见的电缆等。最关键的是，初始助推决定了整个飞行轨迹，而要做到极其精确是非常困难的。接着，我们进行了"无手乒乓球"比赛，参赛者需要双手放在背后，通过吹气来移动乒乓球；此外还有"无地体操"和"同步飘浮"等充满创意的即兴团队表演……最后，我们颁发了塑料奖牌（谢谢阿德莱德），并和火炬（真的火炬，当然是熄灭的）合影留念，这是彰彦为了庆祝东京奥运会举行特意带来的。我们很快又回到了紧张的工作中，因为俄罗斯的多用途实验舱模块刚刚从拜科努尔发射升空。然而，一切并没有按计划进行，我不知道接下来会发生什么……

　　长达 13 米，体积达 70 立方米的多用途实验舱拥有宽敞的空间，配备了睡眠舱和卫生间。它具备空气和水的再生系统，以及独立的导航和姿态控制系统，这使得它在发射后能够顺利对接国际空间站。此外，欧洲交付给俄罗斯的长达 11 米欧洲机械臂就安装在其表面。多用途实验舱又称"科学"，预计将对接到俄罗斯存储舱对面，面向地球，靠近"联盟号"飞船。"科学"长期以来一直是国际空间站的心头之痛：我经常能看见它出现在飞行计划中，但其发射日期总是一再推迟。该实验室的设计早在 21 世纪初就已确定，原计划于 2007 年发射，但一直被技术问题所困扰。终于，2021年7月21日星期三，"科学"搭乘俄罗斯"质子"运载火箭升空，这种型号的火箭比"联盟号"火箭大得多，因为实验舱重达20吨。然而，在飞行过程中出现了异常。有人开始怀疑发动机压力系统中存在燃料泄漏问题……在太空推进过程中，燃料和氧化剂在燃烧室中结合以提供动力，但这些液体不会自动流动。我们会使用氦气来增压燃料箱并推动液体流动。如果燃料泄漏进入氦气箱，它们可能在其他地方相遇，并导致无法控制的爆炸……俄罗斯人（对于他们来说，风险是职业的一部分）自发射以来就声称一切正常，并否认问题的存在。而美国国家航空航天局（相反，从不愿冒任何风险）则越来越担忧，并要求俄方提供证据，但并未收到任何回应。自2014年克里米亚危机以来，俄罗斯和美国之间的关系一直很紧张，这也影响到了两国航天局的合作。尤其是俄罗斯国家航天集团局长德米特里·罗戈津因是一位强硬的民族主义者，喜欢像特朗普一样发推文，这无疑加剧了双方的紧张关系。我们就处在这一复杂局势的中间……彰彦向我们的俄罗斯同事表达了这些担忧，但他们没有接收到任何特别的消息：一切照常进行。我们向他们展示了美国国家航空航天局提供的推进系统图表，试图帮助他们识别可能出现的异常。显然，如果这是美国的飞行器，它很可能已经被送回大气层并销毁，以确保国际空间站的安全。但经过这么多年的延迟，俄罗斯可能并不愿意采取这一措施。这是资源问题，也是荣誉问题。

这里存在两个风险。首先，多用途实验舱可能会失控，其推进系统一旦出问题，有可能会导致它撞上空间站（就像电影《地心引力》里的情景一样）。其次，也是美国国家航空航天局更担心的：在对接之后，必须进行的油箱减压可能会导致燃料和氧化剂接触，从而引发爆炸。我们已经为此讨论了一周，但像绕圈子一样毫无进展……虽然理论上美国国家航空航天局对空间站负全面责任，但他们对此没有决策权。俄罗斯国家航天集团则装作一切正常。

今天早上，我们得知多用途实验舱确实会与国际空间站对接。

"做好准备。"控制中心发出指令。

在这种情况下，"准备"究竟意味着什么？摆个最安全的姿势？让我们再回顾一下：多用途实验舱（如果不失控的话）将自动完成对接，然后对油箱进行减压。最糟糕的情况，减压时发生剧烈爆炸。这将会对国际空间站造成严重损害，甚至还会严重损坏位于第一线的"联盟号"飞船。我们面临空间站减压的风险，此时唯一能做的就是快速躲进我们的飞船并紧急撤离。因此，美国国家航空航天局要求我们穿上航天服，待在"龙"飞船里准备紧急出发。俄罗斯同事呢，他们的飞船可能无法使用……美国国家航空航天局建议他们，出于安全考虑，应留在美国舱段，并关闭通往"联盟号"的3个气闸舱，作为防止失压的屏障。彰彦与奥列格和彼得进行了沟通，此时，他们还未接到来自莫斯科的任何特别指示。他们认为这只是简单的对接，一切都会顺利进行，而我们可以像平时一样穿着短裤和袜子待在服务舱里自由活动。气氛变得紧张起来，我们在做准备，而俄罗斯同事则告诉彰彦，他们不愿意来美国舱段，也不愿关闭通往"联盟号"的气闸舱。我们可以理解他们的想法。事实上，我们一直都被反复强调，一定要保持通往飞船通道的畅通。可以想象，如果我们被要求关闭前往飞船的所有通道，并将自己锁在俄罗斯舱段，我们和美国国家航空航天局会有怎样的反应……

最终，奥列格和彼得跟着彰彦来到了我们这边。他们同意在这里等待，这不违反他们从莫斯科收到的指示，但他们坚决不锁上通往他们模块的气闸舱（在失压或起火时必须迅速关闭这些气闸舱，否则将威胁整个空间站……）。我们心中忐忑不安。这一周来，我每晚与安妮通话时都不敢提这些细节。

我们关闭了穹顶舱用于保护的金属百叶窗。"龙"飞船已启动待命。虽然没有系安全带，但我们已经准备好随时出发。奥列格和彼得已经撤退到1号节点舱，离俄罗斯舱段不远不近的一个地方。多用途实验舱正在靠近。我们通过连接到空间站摄像头的显示器关注着它。它的轨迹看起来正常，没有失控迹象……在对接时我们明显感觉到了震动。毕竟是20吨重的东西。对接成功！接下来就是著名的对油箱减压……一切顺利。如释重负！一个星期的紧张和担忧终于结束！在空间站上，我们习惯了保持沉默。尽管其实有很多话可以说，比如从这件事开始以来俄罗斯人对风险的容忍度，还有与地面通信的种种困难……我们换回自己的衣服，生活似乎又恢复了正常。

在互相击掌祝贺之后，俄罗斯同事们回到了他们的舱段，开始进行将多用途实验舱连接到空间站的漫长程序（包括温控、电脑、通信等）。而我则在实验室工作。但是在模块对接大约1小时后，休斯敦来电。我接听了电话。这次的舱内通信员是德鲁·摩根，这名陆军医生曾参与了卢卡的第二次飞行任务。

"托马，你们必须立即启动'迷失方向'程序。"

"'迷失方向'？！"

"这不是训练。"

他平静地说道，但这句话却让我们心头一紧。我立刻通知全体机组人员。按照程序，首先要做的就是关闭穹顶舱的百叶窗

（而我们刚刚才打开）。当我走到窗前时，发现地球已经消失在窗外！我只能看到一片虚空。这意味着国际空间站完全翻转过来了！似乎今天的混乱还嫌不够！正常情况下，空间站总是腹部朝向地球。这既是出于通信需要（天线必须指向位于我们上方的卫星），也是为了热控考虑。此外，迷失方向对空间站来说非常不利，因为它的结构大且脆弱。若是在地球上，它根本无法支撑自己的重量，只能在失重状态下运行，而它也是在这种状态下组装的。所以，如果空间站旋转太快且方向混乱，所有部件都有可能分崩离析，尤其是那些巨大又脆弱的太阳能板……总之，今天的日程终于加上了《地心引力》的情节，如果我们不迅速采取行动，前景真的不妙！

我们在控制终端上不停忙碌，并与地面保持紧密的通信联系。我们立即停止了太阳能电池板的旋转，空间站已经转得够多了。按照程序，当我们确保一切安全之后，下一步就是前往俄罗斯舱段激活那些很少才会使用到的发动机（通常情况下，空间站依靠陀螺仪来维持日常稳定）。我们迅速采取行动，启动推进系统。熟悉的鼓声响起，但期待的结果并未出现，空间站继续不受控地自转……这完全不正常。我们不断地检查、搜索，却始终找不到问题的症结所在。8分钟后，仿佛奇迹一般，空间站停止了胡乱旋转并稳定下来……最终恢复到正常的方向，通信也恢复了正常，一切都安然无恙。但是，这场突如其来的"风暴"确实让我们惊出一身冷汗。接下来的时间，我们都忙着重新配置系统。不久后，谜底揭晓：当俄罗斯同事将多用途实验舱模块连接到空间站时，它的计算机被唤醒。然而，它并未明白自己已经连接到国际空间站，误以为刚进入轨道。而自动系统在这种情况下的首要任务就是确定自己的方向。它认为正确的方向是朝向地球平面。因此，它启动了自己的发动机，试图调整到它认为正确的位置，结果带着整个空间站一起旋转……最令人担忧的是，国际空间站的发动机即使已经启动，也几乎无法对抗这种旋转（这涉及杠杆原理）。幸运的是，俄罗斯和其他国家的航天器设计工程师都非常出色，他们考虑到了很多意外情况，并设计了自动系统的反应措施，称为故障检测、隔离和恢复算法（FDIR），其中就有这样一条安全措施：如果你在试图确定方向的过程中消耗了超过特定量的燃料，那么系统就会判断出现了问题，并立即停止所有动作。总之，正是这种安全措施，让多用途实验舱最终平静下来，国际空间站的发动机也得以重新掌控全局。最终，空间站自转了540度，也就是一圈半！15年来，我们从没有经历"迷失方向"这种情况。那时，空间站还小得多。而且，我们并不认为成为第一个经历这种情况的人有什么特别的荣耀[167]……最终，空间站没有遭到任何损坏，但观看计算机屏幕上重播空间站旋转的画面时，我们意识到，这可能真的会导致严重的后果……这正是为什么我们需要有故障检测、隔离和恢复算法以及一系列紧急程序；也正是在这种情况下，我们知道，即使事情变得糟糕，但我们也能掌控局面，这令人安心。然而，这次过山车般的旋转必然影响了微重力环境，从而影响了一些实验数据。地面上的科学家们需要考虑这些因素，并排除这8分钟内获得的数据。对于我们来说，这是一场肾上腺素飙升的经历，尤其是这发生在我们刚从爆炸威胁中恢复过来时！这件事也告诉我们：要牢记在太空中任何事情都可能发生，所以永远不要掉以轻心……

经历了这么多的波折，我们决定参观一下新的实验舱。新实

167　但我还是忍不住开个玩笑，跟卢卡说他从未在空间站做过翻转，而我做过！

验舱与 SpaceX 的美学完全相反，它实用、方正，拥有巨大的金属框架，而墙上的地毯仿佛来自过去的时代，总之，充满了 20 世纪 80 年代的氛围。我们忍不住大笑，包括奥列格和彼得。这是空间站最新的舱，但看起来却像是最老的一个！奥列格打趣道："20 吨，却连块巧克力也没给我们带。"他打算向莫斯科反映这个情况，而我们则已经开始关注其他的事情了。

2021 年 8 月

8 月 9 日，星期一，联合国政府间气候变化专门委员会（IPCC）发表了其第六次评估报告。这让我回想起近期在国际空间站目睹的种种自然灾害。我可以清楚地看到加利福尼亚州和亚利桑那州的迪克西[168]正被大火肆虐的景象，高空的风将大量烟灰卷入平流层，它们被困在那里，就像被困在气泡中一样。从空间站望去，它们就像一层灰色的污染物，弄脏了大气层的上层空间。这直观地展示了这些灾害的严峻程度……还有希腊大火产生的烟柱，一直蔓延到科西嘉岛，那景象同样令人震惊。再如飓风艾尔莎，其巨大的云层覆盖了安的列斯群岛、委内瑞拉以及加拿大和美国的东海岸，规模和破坏力都属空前。但遗憾的是，根据科学家们的报告，这种记录将很快被打破……面对自然的强大力量，我们深感无助。尤其当我们身处高处、安全的环境中去观察这一切，去俯瞰着下方受灾的人们，这种感受尤为强烈。

6 月 10 日，星期二，一艘"天鹅座号"货运飞船抵达空间站，带来了"黏菌"。这种单细胞生物既不是植物，也不是动物，更

---

168 Dixie Country，美国东南部各州。——译者注

不是真菌,我们将在失重环境下仔细观察它们的行为。尽管初听起来可能并不那么引人注目,但要知道,我们这一代人被20世纪80年代的恐怖电影深深影响[169],因此我们将努力避免在空间站重演这种电影中的情节。我们的黏菌实验将完全受控,黏菌也会被严格限制在封闭的培养皿中,绝不允许它在空间站内扩散!这种黏菌外观呈黄色且质地黏稠。它可以扩展到近10平方米,出现在地球上的时间比动物还早,已有超过5亿年的历史。我将用水来激活它,为其提供食物,并用摄像机观察它在失重环境下的行为。同时,法国的4 500所小学、初中和高中(约35万名学生)将使用同一菌株的黏菌进行相同的实验。这项实验旨在通过一种新颖的方式,让孩子们了解科学研究的方法。法国国家科学研究中心将比较空间站和地球的研究结果,以更好地了解这种奇特的生物。黏菌除了是一种吸引人的实验对象,它惊人的细胞再生能力,已经引起了癌症研究人员的极大关注。

我还将负责测试轻量级紫外线大气监测仪(LUMINA)。在国际空间站,宇航员所受到的辐射量是地球上的一百倍。不过,对于偶尔执行一次为期六个月任务的宇航员来说,这并不会构成真正的威胁。我们已经有剂量计来测量接收到的辐射量。但LUMINA的性能更为先进,它通过光纤进行实验,可以详细记录在不同时间段内接收到的辐射剂量。具体来说,我们将能够在几年内实时收集数据。LUMINA对未来的长期太空任务具有重要意义,也同样适用于地球上那些特别容易接触辐射的人群,如飞行员和机组人

169　1988年,查克·拉塞尔执导的美国恐怖电影《幽浮魔点》中,一颗陨石撞击地球。从陨石中逸出一团无定形的物质,它能够滑入任何地方,并逐个吞噬加利福尼亚一座小镇的居民。

员，或是使用 X 射线的医疗人员以及核工业的工作人员。

此刻，我的亲朋好友们都在分享他们的假期。虽然，据我了解，各地天气好坏不一，但他们到处游玩、聚会、享受大自然……他们给我发来照片，这些都让我开始想念地球的生活。

"还有 3 个月。"谢恩感叹道。

我和他感同身受，觉得这几周过得异常紧张：意外的太空行走、紧张的多用途实验舱的到达、在 CRS-22 离开前必须以创纪录的速度完成的科学实验……我们的任务才进行到一半，但如果现在就可以回家，我们已经觉得很满足了！我们正处于一种不太好过的过渡状态。虽然我们已经付出了很多努力，但还没到准备返回、恢复自由的时候。在我们看来，接下来的 3 个月并没有那么刺激，只是类似于前 3 个月的重复。相比之下，我第一次执行任务时，感觉时间过得飞快，可能因为这 200 天里的节奏都很规律。现在，我有点疲惫……好吧，让我们重新振作起来！

至于媒体方面，似乎运转良好。起初我对此表示怀疑，担心人们已经看腻了四年前我从国际空间站分享的内容。我甚至考虑过减少分享的频率，多留些时间给自己。但最终，由于各种原因，例如我的摄影技巧不断进步、地球景象不断变换、新点子层出不穷、梅拉妮在制作视频和延时摄影方面付出很多努力，以及来自法国国家空间研究中心的马蒂尔德对朱利安的支持等，我再一次投入到这项工作中。梅根、谢恩和彰彦也都活跃在社交媒体上，我们每个人都用自己的方式分享着这次任务中的点点滴滴。

2021 年 9 月

对于即将进行的出舱活动，计划出现了一点小变动：我被指派替换马克,因为他的肩膀持续疼痛。由于无法评估他的状态,他主动提出,如果美国国家航空航天局认为更妥当,他愿意被替换,这充分彰显了他的专业素养。由于马克和我穿同样尺寸的宇航服,而宇航服已经准备好了,所以让我替代他是合乎逻辑的。但与我的第一次任务一样,决定权在美国国家航空航天局手中。最终决定:这次出舱任务将由我来执行。谢恩原本也是候选人,他因此没能打破美国宇航员出舱活动次数的记录(佩吉10次!——他有9次,是有史以来的第7位),他会感到失望,对此我一点都不怀疑,但他非常专业且注重团队和谐,因此他支持这个决定,这为我们节省了很多时间。此次任务的目的是和彰彦合作,建造一个支架,用于安装第二组太阳能电池板。

  准备时间不充分的出舱活动往往充满挑战。曾有一位美国宇航员告诉我说,这种任务,在完成的那一刻你会感到极为自豪,但绝对不会希望自己再经历一次。当然,我比较熟悉环境,六月我曾在那里执行过任务,但这次只留给我两周的准备时间,对于如此危险的任务来说,这显然过于仓促了!由于我对程序和设备尚不熟悉,在这次持续6小时54分钟的"搭积木"过程中,我必须格外小心。至此,在两次太空任务中,我累计执行了超过39个小时的舱外活动……值得一提的是:这是历史上第一次没有俄罗斯人或美国人参与的舱外活动(彰彦是此次活动的舱外机组人员1号。所以,用日语怎么说"法国万岁"?)。机械臂上的360度摄像机全程拍摄了这次出舱……[170] 可以说,整个过程都很顺利。

---

[170] 这个视频在后期被制作成了一部虚拟现实电影,可以在特定的影厅或戴上VR观看。当我看到这些画面时,我甚至比在现实中更害怕,因为在现实中我们并不会一直提醒自己脚下的是绝对的虚空!

2021 年 10 月

周一，10月4日，我成为国际空间站的站长。我很自豪！大家都穿上了漂亮的蓝色 Polo 衫，当我在自己的舱室里准备发言稿时，他们都在门外微笑着等我。当我打开门时，彰彦把空间站的钥匙交给了我。是的，国际空间站确实有钥匙。当然，这些钥匙并不能打开任何门，但这并不妨碍它们拥有美好的象征意义。现在，轮到我来保管它们了（在失重状态下，保管这些小物件并不容易，它们总是有可能飘走）。

第二天，由安东·什卡普列罗夫带领的俄罗斯拍摄团队顺利到达。尤利娅和克里姆会在这里待12天，并于16号与奥列格一起乘坐"联盟号"返回。彼得和马克还需多留6个月执行任务（他们将和安东一起乘坐刚到的"联盟号"返回）。想想出发时他们甚至不知道要离开家人多久，这有点不可思议。尤其是马克，总共要离家14个月，包括新冠期间的发射准备。奥列格似乎很高兴能参演这部电影，但他对与两位新成员一起返回地球并不太满意，因为他们从未一起进行过"联盟号"的训练……"联盟号"需要两个人驾驶，尤其是在紧急情况下，尽管理论上所有操作都可以从指令长的中央座椅上完成（前提是熟练掌握使用遥控器……）。由于尤利娅和克里姆没有接受过空间站美国舱段的培训，美国国家航空航天局要求他们必须在安东陪同下才能进入美国舱段。我们可不希望他们无意中碰到或按下什么按钮……同样，他们在穹顶舱内的拍摄时间总共只有两小时。在没有美俄协议的情况下，不会有任何画面在美国舱段拍摄，我们这些非俄罗斯成员当然也不能出现在镜头中。美国国家航空航天局似乎采取了很多预防措施，但确实俄罗斯方面显得有点强势（俄罗斯国家航天集团资助了电影的部分制作）。我必须确保这些规定都得到严格的遵守。一开始,我并不喜欢这项任务:我不想在两个舱段之间扎营,就像夜总会的门卫一样……尽管各个航天机构之间关系紧张,但我们同舟共济,团结很重要。实际上,一切都很和谐。安东严格地监督他们,我们完全可以信任他:这已经是他第4次登上国际空间站了!当彼得难以忍受时,他会来我们这边"避难",因为在这12天里,客人们将昼夜不停地拍摄和工作。我有时候会去看他们拍摄。克里姆对失重环境有点不太适应,所以他一直戴着橄榄球头盔,以免在拿着摄像机拍摄时撞到头。尤利娅似乎更适应失重状态,很快便如鱼得水,即使在我们集体生活的简陋条件下也游刃有余。她显然在生活中经历了很多。我们邀请他们一起晚餐。他们十分友好,对我们来说,这是一种愉快的变化,因为我们平时接触的都是相似的人(尽管职业各异,但我们都多少拥有科学、技术或是操作背景,倾向于理性、有序和层级分明!)。克里姆的经历对一个俄罗斯人来说很特别:他英语流利,曾在加利福尼亚留学;他的儿子在巴黎的一所私立学校就读,所以他经常去法国,熟悉巴黎所有的优质餐馆:这是一个国际化的俄罗斯人。尤利娅的职业生涯始于在地铁里唱歌。她是一位单亲妈妈,有两个孩子,即使家中没有男人,她也很享受现在的生活。他们在训练期间、在"联盟号"飞行期间都进行了拍摄;实际上,整个太空任务都是影片的内容。这将是第一部在太空拍摄的电影(俄罗斯人可能会想:汤姆·克鲁斯,看我们的!)。我不知道这样拍摄有什么实际上的增值效应,因为摄影棚里也能制作出非常逼真的《地心引力》。更不用说俄罗斯舱段很狭窄,照明条件也不理想……而且太空之旅的费用如此昂贵……我不知道他们是否有机会在穹顶舱拍到漂亮的画面,因为一半时间天气不好(多云,多云,还是多云),空间站半暗的、如洞穴般的环境和地球强烈的背景光之间的对比很难处理和呈现……好吧，作为第一部在空间站拍摄的电影，至少他们在电影上映时能拥有一个独特的噱头！

有趣的是，昨天，空间站再次遭遇迷失方向的小插曲。奥列格周四返回，根据控制中心的指示，他必须要对"联盟号"进行测试。我记得那个程序，包括控制线路的测试和点火，算是常规步骤。当时，我们正忙于各自的任时，但也能从空间站的一个无线电频道听到他与莫斯科的对话。测试开始十分钟后，红灯闪烁，警报尖锐地响起：迷失方向。

"又来了？这不可能吧！"

又要进行我们已经熟悉得不能再熟悉的程序了……这次我们很快就知道该怎么做，特别是该从哪入手：在测试控制电路时，"联盟号"引擎的启动带动了空间站，而这些引擎本应由莫斯科远程关闭。奥列格带着几分歉意加入我们，用俄语半开玩笑地说道："抱歉啊，各位……"，这引来了整个小组哈哈大笑。

6个月内两次遭遇空间站迷失方向，真是厉害了！回到地球后，我们会对此进行详细的总结，并进一步完善程序以提高安全性。安全第一！

转眼已是10月底，奥列格按照计划与尤利娅和克里姆一起离开，这几天我们都能感受到任务即将画上句号的氛围。谢恩和梅根都明确表示，这是他们的最后一次太空之旅。而我则还不确定。尽管如此，完成了两次任务后，离开国际空间站，也意味着可能真的要和它告别了。所以我们会不自觉地尝试去细细体会在这里的每一刻。平日里，大家总是太忙碌，无暇好好享受午餐。而现在，我们会花时间聊聊天，"坐"在餐桌上慢慢享受时光，每个人都想把这些瞬间铭刻在记忆中。对我而言，我试着去做我一直想做的事，那就是待在穹顶舱里静静地看着地球，仅此而已……对于一个总是充满活力的人来说，这并不是一件容易的事。当眼前的景色美得令人窒息时，我克制着不去拿起相机。就像在地球上一样，如果我们执着于想要捕捉某个瞬间，往往会错过当下的美好。

我们的实验任务圆满结束，既定目标也已达成，因此我们可以花更多的时间和精力来准备返回。相反，彼得和马克还要再待半年。在国际空间站待上一年，远离亲人，这绝非易事。尤其是彼得，这是他的第一次太空任务……当然，他们会尽职尽责。虽然表面上看不出来，但内心至少会有些难受。太空飞行总是要付出代价的，而这份代价往往体现在个人生活上。

至于我们返回的具体日期，还有待讨论。谢恩的女儿将在十一月底举行婚礼，所以他自然希望尽快回去。从我们4月到达时，他就一直在念叨这件事。梅根也迫不及待地想回家，她十分想念她的儿子。

"一定要抓住第一个天气合适的机会！"他们总是这么强调。

在这一方面，我们无法反驳，因为天气因素的不确定性确实很大。

我们还是决定等到下一批宇航员到达后再返回，其中包括我的德国同事马提亚斯。有两个原因：首先，和新来的宇航员一起待上几天，把所有有用的信息传达给他们，可以为他们节省很多时间。尤其是，乘员-3任务的三名成员都是首次执行太空任务。马提亚斯将继续进行欧洲实验项目。我希望能把这项工作正式交接给他，我认为确保这种连续性很重要。其次，还有一个政治层面的考虑:欧洲航天局希望借此机会宣传这次"法德握手",因为这两个国家是欧洲航天最大的赞助者,而法德组合也在寻求新的合作动力。

总之,11月即将来临。乘坐"龙"飞船返回地球和发射一样,都需要特别关注海浪高度……在此期间(目前,天气状况还不够好),我们在收拾行李。我正在整理我的照片:这次我一共拍摄了24.5万张,其中约4 500张经过处理后发布在网络上。这一次,我特意给自己留出更多时间,因此我最终发布的照片是之前的两倍……谢恩和梅根则有些焦躁,这使得空间站内的氛围变得有些紧张。作为空间站的站长,何时返回这个问题与我息息相关;而谢恩是"龙"飞船的指令长,也同样负有责任。作为美国人和资深宇航员,梅根和谢恩与美国国家航空航天局联系紧密,这是我所不具备的优势。关于"龙"飞船的电话会议、空间站的会议和个人通信,交流变得有些混乱。大家都尽力把任务利益置于个人利益之上,但说实话,很难去支持自己个人并不认可的事情,尤其是当我们在比较性质如此不同的元素时(政治上的联手和天气机会)。讨论还在继续,这并不是我喜欢的局面:必须尽快做出决定。

2021 年 11 月

乘员 –3 任务发射前一天,一名队员生病了。虽然问题不大,却足以导致发射计划的推迟。而我们,经过多次会议讨论和分析,我们确定最近一个合适的发射时机是下周一。由于马克将继续留在空间站,他可以负责传递信息。因此,美国国家航空航天局最终决定我们将在乘员 –3 到达之前返回地球。虽然错过了法德两国宇航员交接和握手的机会,但对家人来说,这无疑是个好消息。11 月 3 日,我将空间站的钥匙交给接替我成为站长的安东。我们将于 8 号返回地球，离开马克、彼得和安东。

此次返回地球，我将乘坐"龙"飞船，我感到非常好奇。SpaceX 的飞船采用全自动化设计，没有手动操控模式，也没有应急大气层重返模式。"龙"飞船配备 3 个计算机系统，每个系统又包含 3 个通道。因此，其可靠性极高，故障发生的概率极低，但我还是更喜欢俄罗斯的多种控制模式，它们基于完全独立的传感器……我还要加一句，在气动热流中，"龙"飞船的自然朝向与"联盟号"不同。后者在重返大气层时，会自动将它的隔热罩朝向地球（它在静态下是稳定的），这非常重要，因为在这个过程中，温度会升高到超过 1 000 ℃。而如果"龙"飞船的推进或导航系统失效，则有可能以舱口朝前的姿态进入大气层，这将是非常不利的情况。所以，我们需时刻保持警惕。

值得一提的是，意外的惊喜：在返回途中，厕所失灵[171]。这一问题在去年 9 月的灵感 4 号任务中就已初露端倪。这个任务由亿万富翁贾里德·艾萨克曼（埃隆·马斯克的朋友）资助和指挥，4 位普通人因此进行了一次为期 3 天的飞行，飞行高度甚至超过了国际空间站。尽管有人称赞说这次飞行的科学回报与它的飞行高度成正比（距离地球表面 600 公里），但我对此保留意见[172]。说实话，我认为贾里德·艾萨克曼更多是出于个人兴趣，将此次飞行当作了一次私人飞机或跳伞般的体验。当然，他还增加了一项慈善方面的内容（为圣裘德儿童研究医院的癌症治疗

---

171 显然，这也是一个迫使我们在可能的情况下尽快返回地球的因素。因为天气原因多次推迟返回时间，可能会导致"龙"飞船的时间限制，并使得我们选择更长的返回轨道，大约需要 36 甚至 54 个小时……在没有厕所的情况下……

172 海拔对科学回报没有影响：一旦进入失重状态，无论是在 400 公里还是 1 000 公里的外太空都没有区别。关键在于可用的设备，正如国际空间站配备了大量实验室设备，而"龙"飞船则没有，它的任务是运送机组成员。

中心筹集资金），这很值得称赞，但他精心策划了一场宣传活动（有 Netflix 的纪录片为证）。总之，正是在这次任务中，SpaceX 发现了连接厕所管道和储水箱的密封件很脆弱，影响了系统的密封性。地面团队发出警报后，谢恩和梅根用内窥镜检查了我们的"龙"飞船接口，并诊断出同样的问题。我们本以为我们可以通过气味检测到这个问题，尤其是谢恩，他睡在"龙"飞船里！但事实上，这个厕所的使用频率很有限，在到达空间站后基本没有使用过，而这个系统深埋在地板下。所以，这使得我们返回地球的行程中没有厕所。棒极了！如果我们走上一条需要 48 小时才能返回地球的轨道怎么办？事实上，我们无法提前知道旅程会持续多久。这取决于目标地点、轨道力学和轨道在平面上的漂移情况，总之，很复杂。如果第一次机会出现在 6 小时后，而大气层再入却未能成功，那下一次机会可能会在很久以后出现。面对这一窘境，我们又要即兴发挥。我们准备了一些尿布，放进拉链塑料袋里。我们会小心翼翼地在里面解决生理需求，依靠材料的吸收能力来应对，然后把袋子重新封好后扔进垃圾桶。想到这一点，我就觉得好笑，因为无论是在发射、穿着宇航服的模拟器、每次太空行走或太空行走训练中，我都还未曾采取过这个"非常有用"的措施。看来，我们即将打破一项由自己创造的"承受纪录"……总之，我们就用这种再诗意不过的办法告别了同事和国际空间站。

"'龙'飞船，SpaceX，这里是通信控制。"

"SpaceX，'奋进号'，收到。"

密封性检查已完成。一切准备就绪。

"配置正常，准备解锁分离。"

"空间站准备解锁。请确认你们的头盔已经放下,并准备好出发。"

"头盔已放下,准备出发。"

钩子解开,轻微地向后推进,飞船缓缓驶离空间站……

返回地球前,我还有一项任务需要完成。我需要拍摄整个国际空间站的外部照片,以供美国国家航空航天局整理文档。上一次进行这样的拍摄还是 2011 年使用航天飞机的时候,而自那之后,空间站发生了很大的变化。"龙"飞船上升到大约 150 米的距离,我们开始行动。我从座位上跳下来,彰彦帮我脱下紧裹的宇航服,因为如果不脱,即使打开头盔也会妨碍我准确瞄准目标。我们绕着国际空间站进行 360 度的拍摄。梅根和谢恩在屏幕上控制飞船的动作。我拍了 2 000 张照片,但都不太满意。我向地面汇报,"龙"飞船窗户的光学条件有限制。他们得不到他们原本希望的高精度特写,但我尽力给出最好的照片……一个半小时后,我看着国际空间站渐渐远去。我的心里一阵酸楚。我希望这不会是我太空探索的终点,但我深知这很可能是我最后一次目睹空间站的壮丽身影。

7 小时过去了,我们迎来了重返大气层的关键时刻。在这里,不得不提及"龙"飞船的另一个特点:SpaceX 的舱体在进行关键制动之前就从服务舱分离,而"联盟号"则在进入正确轨道前始终保持完整。同样,SpaceX 对其技术充满信心,这表现在,进行机动操作之前就撤去了太阳能板和氧气储备了……我们没有选择,希望一切操作都可以按照手册进行。

"'龙'飞船,SpaceX。启动脱轨程序。"

"收到,可以启动脱轨程序。"

发动机发出震耳欲聋的轰鸣声，制动过程持续足足 3 分钟。这段时间真是漫长……我回想起上一次乘坐"联盟号"返回的情景，我们的手指放在按钮上，随时准备在出现问题时切换到手动模式……这次，我们三人只能监控和等待，有点无能为力。如果出现问题，"龙"飞船会自动反应并使用其他发动机，显然所有情况都已经计算过了。这是技术的奇迹，但人类总是希望能参与其中，尤其是当这成为他们的职业时。毕竟，有些决断是机器无法替代的。

"'龙'飞船，SpaceX。制动完成，性能正常，请封闭整流罩，准备返回。"

"收到，准备返回。"

大家都松了一口气。随着舱体开始下降，重力逐渐增加。1 小时后，我们就能到达地球。我们尽力紧贴座椅，以应对即将到来的冲击。

"'龙'飞船，SpaceX。2 分钟后将失去通信联系。期待在地球与你们相见。"

"SpaceX，'奋进号'，收到。"

通过脚下的舷窗，我看到我们被粉红色的等离子体包围。"龙"飞船内部洁白无瑕，外面的颜色正好给所有的墙壁都染上了一抹奇幻的氛围。窗户很快被遮蔽，但不像在"联盟号"上那样完全被烧黑。我让同事们观看这一现象，但显然没有太多时间停留。

受过载影响，我无法抬头，只能盯着显示屏上显示的下降数据。显示屏上显示 $3.5\,g$，然后很快达到了 $4\,g$……眼看着快速上升的参数，回想起在"联盟号"模拟器上训练的数百小时，我心想，肯定会达到 $6\,g$ 或 $7\,g$。实际上，它稳定在了 $4\,g$ 左右——确切地说是 4.3 g。但这种状态持续了整整几分钟，令人难以承受。我能听到我们四个人急促的呼吸声在空间内回荡。

此时，欧洲的凌晨 5:00，安妮躺在科隆的床上，通过美国国家航空航天局电视台关注我的返回过程。同时，在新奥尔良，有人看到天空中划过一道火球，并用手机拍下了这个景象。

终于，过载开始减轻，舱体几乎是垂直向下自由落体。已经脱离了等离子体包围的我们，可以透过舷窗看到外面的天空。

"'龙'飞船，SpaceX。通信恢复。"

"收到，"谢恩回应，"我们达到 4.28 g 的过载。"

"收到。我们密切关注你们。"

"'龙'飞船，SpaceX。距地面 15 公里，准备打开降落伞。"

"准备就绪。"

在距离地面 5.7 公里的高度，几个小降落伞率先打开，感觉就像是背上被轻轻拍了一下。在 1.8 公里的高度，4 个主降落伞打开，这个高度偏低一点。我们以每秒 8 米的速度下降，剧烈的晃动伴随着旋转……我们热得要命，但无所谓：降落伞已经打开了，现在不太可能再出什么大问题了。这是继大气层减速成功后的另一个好消息！

"速度正常。距离地面不到 700 米。"

第三个好消息：GPS 显示我们下面确实是水面！谢恩迅速与一直在关注我们的救援队取得了联系。而我当时并不知晓，4 个降落伞中有 1 个因为打结而没有顺利打开。屏幕上，这一切都无法分辨，进展迅速，且是在晚上。

"200 米。准备降落。"

尽管系统设计的是 3 个降落伞就足够完成任务，但最后那个

"固执的"降落伞还是打开了。我们在黑暗之中降落于平静的海面上。比"联盟号"平稳!"龙"飞船通过压载系统稳定下来。

"稳定1式[173]。"谢恩宣布。

这意味着我们已垂直浮在水面上的。快艇和潜水员率先赶来,随后是大船,舱体将被整个吊上大船的平台。

接下来的程序我们就很熟悉了:担架把我们从飞船里移出来(这些程序我们在任务出发前都反复练习过),医生们蜂拥而至,给我们打上静脉滴注并抽血。在船上,一架直升机在前方等着我们,它会把我们送到最近的佛罗里达州彭萨科拉机场。然后我们将飞往休斯敦,一些勇敢的同事不惜半夜起床来迎接我们。虽然是远距离的(因为新冠病毒还在肆虐),接着我会直接前往科隆。我将把我的身体交给科学,在那继续我太空探索大使的使命。但最重要的是,我将要和安妮、亲人们,还有我的地球生活重逢。

---

[173] 稳定1式(Stable 1)是航天器降落在水面时的一种状态,表示飞船是垂直浮在水面上的。航天器在降落水面时可能会有不同的浮动状态,稳定1式样即为最理想的状态,说明飞船的底部朝下,保持垂直稳定。这有助于确保乘员的安全和后续的回收操作。相对的,稳定2式(Stable 2)则表示飞船侧着浮在水面上,不如稳定1式稳定。——译者注

为出舱做准备（国际空间站，2021年7月）
美国国家航空航天局 供图

2022年11月16日
16 novembre 2022

戴着口罩在 SpaceX 的模拟器上（洛杉矶，2020 年 7 月）
SpaceX/ 阿西什·夏尔马 供图

2022年11月16日

卡纳维拉尔角，一个炎热的夜晚，我站在美国国家航空航天局某建筑的露台上，注视着 LC-39B 发射台。6 年前的今天，我乘坐"联盟号"从拜科努尔发射升空。今天，本应是太空发射系统（SLS）[174] 将"猎户座"飞船送往月球的历史性时刻。由于八月底的温度传感器故障、九月的燃料泄漏，以及近日飓风妮可的肆虐迫使人员撤离，发射已经推迟了三次。幸运的是，已经安装在发射台上的火箭经受住了狂风的考验。此番，成功定当在望。

这个突如其来的发射消息几乎让我措手不及。原因有以下几方面。一方面，在过去的 10 年里，我全身心投入自己的任务（甚至可以说，它们独占了我全部的时间和精力）；我的领域在国际空间站，因此我没有每天都去关注阿尔忒弥斯计划的进展。另一方面，关于重返月球，人们已经谈论多年。但由于白宫行政当局

---

[174] 太空发射系统（Space Launch System，SLS）是美国国家航空航天局开发的一种超重型运载火箭，旨在支持深空探测任务，特别是载人探月和火星探测任务。SLS 是阿尔忒弥斯计划（Artemis Program）的核心部分，该计划的目标是将宇航员再次送上月球，并为未来的火星任务做准备。——译者注

换届，计划的实施悬而未决，尤其是时间表的安排！从乔治·赫伯特·沃克·布什[175]到巴拉克·奥巴马[176]，3个项目相继启动又被终止。2019年，特朗普要求美国国家航空航天局在2024年底前重返月球（他希望能利用这一壮举赢得连任）。本以为乔·拜登上任后会质疑这个计划，但他决定继续推进。因此，多年来，数百人一直在为这次首飞努力准备着。现在我们终于走到了这一步："猎户座"预计将在大约15天内飞行近40万公里，抵达地球的天然卫星。

发射时间原定于当地时间深夜1:04，发射窗口为2小时。然而，倒计时被中断，目前已延迟了30分钟，似乎是因为氢气泄漏。两名技术人员和一名安全负责人被紧急派往发射台，任务是拧紧阀门上的一个螺母。我们耐心地望着那被3座180米高的避雷针包围着的、正在冒烟的橙色火箭……

由波音公司主导研发的SLS火箭发射系统高达98米，包含两个级段。第一级由四个发动机推动。这四个发动机是从美国航天飞机上延续下来的，并配有两个助推器，提供起飞时四分之三的推力。这些助推器像烟花一样，一旦点燃，就无法停止，也不再受控。在载人航天领域，这并不是最理想的方案：如果起飞时出现问题，我们通常会先关闭火箭发动机再进行弹射逃生。而在这里，我们必须先分离助推器，在极其关键的阶段这么做有点浪费时间……此举旨在避免在火箭持续加速时进行弹射……至于"猎户座"飞船，其舱体直径为7米。这是欧洲的骄傲：欧洲航

175　乔治·赫伯特·沃克·布什（George Herbert Walker Bush），美国第41任总统，任期为1989年1月20日—1993年1月20日。——译者注
176　巴拉克·侯赛因·奥巴马（Barack Hussein Obama），美国第44任总统，任期为2009年1月20日—2017年1月20日。——译者注

天局通过空客防务与航天公司设计了服务舱，也就是飞船后部提供电、水、氧气并负责推进的部分。它借鉴了同样是由欧洲航天局开发的 ATV 无人货运飞船的相关技术。与"哥伦布"实验舱对国际空间站的意义不同，国际空间站没有"哥伦布"舱也能正常运行（所有重要系统都由美国国家航空航天局控制），这次欧洲航天局不再是可有可无的合作伙伴。此次，欧洲航天局负责"猎户座"飞船的一个关键部位，没有它，飞行就无法进行，这也意味着在整个项目期间，双方的合作关系将坚如磐石。

阿尔忒弥斯计划旨在继续阿波罗计划的未竟之业，并在此基础上进一步发展。截至目前，12 个在月球上行走过的人都是美国人（最后一次是在 1972 年的 12 月），由于资源不足，他们在月球上停留的时间都很短。阿尔忒弥斯计划除了将宇航员送上月球外（理论上，4 名乘员中有 2 名将下到月球表面，另外 2 名留在飞船上），还将建造一个绕月轨道的小型空间站"月球门户"（即 Lunar Gateway，约为国际空间站的六分之一大小）。目前，我们尚处于无人参与的测试阶段。阿尔忒弥斯计划 I 号的目标是让"猎户座"飞船绕月球飞行一圈半，船上载有 3 个配备了 5 600 个传感器的人体模型，以监测这些"乘员"的反应。这次任务的主要目的是确保从飞船发射到在海洋中的回收这整个过程的每个阶段都能顺利进行。大气层重返也是一个重要挑战。"猎户座"飞船的隔热罩必须能够承受 2 800 ℃的高温。同时，还需验证所有还未在实际条件下飞行过的系统（包括通信系统、太阳能电池板性能、导航和推进系统等）。阿尔忒弥斯计划 II 号将于 2024 年实施，与 I 号相似，但会有真人参与。已知的乘员包括 3 名美国人（其中 1 名女性）和 1 名加拿大人。得益于之前提及的"猎户座"飞船服务舱的设计，以及欧洲航天局将为"月球门户"空间站提供两个舱段（分别由法国和意大利制造，而飞船服务舱则由德国制造），在2030年前，将有3名欧洲宇航员参与3次不同的任务。阿尔忒弥斯计划Ⅲ号将实现自1972年以来的首次月球着陆，计划停留六天半。"月球门户"的建设则将从阿尔忒弥斯计划Ⅳ号开始，人类将在月球的南极建立一个基地，该地区蕴藏着大量的冰冻水资源。通过电解可以生成氢气和氧气，它们不仅是优质的火箭燃料，而且氧气还是可供呼吸的气体……但在此之前，我们需要对整个技术体系、长期旅行对心理和生理的影响、资源提取，以及如何在原地停驻等方面进行监测。月球环境十分恶劣：辐射非常强，每个月有14天处于黑夜之中，因此非常寒冷。而温度则可从-230℃上升到125℃，这对设施的耐受性提出了很大的挑战。月球上的尘埃无孔不入，可能会损坏密封件、宇航服甚至人类的肺部……另一个关键点是登月。月球的大气层稀薄，就像是地球上40公里的高空，几乎没有摩擦力来为航天器的着陆减速，因此需要耗费大量燃料和能量才能保证安全着陆。阿波罗任务使用了LEM（Lunar Excursion Module）登月舱，而在阿尔忒弥斯计划中，SpaceX公司的星舰人类登陆系统（Starship Human Landing System）赢得了合同，目前仍在研发中。这艘全钢打造的飞船高达50米（相当于整个"联盟号"火箭的高度！）。它将由超级重型火箭作为第一级从地球发射（整个系统高度为119米）。按照SpaceX的一贯风格，超级重型火箭将在发射后返回地球。进入太空后，星舰将需要5次补给才能抵达月球[177]。然后，这艘飞船会与在月球轨道上飞行的"猎户座"飞船对接，宇航员们将进入星舰，并乘坐它登月。月球表面有很多石头，这艘高达50米

---

177 这里用的是液态甲烷，需要在-100℃保存。考虑到阳光直射下的轨道温度会升高到超过100℃，热控方面需好好考虑！

的飞船登月时要如何确保稳定，这是一个巨大的挑战。目前，一种将宇航员安全降落到月球表面的电梯系统以及全新的月球宇航服正在研发中。我们在阿波罗时代已经掌握了这些技术，但今天再次实现它们并不容易。就像重新建造一座大教堂或协和飞机需要巨额投资一样，这些宇航服的研发同样需要时间和金钱。月球重力是地球重力的六分之一，宇航服必须在保持压力的同时具备良好的灵活性，而且不能太重，以免宇航员像无助的乌龟一样翻倒在地。由此可见，目前，一切都充满了挑战。如果说从阿尔忒弥斯计划Ⅰ号到Ⅱ号，只是实现了一个小的技术跨越，那么登月阶段需要跨越的技术门槛则是巨大的。据说，阿尔忒弥斯计划Ⅲ号最早可能在2025年发射。我认为，我们应该合理预期一定的延误。

　　为什么要重返月球呢？首要原因在于，月球这片未竟之地蕴藏着丰富的科学发现机遇；其次，可以在月球上演练未来在火星上要做的事情，并有可能将月球作为探测器的补给站，以便探索更遥远的星际空间。

　　那么，为什么选择火星作为下一个目标呢？因为火星能为我们提供大量宝贵的知识。火星与地球年龄相近、参数相似，就像一对双胞胎姐妹。在众多天体中，火星是我们能够到达的（尽管相隔7 500万公里）。火星相对于太阳的位置也使得人类可以在其表面驻留。火星的最低温度为−50 ℃，虽寒冷但仍属可承受范围。相比之下，金星上的平均温度为450 ℃，并且下的是金属雨；冥王星和海王星上的温度则为−200 ℃。另外，火星曾拥有比现在更厚的大气层，且表面曾有水（我们在那发现了古河床的痕迹）。总之，火星具备生命存在的所有基本条件。然而，时过境迁，一切都变了：火星上目前没有液态水，大气层也变得稀薄，其主要成分是二氧化碳。我们想要了解产生这种变化缘由和过程，毕竟在40亿年前，火星与地球十分相似。这种变化会不会重演于地球？我们需要使用钻探探测车，探寻深层水源，并将样本带回分析，帮助我们了解地球的远古历史。这是在地球上无法实现的，因为板块构造和侵蚀已经吞噬了35亿年前的所有矿物学遗迹。火星因没有经历过如此重大的内部运动，地下很可能保存着类地行星[178]的档案，甚至可能包含生命的痕迹！

当然，前往火星的旅程比埃隆·马斯克所设想的要漫长。想象一下，有一天，一队宇航员将出发去往太空，看着地球慢慢缩小，直到只剩一个亮点，继而消失在视线里。短期内返回地球几乎是不可能的（只能绕火星飞行，然后返回地球：这至少需要九个月的时间，甚至还要翻倍！）……对人类大脑来说，身处距离地球400公里外的太空已是一次冒险，而面对如此遥远的距离，看着整个地球从视野中消失，不知何时能返回时，大脑又会如何反应呢？

一场新的、规模空前的太空探索不可避免地开始了。这次探索将在与首次登月或建立国际空间站时截然不同的地缘政治背景下展开。首先，与美国竞争的不再是俄罗斯，而是中国。2019年，中国成功将一辆月球车送上了月球，不得不说，这是一项壮举。他们还拥有自己的空间站。可以说，中国航天正以惊人的速度崛起。此外，俄乌冲突无疑也会对国际合作产生影响。我们仍在空间站上纪念20多年前开始的合作，但在当前形势下，新的合作项目几乎停滞，这意味着在未来至少10至15年内，俄罗斯将不会与我们并肩作战。俄欧联合的非载人火星探测任务（ExoMars）

---

178 在太阳系中，有4颗行星的表面是固态的，主要由岩石和金属组成：水星、火星、金星和地球。

2022年11月16日

原计划发射第一辆火星车。如今,欧洲航天局不得不改变策略,寻找新的合作伙伴。同样,莫斯科突然中止了从法属圭亚那库鲁发射场的"联盟号"火箭的发射,并召回了技术人员……在地缘政治的波谲云诡中,加之技术创新的高门槛(目前仅少数国家能跟上步伐),可以预见,未来的探索之路将充满曲折。

1小时47分,阿尔忒弥斯计划I号准备就绪,倒计时重新开始!发射前6秒,4个发动机开始运转。短短3秒,它们就可以达到100%的功率。随后,两个助推器点火。我已多次见过火箭发射,但这次发射就像是把黑夜撕裂一样震撼人心!110米高的火箭划破夜空,光亮如同白昼,无云可挡其锋芒。震感强烈。当太空发射系统开始倾斜以进入轨道时,我们恰好位于其发动机的正后方。耀眼的红光映入眼帘,2秒后,我们听到了震耳欲聋的发动机轰鸣声。真是壮观!

亚历克斯、卢卡和我一直目送着火球消失在远方,把黑夜重新还给了卡纳维拉尔角。尽管我们这一届的宇航员并没有全员到齐,但与他们相聚在此,不禁让我回想起基础训练时的梦想与友谊的萌芽……那时,我们的梦想是国际空间站,今天,则是月球。欧洲宇航员将在这一伟大探索中继续发挥他们的作用。我,能否成为其中之一?

当被问及为何渴望攀登珠穆朗玛峰时,探险家埃德蒙·希拉里曾言:"因为它就在那里。"言外之意,作为已知的世界最高峰,挑战的就应该是它。我从诺曼底的纸板箱"飞船"起步,一路走来,得到了很多人的帮助与支持。我到了国际空间站,因为它就在那里,且是当时最遥远的目标。但如果明天有机会去更远的地方……我怎么能拒绝呢?

"尤其是蓝色。你必须来到这里,才能发现蓝色。"

——尼古拉·布维耶,《世界之道》

在这里看见世上最美的景色(太空,
2021 年 7 月)美国国家航空航天局 供图

致 谢
Remerciements

首先,我要感谢安妮·莫特。多年来,她如同坚实的后盾,以其无尽的力量支撑着我前行。唯有她,让我由衷地敬佩。尽管她的职业一样充满挑战,但她总是坚定地站在我身旁,全身心地协助我完成任务。很多被外界认为是我出的好主意实则都受她的启发。是她,让我成为一个更优秀的人,让我学会在困境前保持理智,让我明白生活不应该仅仅只有太空。

我的成长离不开我的父母。他们为了养育我和哥哥,不懈奋斗,为我们创造了很多机会。他们如同我人生火箭的一级助推器。感谢他们给予我幸福的童年、坚定的价值观和充满爱的教育。感谢他们为了让我们有机会尝试一切而作出的牺牲。无论身处地球的哪个角落,或是超越地球的广袤空间,我们都无法再对父母提更多要求了。我爱你们,我深知欠你们太多太多。

我要感谢我的哥哥巴蒂斯特,他始终是我的榜样。在我追随他脚步的过程中,他帮我解决了生活中的种种难题。从小到大,他的优秀和成就一直令我钦佩,尤其是在各种桌游中,他都具有轻松打败我的能力。

我还要感谢我的堂兄弟、叔叔、阿姨和祖父母们。他们编织了一张充满保护和关爱的网,让我在其中无忧无虑地成长。

我也由衷地感谢那些自幼儿园到工作中,给予我荣幸,让我能成为其朋友的人。无论是在奥费、迪耶普、图卢兹、巴黎还是其他地方,那些欢笑和友谊,那些或好或坏的经历,以及我们之间的交流与差异,共同塑造了我今天的模样。尽管有时为了追逐梦想,我不得不远离他们,但他们的存在对我来说,比任何太空旅行都更加珍贵。

在成长路上,我遇到过许多教授、教育工作者和老师,很遗憾我无法在此一一列举。他们为我提供了人生旅途中不可或缺的工具与知识;某种意义上来说,他们都伴我遨游太空。无论是数学、英语、体育还是音乐,无论是在学术殿堂还是社团组织(志愿者们都是真正的英雄),在我看来,没有比传授知识更美好的职业了,因为知识可以改变一个人的生活和命运。至少,知识改变了我的生活,一年又一年,一小时又一小时,一页又一页。

我深知自己能够成长于这个时代、这个国度是多么幸运,共和国的各类机构为我提供了无数的机遇与平台。例如 Supaéro,这所世界顶尖的工程师学校,就像一座知识的熔炉,深刻地改变了我,让我勇敢地飞向蓝天与世界的各个角落。它给予了我信心与力量,而这一切是无价的。

我要对法国航空公司以及为这家公司倾注心血的所有人们表示衷心的感谢。也许很难解释为什么我们都能为成为这个庞大公司的一员而自豪,但我清楚地知道它带给了我什么:一双翱翔天际的翅膀,以及利用这双翅膀来感知世界的最佳方式。

此时,我想到了 2009 届宇航员班的伙伴们。在遇见他们之前,我只在超级英雄故事或动画片中见过如此才华横溢、能力各异的团队。每个人都是独一无二的,但因为我们共同经历的和将要经历的,我们将永远紧密相连。我为能和他们穿上同样的制服感到自豪。

从负责预算的高级管理人员到最基层的工程师,欧洲航天局的各个团队使我们的太空任务成为可能。尤其在欧洲宇航员中心,几十名来自不同国家和行业的工作人员不辞辛劳地工作,帮助我们圆满完成任务。我要对他们表示由衷的感谢。欧洲的理想既是我心中珍贵的信念,也是未来至关重要的目标。我为能在日常生活中践行这一理想,并且属于一个倡导这一理想的组织而感到自豪。

对于美国国家航空航天局、俄罗斯国家航天集团、日本宇宙航空研究开发机构和加拿大航天局,我也同样充满感激。在漫长的训练中,他们一直陪伴我们左右,并带着对我们的信任将我们送上国际空间站。所有这些热爱太空事业的人,他们辛勤的工作和高度的专业素养为我们前往太空提供了可能。在我执行的所有任务中,包括撰写这本书的过程中,他们一直都在我心中。

我还想到地面控制中心、发射基地、生产工厂、设计办公室的工程师和技术人员们。他们中的大多数人,我可能永远不会见到。然而,正是他们,为宇航员筑起了一道比任何金属壁垒都更加坚固的防线。如果我能够平安归来,首先要归功于他们,我对此深有体会。

感谢我的领导弗兰克·德·维尼,他是这些国际空间站任务的核心人物。在亲历过这些任务后,他与欧洲航天局一起,成功地将这些任务推向了一个新的高度。他深刻理解宇航员的工作并不总是像外界想象的那样轻松愉快,而是需要我们做出许多牺牲。对此,我也心怀感激。

感谢他一直以来都能听取我的意见并尽力帮助我。毫无疑问，如果没有他的帮助，过去的这些年会更加艰难。

我还要感谢阿德莱德·托马，她的严谨态度和团队精神让她在读到这些话时可能会感到不安，但她的工作能力、坚定的信念和多年来给予我的宝贵建议一直帮助着我。她那带有一丝偏执的善意让我避免了很多错误，包括在这本书的撰写过程中。我也要感谢朱利安·哈罗德、梅拉妮·科文及欧洲航天局内外所有帮助我宣传这些任务的人们。有时候，跟别人讲述我们的工作可能比单纯地去完成更困难，但他们的努力确实让更多的人——无论大人还是小孩——了解了我们的工作与价值所在。

感谢尤里·彼得罗维奇和安娜·齐哈亚，他们就像我在俄罗斯的家人，他们总是不厌其烦地问我，也许还会问很多年，"你和安妮终于结婚了吗？"

感谢里昂内尔·苏歇、塞巴斯蒂安·巴德、让-伊夫·勒·加尔以及微重力和太空操作支持中心的工程师们，还有在我起飞前就相信我的所有人。法国的载人航天事业离不开像他们这样的人。

感谢西蒙内塔·迪皮波和让-雅克·多尔丹，他们在从成千上万的候选人中选中了我，给了我实现梦想的机会，也赋予了我尽力为所有怀有同样梦想的人实现它的责任。感谢他们在欧洲航天局的继任者们，他们坚持不懈的努力，让欧洲受益于太空探索的持续进展。

感谢法国国家空间研究中心，是它将法国带入太空并守护着它的轨迹，感谢在我之前的九位法国宇航员，他们每一个人都以自己的方式成为我灵感的来源。在国际空间站上飘扬的法国国旗，首先是属于他们的，我也会将这

致　谢

份荣誉与责任传递给那些接替我的人。

我真诚地感谢那些孜孜不倦地向不理解的人们证明地球是圆的，而我们也确实登上了月球（等等）的网友们。他们每天与虚假信息和伪科学斗争，这是一项艰巨的任务，但是至关重要且崇高。

我深刻体会到，完成一本书，就像完成一次任务，都是团队合作的结果。我首先要感谢的是阿诺·卡特琳，这位才华横溢的小说家和永恒的"细节控"，像最好的精神分析师一样耐心地聆听我将近一年的讲述，无论是在巴黎、科隆还是波尔多。随后，他通过细致入微的研究变身为航天专家，最终化身为我，将我们的交流转化为文字并构建了这个故事。感谢他在面对我的重写、修改、添加和校正时给予的耐心与包容，正因为有了他的帮助，今天我才能将这本书视为自己的作品。

我对弗拉马里翁出版社的团队充满了无限的感激，他们几个月来专业而热情地为这本书付出诸多努力。感谢桑迪·里戈，她以巧妙又高效的方式宣传这本书。特别感谢阿纳维尔·沃尔曼，在整个创作过程中，她一直是积极、不可或缺的宝贵伙伴。感谢苏菲·德·克洛塞，她像一位文学仙子，用她丰富的经验和无穷的智慧，为这本书画上了点睛之笔。

最后，衷心感谢所有在法国及其他地方，以各种方式关注我任务的人们，感谢那些在我旅行途中与我分享梦想的人们，感谢那些踏入太空探索世界的人们！正是他们给予了我分享冒险经历的动力。这本书是献给你们的！

图书在版编目（CIP）数据

我的无重力人生 / (法) 托马·佩斯凯
(Thomas Pesquet) 著；丁虹惠译. -- 上海：上海科学
技术出版社，2025. 5. -- ISBN 978-7-5478-7071-6
Ⅰ. K835.656.14
中国国家版本馆CIP数据核字第2025Q779D3号

权利保留，侵权必究。

Originally published in France as:
Ma vie sans gravité by Thomas Pesquet
© Flammarion, 2023.
Current Chinese translation rights arranged through Divas International, Paris
巴黎迪法国际版权代理（www.divas-books.com）
上海市版权局著作权合同登记号 图字：09-2024-0221号

责任编辑 / 沈　甜
装帧设计 / 赵　军
内文制作 / 谢腊妹

我的无重力人生
[法] 托马·佩斯凯　著
丁虹惠　译

上海世纪出版（集团）有限公司
上海科学技术出版社 出版、发行
（上海市闵行区号景路 159 弄 A 座 9F-10F）
邮政编码 201101　　www.sstp.cn
徐州绪权印刷有限公司印刷
开本 787×1092　1/16　印张 27.75
字数 322 千字
2025 年 5 月第 1 版　2025 年 5 月第 1 次印刷
ISBN 978-7-5478-7071-6/K·64
定价：99.00 元

本书如有缺页、错装或坏损等严重质量问题，
请向工厂联系调换 0516-83852799